U0096693

古代歷史文化研究輯刊

六 編

王 明 蓀 主編

第 21 冊

明清閒章美學

蔡 孟 宸 著

國家圖書館出版品預行編目資料

明清閒章美學／蔡孟宸 著 — 初版 — 新北市：花木蘭文化出
版社，2011〔民100〕
目 4+234 面；19×26 公分
（古代歷史文化研究輯刊 六編；第 21 冊）
ISBN：978-986-254-615-4（精裝）
1. 印譜　2. 美學
618　　　　　　　　　　　　　　　　　　100015468

ISBN-978-986-254-615-4

9 789862 546154

古代歷史文化研究輯刊
六　編　第二一冊　　　　　　ISBN：978-986-254-615-4

明清閒章美學

作　者	蔡孟宸	
主　編	王明蓀	
總 編 輯	杜潔祥	
出　版	花木蘭文化出版社	
發 行 所	花木蘭文化出版社	
發 行 人	高小娟	
聯絡地址	新北市永和區中正路五九五號七樓	
	電話：02-2923-1455／傳眞：02-2923-1452	
網　址	http://www.huamulan.tw 信箱 sut81518@gmail.com	
印　刷	普羅文化出版廣告事業	
初　版	2011 年 9 月	
定　價	六編 25 冊（精裝）新台幣 40,000 元	

明清閒章美學

蔡孟宸　著

作者簡介

蔡孟宸,男,1983 年生於台北,國立中正大學中國文學碩士,現就讀國立中正大學中文系博士班。現任《書法教育》月刊編輯,以書法、篆刻之創作及推廣為職志。

提　要

　　「閒章」是篆刻中最能展現藝術高度之菁華部份,其與文人文化關係密切的美感底蘊至今尚未為人發掘。本論文由當代印學／篆刻研究中「閒章」定義模糊、界說分歧的議題出發,《上編》由閒章「印語」、「刀筆」、「佈白」三項技藝,討論閒章如何獲得美感,如何橫生妙趣,《下編》則由「作品」、「作者」、「觀賞者」三方角度,從社會環境、文化背景探問「閒章」的獨特價值,並以作品傳播、創作活動、賞鑑品評等面向,建立閒章之美學體系,冀能提供讀者一種新的觀看視野,使篆刻之美得到彰顯。

目

次

導論：研究背景與撰寫方式

第一章　研究背景與論題之成立

　　翻檢中國歷代藝術成就，堪與書法、繪畫比肩者，篆刻當之無愧。在書、畫、印三者相互涵泳之緊密關係中，篆刻開展最晚，但其立身於秦漢印章藝術的雄厚基礎，且明、清文人親自製印，並取法詩、文、書、畫以浸潤之，篆刻乃融中國「美」之精髓於一爐，成就如今璀璨的藝術文明，令人不能以「雕蟲小技」視之。

　　當代篆刻藝術之缺乏關注，大抵因從事此藝的人口遜於書、畫兩項，又其兼有生活實用品之功能性質，使不諳此道之人誤以其淺薄；且因篆刻創作的幅面有限，「經典」作品距今不過數百年（明、清時期），以至同是巨匠手筆，篆刻藏品在拍賣場上的價格常遠遜於書法、繪畫、瓷器等項目。種種因素，使篆刻研究在藝術、文化甚至文學領域中，尚屬待開發的土壤。因缺乏研究人口，篆刻研究未能普及，深度與廣度皆未充分展開，對篆刻美的本體、創作活動與審美觀看等美學面向，皆未能有振聾發聵的闡發與系統化的建構，相較於書論及畫論研究的蓬勃，當代篆刻創作者、研究者應不甘寂寞，對世界提出此「方寸之間」的豐富內涵，供人們思索、玩味。陳福春《篆刻藝術》云：「如果說『中國書法是中國文化的審美表徵』，那麼，篆刻藝術作為中國傳統文化中極精粹的一部分，同樣呈現出華夏審美人格的心靈世界，映現出中國藝術最瀟灑、最靈動的意趣特徵和最超邁的自由精神。」〔註1〕正道出了箇中三昧。

　　為收攝篆刻藝術紛紜雜沓的枝節與脈絡，並試圖重建其完整面貌與理論體系，同時顧及當代學術的嚴謹性，本書將目光聚焦，追問篆刻「美」的本

〔註1〕　陳福春：《篆刻藝術》（石家庄：河北美術出版社，2000年），頁2。

質爲何？它與作者（篆刻家）的關係爲何？在當代（廿一世紀）能被鑑賞的
條件爲何？藉由種種提問，不僅能探索篆刻「技與道」統合之課題，亦能將
篆刻藝術從被普遍認知爲「工藝品」的泥淖中拉拔而出，賦予其深刻意涵，
彰顯「藝術之爲人類生命之救贖」〔註2〕的善意，並能引起關注，促進篆刻的
未來發展。本章茲由問題意識之展開、命題之成立、閒章之定義等陳述本書
之撰寫動機及目的、研究對象之義界等立論基礎。

第一節　研究背景

　　本書《明清閒章美學》以「閒章」〔註3〕爲主要研究素材，觀察明、清兩
代的文人、文化、社會環境，並關注藝術創作與文人、藝術品與鑑賞／觀賞
者之關係，核心命題如下：

一、「印章」之於文人文化

　　先秦時具有印章形式之器具，稱作「璽」，後秦始皇統一六國，規定僅
皇室用印稱「璽」，民間用印則稱「印」。唐代則因「璽」音近「死」而改稱
「寶」。印章之別稱有「印信」、「記」、「圖書」、「朱記」、「符」、「契」、「押」、
「戳子」……等，古代印章之功能可歸納以下數種——其一，作爲官爵等級
的標誌，主要體現在印制、印材及璽印的稱謂上。秦統一後璽印制度逐漸嚴
格，如戰國時期諸侯庶民皆可用璽，至秦只帝印能稱「璽」，臣民印則稱「印」，
《漢官儀》載：

> 諸侯王印黃金駝鈕，文曰璽；列侯，黃金印，龜鈕，文曰印；丞相、
> 將軍、黃金印、龜鈕文曰章；中二千石，銀印、龜鈕，文曰章；千

〔註2〕 「回想叔本華對崇高藝術的效果狂喜的描述，我們即可瞭解尼采在此所指涉
　　　　的對象，……尼采認爲在這種時刻，藝術能讓我們擺脫個體疏離的狀態，並
　　　　與主宰宇宙的力量結合爲一，如此生命得到救贖。」沃坦恩格伯（Thomas E.
　　　　Wartenberg）著，張淑君等譯：《論藝術本質：名家精選輯》尼采卷（台北：
　　　　五觀藝術管理出版，2003 年），頁 2。

〔註3〕 本書脈絡中，「印章」指從先秦璽印至現代各種形式，具「鈐蓋」特徵的整體
　　　　項目。「篆刻」則專指元、明以降，文人介入印章生產活動後所衍生之具有藝
　　　　術價值的作品及其周邊。「閒章」在本書有兩種意義：其一爲普遍認知上的閒
　　　　章，即本書所欲檢討的當代論著中定義分歧、域界模糊的閒章；其二爲本書
　　　　率先提出之美學意義下的「閒」概念匯聚而成，具有高度藝術價值的篆刻作
　　　　品。關於「閒章」的深入論析詳見後文。

石，六百石，銅印鼻鈕，文曰印。〔註4〕

可見漢代印章制度則更加完善。其二，表現行政官員職權的象徵，體現印信之主要功能——憑信驗證，古代官吏在接受任命時，都要拜受官印並隨身攜帶。其三爲用於封緘物品，古時尚無印泥，書牘、物品在寄送前先用繩帶捆紮，復於繩上加壓軟泥，最後用璽印在泥上壓出印紋，作爲驗收時的憑信。此泥塊乾燥後即爲「封泥」，現存可見的封泥遺蹟相當豐富。其四在「物勒工名」之用，即手工業者在所製造器物上的銘記，包括製造的場所、官衙、工人的名字等，以現代的語彙來說，即「註冊商標」之意。其五爲祈福厭勝之配飾。古人有佩帶璽印，以吉祥文字驅邪納福之習俗，如「日利」、「日利千萬」等印。〔註5〕

　　「用印」行爲在唐代以後的發展過程中產生質變，鈐蓋於圖書、藝術品上，衍伸出裝飾用途，但仍同時具備憑信功能——書畫作品上作者的姓名章即與古代「物勒工名」之意相仿，意在表明個人對書畫的所有權。而書畫用印以點綴、調和構圖之功效，開啓了文人對印章美感之追求，至明代更轉爲純粹以藝術爲目的之印刻形式——文人篆刻。因此，本書欲以「閒章」爲論述核心，則文人階層及其群體所形成之文化脈絡，是探索閒章之美學意義的重要指標，諸如由文人主導之「印文化」〔註6〕、以文人爲中心發展之「印學」，〔註7〕皆成爲本書的立論基礎。

〔註4〕　〔漢〕應劭：《漢官儀》收入《黃氏逸書考》，《百部叢書集成三編》第二十三函（台北：藝文，1980年），頁25。

〔註5〕　關於璽印佩帶之說詳見拙文：〈從趨吉避凶到安身立命：論先秦「佩帶印」〉，《書畫藝術學刊》第五輯（2008年12月），頁505～525。

〔註6〕　「印文化」一詞靈感取自林乾良：《世界印文化概說》（杭州：浙江古籍出版社，2006年）。中國印文化覆蓋甚廣，舉凡先秦以降的官、私印；文人篆刻、邊款、印學出版物；印章材質、印鈕製造……等，與印章相關之人事物皆可含括入內，其發展遠可上溯甲金文字的刻鑄、先秦璽印文明；近可融入當代生活週遭——個人、公司行號的商業印鑑，藝術品上的書畫款印，圖書裝幀、平面設計等文案裝飾。在人類歷史當中，是不可或缺的文化產物。

〔註7〕　「印學」的發展，明人楊士修（生卒年不詳，約生於1556年）的《印母》中即開門見山稱「治印」藝術爲「印學」（即敍述關於摹印、刻印、品印、印人、印譜、印論的學問）。「印學」與「篆刻」之辯論曾引起學界討論與迴響：印章並非全是用篆書刻製，也不只是篆書刻成的印章才有藝術價值。整個治印的方方面面都是印學需要研究的，它們共通的關鍵就是「印章」，是圍繞著印章的藝術實踐和學問。有學者認爲，拋棄「篆刻」的俗稱，恢復「印學」的稱呼，是更貼切藝術實踐，更貼切理論研究的。明清之間由於大量的考古發

　　當代對「文人」、「文人文化」之關注在文化、文學研究領域中成果斐然，資深學者多轉向引進西方思維，以多視角或宏觀視野的方法切入，﹝註8﹞使文人階層更加立體；而「閒章」作爲明清文人文化的重要項目之一，探究其箇中深意，即能對當代中國文人階層及文人文化研究，提出不同角度的思考與詮釋。考察印章與文人之關係，有助釐清前人之謬誤觀念，進而對文人及其周邊文化效應，有相契的理解與回應。並適度佐以東、西方文化論述的理論觀看，如「閒賞文化」、「文人生活美學」等課題，及文學、藝術等理論基礎，使印章文化豐富的一面獲得彰顯。

　　當代印學研究之貧乏在於，大眾認知未能脫離「印章爲實用器物」的刻版印象，誤以其淺薄，而視爲書畫藝術之附庸。事實上印文化不僅滲入日常生活，並擁有深厚的文化內涵，促成此二種現象的，非明清文人莫屬──文人一方面延續用印傳統，在文書、繪畫、收藏等處使用印章，一方面將學養與技藝置入印章型態之創造、審美之評判，使之同時具有實用與審美、工藝與藝術、俚俗與高雅的豐富面貌，堪稱推波助瀾之要角。因而本書研究動機之引發，在由「印章」範疇中，體現文人的重要價值，並冀能以文人超凡的思維、雅致的品味及

掘，爲印學提供了豐富的篆書素材，造就了一批大師和優秀作品。無論是金文（鐘鼎彝器、泉布、鏡鑒、權量、詔版）、陶文、甲骨、古碑、碑額、磚瓦文，皆爲「印學」研究範疇。

﹝註8﹞ 對於文人之考察，學界已相當豐富：晚明文人研究之專著，除陳萬益《晚明小品與明季文人生活》與毛師文芳《晚明閒賞美學》、黃明理《「晚明文人」型態之研究》數種研究脈絡外，大陸尚有夏咸淳《晚明士風與文學》、周明初《晚明士人心態及文學個案》、何宗美《明末清初文人結社研究》數種。由此可見晚明文人是一相當複雜且具有多元特色的群體，學者多從中擷取養分，作爲研究的材料。今日可從社會、經濟、文學、美學、藝術乃至飲食、器物中觀察晚明文人如何呈現此「多樣化」的生活，然而無論多麼繽紛、駁雜的生活型態，晚明文人的面貌是可按圖索驥，回溯到更早的文人身上。學者龔鵬程則以《才》作爲尋找文人「原始精神」之文本；而後則進一步以《中國文人階層史論》理解歷代文人「群體」之各種面向。參考陳萬益：《晚明小品與明季文人生活》（台北：大安，1988年）、毛文芳：《晚明閒賞美學》（台北：臺灣學生書局，2000年）、夏咸淳：《晚明士風與文學》（北京：中國社會科學出版社，1994年）、周明初：《晚明士人心態及文學個案》（北京：東方出版社，1997年）、何宗美：《明末清初文人結社研究》（天津：南開大學出版社，2003年）。龔鵬程《中國文人階層史論》（蘭州市：蘭州大學出版社，2004年）、龔鵬程《才》（台北：臺灣學生書局出版，2006年）、黃明理《「晚明文人」型態之研究》（國立臺灣師範大學國文研究所碩士論文，1988年）。

充盈的生命活力注入印學、印文化研究中，更顯其深邃美好。

二、「篆刻」之於藝術傳統

　　「篆刻」一詞源流甚早：漢揚雄（生卒年不詳）《法言・吾子》即出現「篆刻」二字，但意義與今日相去甚遠：

> 或問「吾子少而好賦？」曰：「然。童子雕蟲篆刻。」俄而曰：「壯夫不爲也。」〔註9〕

　　揚雄謂作賦修辭時苦心孤詣地雕章琢句，即爲篆刻。唐呂延濟（生卒年不詳）注云：「篆謂篆書，刻謂雕刻文章也」，「雕蟲篆刻」中「蟲」指蟲書，「刻」即刻符，二者爲西漢時期，學童所習「秦書八體」中的兩體，纖巧難工，以此比喻作賦繪景狀物，與雕琢蟲書、篆寫刻符相似，皆爲學童所習的小道末技，後來的文人學士常用作自謙之辭。因此「篆刻」一詞原爲比喻書寫篆字和精心爲文，而演變成「印章」藝術的指稱是較晚的事，明代徐官（明嘉靖時人，生卒年不詳）是明清兩代較早提及「篆刻」一詞者，《古今印史》云：

> 若篆刻圖書記而昧於六書偏旁，豈不見笑大方。〔註10〕

徐氏言詞間僅指涉篆刻爲刻印的動作，而非指整個治印藝術或治印活動。晚明印論家徐上達（生卒年不詳，約活動於明萬曆年間）《印法參同》則言：

> 工夫或有所未到，則篆刻必有所未精。〔註11〕

而清袁三俊（生卒年不詳）《篆刻十三略》中亦曾提及「篆刻」；近代篆刻家齊白石（1864～1957）印語則有言：

> 刻印，其篆刻別有天趣勝人者，唯秦漢人。〔註12〕

徐上達、袁三俊與齊白石的「篆刻」，均指治印過程中的「篆」與「刻」的技法形式要素（「篆」即篆書書寫，「刻」即刀法功夫，向未形成純藝術形式的專稱）。而後世俗相沿，「篆刻」的稱呼於是傳播，並出現一些以篆刻爲名的專著，如壽石工（1886～1949）《篆刻學》等。〔註13〕目前「篆刻」一詞尚無

〔註9〕　〔漢〕揚雄：《法言》，收入中華書局編：《叢書集成初編》卷530（北京：中華，1985年），頁5。

〔註10〕　韓天衡：《歷代印學論文選》（杭州：西泠印社，1985年），頁33。

〔註11〕　韓天衡：《歷代印學論文選》（杭州：西泠印社，1985年），頁122。

〔註12〕　韓天衡：《歷代印學論文選》（杭州：西泠印社，1985年），頁324。

〔註13〕　壽氏著作雖名爲《篆刻學》，但其正文多處稱「印學」、「治印」、「刻印」、「作印」等，提起「篆刻」的卻僅有一二處。《篆刻學》的內容也沒有侷限於論述

統一的定義。《辭海》云：

> 鎸刻印章的通稱。印章字體，一般用篆書，先寫後刻，故稱篆刻。
> 〔註14〕

《現代漢語詞典》則云：

> 刻印章（因印章多用篆文）。〔註15〕

上述辭典中的名詞解釋，皆無法滿足「篆刻」的具體面貌。以本書脈絡而言，「篆刻」涵蓋篆刻藝術、篆刻作品以及創作方式，兼具動、名詞雙重意義。以往篆刻技法及篆刻史論，或治印技法、印史等論述往往把璽印、篆刻混爲一談，其概念之釐清是必要的，篆刻作爲具有系統性的藝術門類，乃因文人介入而較璽印有更高的藝術價值。

在中國藝術的漫長史冊中，書法、繪畫一向佔有重要地位，二者發展的過程中，文人的投注心力使書、畫相互影響，因而中國傳統藝術總具有相參互滲之特性而更形活絡，綻放光采。如此悠久的傳統，篆刻如何能以短短數百年的發展成果與二者並駕？承前所述，篆刻雖發展較晚，但文人賦予深厚的美感基礎，兼之明清文人注入賞玩、遊戲的思維使其自由開放，變化多端，以至受人喜愛；更因接引書論畫論之菁華，其理論基礎迅速成熟，時至晚清，甚能與書、畫鼎足而三。因此欲突顯本書之「閒章」價值及其深刻意涵，則需由篆刻的技術展演觀察其如何博採各家之長，並鎔鑄中國傳統藝術精神，展現詩、書、畫、印融爲一體的高度文明，以此展開對文人文化、藝術本質的探討。

承上所言，「閒章」作爲篆刻形制之一，其作品與篆刻家、觀賞者之間的美學氛圍，〔註16〕皆圍繞著篆刻作爲一種語言藝術或書寫藝術／雕刻藝術／的視覺藝術（與聽覺藝術區分）而成，其發展歷程、形制與技巧，皆與本書核心之「閒章」的美學系統密切相關。經由對篆刻技藝之追問，則能導向本書關注之美學的、深層的、能啓發美之愉悅的意義──閒章之所以深刻雋永、

> 用篆書刻製印章，而是廣涉「名式」、「派別」、「選材」、「章法」、「款識」、「印人」等諸多方面。可見壽石工並不是簡單地認爲治印藝術就是「篆刻」，以「篆刻學」爲名也只是隨俗從便而已。

〔註14〕臺灣中華書局辭海編輯委員會編：《辭海》（台北：臺灣中華，1992年）。
〔註15〕商務印書館編：《現代漢語詞典》（香港：商務印書館，2001年）。
〔註16〕東、西方的藝術理論中，一種藝術項目，定包含作品本體、作者及觀賞者三者間的關係，並皆涉及此三者對世界（宇宙、自然）的接引與共融，以此而形成「美」的哲學思考──美學。

趣味盎然；之所以引發人們「美」的觸動，帶來美感體驗的歡愉，是本書的關懷課題之一，此一命題將釐清篆刻藝術與書法、繪畫之關係，並與文學、美學接軌，彰顯篆刻藝術本身獨一無二的文化價值。〔註17〕

三、「閒章」〔註18〕之於美學思維

　　承上述兩點所言，有鑑於當代印學、篆刻研究多停留在「形式」美的討論，導致研究廣度、深度的理論困境，諸如「強調形式而走入篆刻發展的死胡同」、「忽略作者的功夫修為使得作品層次難以提升」、「忽略接受者的向度使賞鑑篆刻的行為減弱」……等，筆者於長期的研究與思辯過程中，決定以「美學」作為提升篆刻研究的視野，化解「形式美」的討論困境。〔註19〕

　　承本節前述二點對「印章」與文人文化、「篆刻」與傳統藝術的追問，則能回到本書撰寫核心──「閒章」內涵的詮釋。「閒章」如何使篆刻由「形式美」昇華至「意境美」？〔註20〕篆刻的「意境美」真諦又是如何？本書選擇「閒章」作為探究篆刻藝術的意義，即在閒章意境所達到的高妙境界，是藝術研究中最高層次理解與詮釋，是作品成就的最終訴求；因而追求閒章「意境美」，即能對篆刻藝術有最深層的窺探。

　　本書同時關注的文人與印章關係，亦需由「閒章」的豐富內涵出發，循

〔註17〕藝術的批評無法離開「技術」層面的討論，藝術家存在的目的，是創作出具有高度意義的藝術品──缺乏技術，無法創造具有藝術高度的作品；空有技巧而無藝術真理的思維與體認，則無法攀越高層次的審美境界，無法形成偉大的藝術作品──因此欲討論閒章的本質及其藝術境界，則不能忽略古今對篆刻「技術」的討論。觀察當前印學論著可知，對於篆刻技術的深層鑽探已成果豐碩，面對學者各層次的討論，本書的工作在於爬梳、判斷後將之系統化，並朝向深度及廣度的追問，具體成果呈現於本書《上編》各章中。

〔註18〕本書脈絡中「閒章」意義與一般認知有所不同，其分判詳見本章第二節。

〔註19〕「美學」的研究方法在當代呈現眾聲喧嘩的狀態，其大抵以「美」為研究核心，進而延伸至對藝術、人生進行哲學的思考。本書從各家龐雜而分歧的論述中，找出論者對「篆刻」一藝「技術」的探討與見解，反思為何篆刻美學的討論，不如書法美學、繪畫美學總能觸及本體、本質等討論，並拾掇各家論者中所遺落的、對藝術層面的靈光，作為對「閒章」美學意義之論述基礎。

〔註20〕關於意境與美學之討論，先後有宗白華、賴賢宗等人討論，前者開「意境」討論之先河，後者以西方形上詮釋、道家思維將「意境美學」充分發展。詳見宗白華《美學與意境》（無出版項）；賴賢宗：《意境美學與詮釋學》（台北：國立歷史博物館，2003年）。

著其「美」之散發的原因與脈絡，回到作品、作者、觀賞者的美學網絡。在此一命題下，「閒」概念呼之欲出——「閒」是中國文化重要的一環，從文人山林隱逸、謫貶詩詞中隱約可見；從文人生活的「閒賞美學」見其豐饒，〔註21〕並能在道家思維中見其深邃。「閒章」何以稱「閒」？「閒」的意義在印章藝術中又是如何？

　　承上提問，「閒」既是文人文化中重要概念之一，其面貌又在閒章藝術中得到較書法繪畫更明確、深層的彰顯。「閒賞文化」、「文人生活」及道家藝術精神，將使閒章「美學」得以開展，使印章豐富的一面獲得彰顯，這些項目中共通的思維，與本書所提出之「閒」的深意有關，並能以此回到對文人文化的關懷。要知中國知識分子與西方知識分子之不同，「閒」可謂重要關鍵——人讓步於自身之外，乃能體道悟禪，能無為，亦能無不為——「閒」意義的導出與深化，將突顯閒章之特質，在藝術史中找到應有的地位。

　　東、西方藝術理論在技術操作、美之本質的討論，已相當普遍，「何謂藝術」的爭論已枝繁葉茂，學者不斷追問「美」之當下顯現的背後，究竟是何種力量（或非力量）震懾著人們的心靈，並對人類達到淨化、治療之功能。因此「閒」的提問亦可從西方哲學對藝術本質的探討著手：從叔本華（Arthur Schopenhauer）、尼采（Friedrich Nietzsche）、海德格（Martin Heidegger）、梅洛—龐蒂（Maurice Merleau-Ponty）、班雅明（Walter Benjamin）、德希達（Jacques Derrida）、羅蘭‧巴特（Roland Barthes），可以發現，美學的關照對人類的意識、靈魂乃至於肉身，是種樂此不疲的探索，是永恆不滅的命題。總之，本書之研究在此層層推衍的漸進式論述下，經由「閒章」的高度藝術層次彰顯其多重面貌；欲解析閒章美的原理，需由篆刻藝術的技術層面進行梳理；而「閒」的成立，又與文人用印、文人文化等氛圍相關聯。藉此回應至文人研究、文化研究與藝術研究，達成本書之目的。

第二節　論題之成立

一、「閒」之字源

　　古人訂立名稱，往往有其依據。在印章範疇中，如「引首」、「押角」、「騎

〔註21〕「閒賞美學」概念參考毛師文芳：《晚明閒賞美學》（台北：臺灣學生書局，2000 年）。

縫」等標示功能性的指稱，〔註 22〕或有「圖書」、「朱記」、「戳子」等以使用
用途區別。在印章眾多名稱中，「閒章」命名之源流，較少為人注意；且因大
陸地區以簡體字刊印文字，坊間咸有以「閑」代替「閒」而為「閑章」之書
籍，為釐清閒章命名之來源及其確切意義，以利後文論述，本節首先處理
「閒」、「閑」二字有何區別以及如何取捨，提供本章後論的立論基礎。

許慎《說文解字》云：「閒隙也。從門，從月。」徐鍇注云：「夫門夜閉，
閉而見月光，是有閒隙也。」〔註 23〕可知「閒」本有間隙、空隙之意，此「閒」
之所以被用在形容「空暇」、「閒散」的原因——時間的間隙，與空暇，是閒
的「空隙」意義，轉而為人類「閒暇」體驗的表示。「閒」的當代詞義可有下
列數種：

◎ 空暇無事之時：作名詞用，如「農閒」、「忙中偷閒」、「偷得浮生半日
　　閒」。

◎ 閒散輕簡的職務：作名詞用，如「投閒置散」。

◎ 空暇無事：作名詞用，如「空閒」、「閒暇」。

◎ 安靜悠閒：作形容詞用，如「閒情逸致」、「閒雲野鶴」。

◎ 與正事無關的、不緊要的：作形容詞用，如「閒書」、「閒錢」、「閒差
　　事」、「閒人免進」。

至於「閑」之字源，許慎《說文解字》云：「閑，闌也。從門，中有木。」
〔註 24〕馬敘倫曰：「……說解曰『止』也，從木門。……陶潛有閑情賦，謂闌

〔註 22〕引首章／押角章／騎縫章：「引首章」指一幅作品或一本書，開頭押蓋的第一
　　個章，有引領觀看者進入狀況的作用，因稱「引首」。「押角章」是蓋在作品
　　畫幅行間、角落空白的印，有增加書畫價值與美感的功能，一般鑑賞章、
　　審定章、收藏章、堂號章、文句章，都是常見的押角章，押角章與引首章都
　　沒一定的內容，除了姓名外都可作鈐蓋使用。然而一般橢圓不規則的印，長
　　條印、器物圖形印，作引首章居多，以脫去印章方正刻板之印象，予人耳目
　　一新的觀感，是引首章的表現特質。押角章則以方正為主。「騎縫章」蓋在兩
　　張紙或兩頁紙交接的地方，避免被人調換之用。宋元以前的紙張大都在三十
　　公分上下，若欲表現長寬大幅，則長卷作品皆需以一張張紙片黏接起來，黏
　　接處便蓋騎縫章。早期公文書頁、收據、證書都有騎縫章的使用例證，以騎
　　縫章的紋路核對，防止偽造。現代一般騎縫章都以機關單位印為主，少有以
　　姓名、別號、堂號印來蓋的。

〔註 23〕古文字詁林編纂委員會編纂：《古文字詁林》卷九（上海：上海世紀，2001
　　年），頁 542。

〔註 24〕古文字詁林編纂委員會編纂：《古文字詁林》卷九（上海：上海世紀，2001
　　年），頁 551。

止其情欲也。」〔註25〕馬氏認爲「閑」以其「門閂」之意，作「止」之用。
黃錫全曰：「鄭珍認爲『經典多借閑作嫻雅、嫻習字，故俗亦作嫻』。」〔註26〕
可知「閑」本爲柵欄，也能通嫻熟、熟稔之意。總括而言，從門從木之「閑」
古義以「闌」、「止」爲主，而「閑」則衍申有以下意義：

◎ 柵欄、木欄：作名詞用，《說文解字》云：「閑，闌也。」
◎ 養馬的地方，即馬廄，作名詞用。
◎ 比喻規範、法度：作名詞用。
◎ 防範、阻止：作動詞用。
◎ 熟習、通曉，通「嫻」：作動詞用。如「閑於進對」。

　　總結上述「閒」、「閑」的古今字義區別可知，若欲指稱「閒章」此一藝
術項目，「閒」的文字意義將優於「閑」字。「閒」具有對時間的拉長、空間
的敞開（「隙」之義）等意涵，正是本書脈絡下閒章美感得到突顯的因素。反
觀「閑」之「嫻熟」意義雖能代表篆刻技術鍛練的面向，但僅是部分說明，
無法涵蓋閒章的整體內容，若以「閑」的「闌」、「止」之義與篆刻扣合，恐
將失其特色。因此本書傾向以「閒」指稱閒章而非「閑」。

　　唐李涉（生卒年不詳）〈登山〉云：「終日昏昏醉夢間，忽聞春盡強登山。
因過竹院逢僧話，偷得浮生半日閒。」〔註27〕顯示古人對「閒」一詞的認識，
與今日並無差別；明代李漁則著有《閒情偶寄》，〔註28〕「閒」在中國文化中
無疑是極重要的概念——古人爲何將刻有詩文、雜語的印章形式稱「閒」？
古人創造「閒章」此一項目的背景及歷史脈絡爲何？閒章與「閒」概念的關
係爲何，有具有何種的文化意義？上述命題，將開啓以下對「當代印章分類」
所呈現的諸多問題思考。

二、當代印章分類的問題

　　翻檢明、清文人篆刻扉頁，閒章往往是最具藝術價值的項目。論技巧造型，
有工拙之辯；論神韻氣質，有豪邁與秀逸相互爭妍，文人或寄託寓意，或縱情

〔註25〕古文字詁林編纂委員會編纂：《古文字詁林》卷九（上海：上海世紀，2001
　　　　年），頁551。
〔註26〕古文字詁林編纂委員會編纂：《古文字詁林》卷九（上海：上海世紀，2001
　　　　年），頁551。
〔註27〕〔清〕清聖祖御定：《全唐詩》（第七冊）卷477（台北：文史哲，1987年），
　　　　頁5429。
〔註28〕〔明〕李漁著，單錦珩點校：《閒情偶寄》（杭州：浙江古籍，1992年）。

嬉戲，使其兼具深度與廣度，是可與書法、繪畫鼎足而三的中國藝術璀璨結晶。閒章在印章研究領域已然是一重要項目，然而當代研究成果〔註29〕顯示，論者對閒章之定義仍模稜兩可，或因各持己見，或因廣狹域界的視野不同，導致無法掌握其核心價值與意義。本節即是在體察印章分類之困境下，啓發對閒章之「閒」深入探問的動機。經由推究「閒」在篆刻藝術、文人文化中的特殊意義，冀能進一步歸納出閒章的具體特質，以解決印章研究領域中定義不明確的問題，茲開展如下：

（一）分歧的閒章義界

當代印章、篆刻研究雖發展較晚，然不乏研究篇章，尤以大陸方面發展甚速，在資料的蒐羅及理論的建立，質、量與日俱增；台灣方面早年曾有少數具影響力的著作，目前則尚待振興。然而無論台灣或大陸，對閒章之描述皆缺乏整體觀照的能力，因篆刻研究須對中國文學、文字學、文人文化、藝術史、印章發展史，藝術思維……等有跨領域的知識與跨文化的思維，才能建立足具系統的理論架構，而非人云亦云，沙上築樓。以下就目前知見之當代印學論著、篆刻圖譜（叢集）、印章史料等項目檢索，摘取其中涉及「閒章」定義與範疇之文獻，以利後文論述：〔註30〕（依出版時間先後排列）

（1）那志良《璽印通釋》：〔註31〕《璽印通釋》中以「使用」〔註32〕為依據，將印章分「御府印」、「官印」、「私印」、「騎縫印」、「收藏印」五種類別；「私印」一類下則列：「姓名別號印」、「籍貫家世印」、「室名印」、「賜贈印」、「花押印」、「閒章」六種。是書於主軸的分類大致無礙，惟「御府印」與「官印」皆為官方用印，雖有尊貴級別上的差異，但一般論者也有將二者同歸於「官印」

〔註29〕 本書所檢討之「當代研究成果」範疇有三方面：其一為印章發展史之研究（先秦璽印研究、秦漢印研究、魏晉至明清之官印研究……等），其二為篆刻流派之研究（從文彭、何震以降，以藝術風格為研究主題的「流派印風研究」，如浙派、皖派、西泠八家研究；吳昌碩、齊白石研究等），其三為篆刻原理之研究（包含篆刻技法研究、印學理論研究等，前者如筆法、刀法、章法研究等，後者則以黃惇《中國古代印論史》與劉江《篆刻美學》為例）。

〔註30〕 研究篆刻或介紹印章之書籍不僅止於本書所錄八種，就筆者知見有百餘種之多。考慮篇幅，本節所列之著作乃經搜羅出涉及「閒章」之書籍，其餘則捨棄不納入討論範圍之內。

〔註31〕 那志良：《璽印通識》（台北：臺灣商務出版社，1970年）。

〔註32〕 《璽印通釋》中「使用」即用途，為行文方便，這種分類法本書後文以「用途分類法」名之。

一類。然而若依「用途」分類，則「私印」一類中的「姓名別號印」、「室名印」、「花押印」三者用途相仿，誠可歸爲一類；而「賜贈印」〔註33〕從印語上看，也與「姓名別號印」、「室名印」、「閒章」等類有相當程度的重疊。

（2）王北岳《篆刻藝術》：〔註34〕《篆刻藝術》將印章二分爲「姓名印」與「閒章」兩類；「閒章」下則有「肖形印」、「齋館印」、「收藏印」、「鑑賞印」、「吉語印」、「箴言印」、「詩詞印」、「儁句印」、「俚語印」等九類。是書之二分法缺乏分類依據，可取之處在於羅列出諸多印章的形式，如源自先秦、古人作「佩帶」用途的「吉語印」、「箴言印」當可歸爲爲一類；〔註35〕「詩詞印」、「儁句印」二者性質相同，可歸一類；「肖形印」爲圖像印，是否屬於閒章則有待商榷。

（3）蕭高洪編《中國歷代璽印精品博覽》：〔註36〕《中國歷代璽印精品博覽》依功能特徵分：「官印」、「私印」、「詞語印」、「肖形印」、「鑑藏印」、「書畫款印」、「花押印」七類，其問題仍多：如「私印」、「花押印」與「書畫款印」印語皆爲姓名或字號，容易造成重疊；「鑑藏印」亦不適合從「私印」一類中分離出來。能視爲「閒章」範疇者大抵以「詞語印」最佳，但「詞語」之名稱又過於籠統，且「詞語」亦有可能與廣義的「鑑藏印」、「書畫款印」相混淆，因此不甚可取。然而可由此分類的歧出，揭示以「詞語」面向看待印章中的閒章意義，是有其必要性的。需注意的是，「詞語」不等同於「詩詞」：將詩、詞、錦句聯語等文學性質引入印章，是元代以後才有的現象。

（4）劉江《中國印章藝術史》：〔註37〕《中國印章藝術史》體系龐大，其撰述脈絡以歷史分期爲主，因此該書首次提到有關「閒章」的項目是〈明代——尚意思想的入印與流派的誕生〉中「明代私印」一節，以「詞句印」

〔註33〕「賜印，是指皇帝賜贈給臣下的印；贈印，是朋友間相互餽贈的印。」那志良：《璽印通識》（台北：臺灣商務出版社，1970 年），頁 76。而那氏所舉贈印之例，若就印語觀察，並無分立出來的必要。如何震「聽鸝深處」屬於「閒章」一類；金琮「白石翁」印屬「姓名字號印」一類。那氏之所以能判定「某某印爲贈印」，仍須從印章邊款或其他文獻資料佐證，因此強行分立，不甚妥切。

〔註34〕王北岳：《篆刻藝術》（台北：漢光文化，1989 年）。

〔註35〕關於璽印佩帶之說詳見拙文：〈從趨吉避凶到安身立命：論先秦「佩帶印」〉，《書畫藝術學刊》第五輯（2008 年 12 月），頁 505～525。王北岳所言之吉語、箴言印不限於先秦，明清、近代篆刻中的例子也囊括在內。

〔註36〕蕭高洪編：《中國歷代璽印精品博覽》（南昌：江西人民出版社，1995）。

〔註37〕劉江：《中國印章藝術史》（上）（杭州：西泠印社出版，2000 年）。

的條目出現：「詞句印有詩句、詞句、文句、成語、俚句等，是古璽、秦漢印章中的閒章發展而來」。〔註38〕詞語印的名稱缺失與《中國歷代璽印精品博覽》相同，而《中國印章藝術史》則於「詞語印」條目下分「寄情興」、「表志尚」、「傳詩境」三種特徵，卻是值得借鏡的——顯示閒章有文學傳統下的言志抒情功能性。

（5）戴家妙等著《歷代閒章名品鑑賞》：〔註39〕《歷代閒章名品鑑賞》已將姓名印、官印等形制之印章排除，以「閒章」爲總類，共分：「箴言雋語」、「詩詞名句」、「齋館別號」、「吉語印」四項。然而其中「齋館別號」、「吉語印」的閒章性質頗受質疑：「齋館別號」屬於個人使用居多，而「吉語印」承先秦佩帶印形制而來，實用功能顯著，並不適合全部納入閒章之範疇中。該書所列「箴言雋語」和「詩詞名句」兩類則提供閒章分類的一種「語源」式的切入視角：「詩詞名句」範疇最爲明確，即從古典詩詞、文章、聯語等文學項目中取材；而「箴言雋語」則可爲篆刻家自創，或成語、或經典字句、或文人用語等，可見印語之鐫刻皆有其所本。

（6）葉一葦《篆刻學》：〔註40〕葉氏《篆刻學》中，以圖表的形式將廣義的印章劃分爲「印章」、「篆刻」二類，即在突顯「印文化」中藝術的層次，標舉「欣賞爲主，實用爲次」〔註41〕的特性。在「篆刻」類下分「詞句印」、「姓名印」、「齋館印」、「鑑藏印」、「肖形印」、「圖畫印」、「鳥蟲印」、「押印」等。上述分類並不妥切，因「肖形印」與「圖畫印」皆爲圖像特質，實可歸爲一類；而「詞句印」、「姓名印」、「齋館印」、「鑑藏印」四類本依印語用途不同區別，卻又依印文文字類別，另立「鳥蟲印」、「押印」兩類，〔註42〕造

〔註38〕劉江：《中國印章藝術史》（上）（杭州：西泠印社出版，2000 年），頁 300。劉氏所言「詞句印是古璽、秦漢印章中的閒章發展而來」在該書中並無舉證，筆者認爲劉氏語脈下的「古璽、秦漢印章中的閒章」是指該書〈春秋戰國——百家爭鳴與古璽的百花齊放〉中「春秋戰國私璽」下的「吉語璽」、「箴言璽」兩項；以及〈秦代——印章藝術在統一規範中發展〉中「秦代私印」下的「吉語印」、「訓誡、成語印」兩項。而這四種類型相似的璽印，雖可視爲元朝以降文人篆刻中「閒章」一類的先聲，但由於當時仍強調其佩帶之功能性，因此應將其排於閒章的範疇之外。

〔註39〕戴家妙等：《歷代閒章名品鑑賞》（上海：上海書店，2002 年）。

〔註40〕葉一葦：《篆刻學》（杭州：西泠印社，2003 年）。

〔註41〕葉一葦：《篆刻學》（杭州：西泠印社，2003 年），頁 2。

〔註42〕「鳥蟲印」即以先秦文字中之「鳥蟲篆」書體爲創作形式；「押印」則或用楷書、行草、隸書等書體入印，形成一種類於商標（logo）的私人印記。

成分類準則上的不統一。

（7）王沿廷《中國古代印章史》：〔註43〕《中國古代印章史》偏重古代官印發展史，其中「私印及其他印章」篇幅較小但仍分「姓名印」、「表字印」、「號印」、「年號印」、「收藏鑑賞印」、「書柬印」、「引首印」、「成語印」、「齋堂館閣印」、「押字印」等十類。其中只有「成語印」、「引首印」較有閒章的性質。

（8）劉尚恒《閒章釋義》：〔註44〕《閒章釋義》將取材範圍聚焦「閒章」，並謂：「閒章，不作為憑信符號，故無主人姓名、字號、別號，也無其室名齋館名稱。它主要反映主人家世、身世、功名、志趣、逸興、癖好、求願，以及對人世、人生的感嘆，……」〔註45〕這種認識，已經接近本書所欲探討的閒章範疇。然而卻亦有矛盾之處：如「反映主人家世、身世、功名」等印章之印語，已與印主的個人經驗結合，私人特質濃厚；且這種強調功能性的印語，正是本書所欲解消的對象，此處細節，將於後文論述。《閒章釋義》將印章粗分為兩類——名章與閒章，而閒章則包含廣泛，計有：「家世門第」、「籍里居」、「生辰行第」、「功名官爵」、「寓意姓名」、「人生遭際」、「收藏艱辛」、「收藏特色」、「立志篤學」、「志趣逸興」、「崇尚先賢」、「道德修養」、「退藏自守」、「佛道信仰」、「祈求願望」。其缺點為分類過於繁瑣，但也透露了一個分類上的訊息：「印語的意指」是決定閒章性質的重要因素。

（9）章用秀《美石與印章》：〔註46〕章氏謂有「閒文印」一類：「將成語、格言、諺言、詩詞、書論、畫論、印論、騷語等入印的印章，均被稱為閒文印。」是書從印章拍賣的角度，觀看印章；其後又說：「閒章屬明心志的印作品，不僅具有深刻的人文內涵，又因其印文多為成語、佳言、詩句之類，後人仍可鈐蓋使用，故而更具特殊的珍藏意味。」〔註47〕

（10）林乾良《中國印》：〔註48〕「閒章，又名詞句印，是文字印中的特定部分。」林乾良認為除去「印，信也」的權威功能，其他的印章皆屬閒章，而宋代賈似道以降的閒章另稱為「文人印的閒章」。林氏並標舉「詩文印」一

〔註43〕 王沿廷：《中國古代印章史》（上海：上海人民出版社，2006年）。

〔註44〕 劉尚恒：《閒章釋義》（天津：百花文藝出版社，2007年）。

〔註45〕 劉尚恒：《閒章釋義》（天津：百花文藝出版社，2007年），頁4。

〔註46〕 章用秀：《美石與印章》（天津：百花文藝出版社，2008年），頁82。

〔註47〕 章用秀：《美石與印章》（天津：百花文藝出版社，2008年），頁177。

〔註48〕 林乾良：《中國印》（杭州：西泠印社，2008年），頁105。

類，凸顯出印章「多字印」的面向。

（二）閒章的多元性質

　　從上述各家印章分類中「閒章」之屬的定義分歧、範圍廣狹不一的現象思考，實應歸咎於論者對「印章」之認識不同與忽略閒章之「閒」意義所致。由這些分類方式中，可梳理出數種分判路徑，如王北岳的姓名印、閒章「二分法」是最廣義的示範；劉江則意識到若無明清文人文化的浸潤，則閒章難以發跡，而採「歷史分期法」；大部分論者如那志良、蕭高洪、葉一葦、王汯廷等則嘗試就印章的實用面向採「用途分類法」，但仍受印章用途的主觀認知圇限，導致眾說紛紜。

　　戴家妙、劉尚恒則從「印語」著手，主動以「閒章」為框架，將印章屬於「印信」的私人性質排除，從印語的「來源」、「意表」分類。這種「印語分類法」之困境要從兩方面說：其一，印章印語的字面意義具有修辭、引用詩詞典故等性質，不足以代表其賞玩性質高過實用性質；反而，文人用印美化、典雅化的結果，使實用印章（如齋館印、字號印）表面上像是閒章。其二，援引既有的詩詞聯語、名言錦句等承襲自中國古典文學的傳統作法，亦可能使篆刻作品因複製而失去了美的靈光——例如「金石癖」【圖 a1-1】、「曾經滄海」【圖 a1-2】印語的廣泛襲用，〔註49〕這是藝術的模仿特質；「朱子治家格言」、「王陽明讀書十八則」等套印則是商品流通下的產物——〔註50〕因此須謹慎理解文人文化多元生動的內涵，才能契近本書所欲探求之「閒」意義下的「閒章」。上述「印語分類法」困境下兩種意義的閒章，恐非真正「閒」的產物。

　　從上述的多項問題瞭解到如欲藉閒章探求篆刻的美學層面，則須揮棄形式的、表象的層層遮蔽，跳脫類別、個人視域廣狹之桎梏，回歸原點。因此可設問：古人以「閒」命名此一藝術項目，是賦予其何種意義？以此回到藝術品創發之前，創作者本身之「態度」及「目的」的討論。態度是從藝術創

〔註49〕「金石癖」有奚岡、孫三錫、吳隱、黃易等人刻過；「曾經滄海」有趙之琛、徐三庚、錢松、董洵、胡震等人刻過。附帶說明：因排版需求，全書附圖之尺寸恐有縮放而非原寸之情形，詳參書末附錄中圖版出處。

〔註50〕據筆者粗略考察，明清兩代，以《朱柏廬先生治家格言》（亦稱「朱子格言」、「朱子家訓」）全文入印者計有楊晦、孟介臣、徐桂蟾、張知平、高景山、褚洪章、潘廷灝、邢德厚、黃鵠、祁靖世、吳鴻陶、賈永等人；以《王陽明讀書十八則》入印者則有鞠履厚、福慶、賈永、程德椿、尹子薪、顧湘等人，顯見其風尚。

作的氛圍而言：藝術家在創作藝術品時，是當下精神的一次性投入、是「消盡」的；〔註51〕由於是藝術家生命力量的湧入與溢出，藝術作品才會有「靈光（aura）」。〔註52〕以篆刻藝術爲例，閒章的被創作無非是篆刻家人格特質與心靈狀態的投射：懷抱「無用」之心，以「閒」、「散」、「玩」……等「遊戲」的態度，成就一種對藝術宏大敘述（grand narrative）的逃逸，反而令藝術的眞諦滲透進了這些作品當中。

圖 a1-1　金石癖

（奚岡）　　　（吳隱）　　　（孫三錫）　　　（黃易）

圖 a1-2　曾經滄海

（趙之琛）　　　（徐三庚）　　　　　　　（錢松）

（董洵）　　　（胡震）

〔註51〕「消盡」英譯（Expenditure），來自巴塔耶（Georges Bataille，1897～1962）的概念，或有中譯爲「耗費」。其特徵是一種徹頭徹尾的缺失（loss），普遍形式包括奢華、哀悼、戰爭、遊戲、藝術、非生育性的反常性行爲等。
〔註52〕華特・班雅明（Walter Benjamin），許綺玲譯：《迎向靈光消逝的年代》（台北：台灣攝影，1998年），頁30。

目的是就藝術創作的功能性講：當篆刻家創作閒章時，應是無目的的，去對象化的，此即「閒」的普遍意義。篆刻家刻製閒章有幾種用途，如個人之「遊戲」、人際交流之「餽贈」，爲「遊戲」而刻印即純粹的藝術創發，最是「閒」中之物；「餽贈」雖有指向性，但印語的呈現能有公開性（即不含接受者身分符號，可轉與他人流傳使用），則亦具有「閒」的特徵。

在這兩種前提下，印章分類才擺脫「形制」的框限：富有素樸趣味的「圖像印」、「肖形印」也可以視爲閒章。亦不受「用途」的多重性所囿：「書畫款印」、「引首印」、「押角印」皆是閒章。因此，印章語境之研究成爲本書的基礎認識，唯有探求印語文字背後的世界，才能窺見創作者的心靈與當下時空的氛圍；而明清兩代的文人篆刻則是本書論述的時代範疇。篆刻在文人介入以後，始逐漸發展，研究顯示篆刻發軔於元末，因而明中葉時篆刻仍在萌發階段，未成氣候；至晚明文人文化的引入，使印章一藝始在廣度與深度上有突飛猛進的開展，而文人文化亦受篆刻藝術的滋潤，更顯其豐富與獨特。

以上簡短提出本書從閒章分類的困境，導出探索閒章美學意義的思考路徑——首先從印章研究的總體觀察，整理各家論者在分類閒章時共通之取捨依據，繼而析離出論者對閒章普遍特質的認知（此處閒章的普遍特質仍是一般認知下的、駁雜無序的），其次即藉此「當代論者視域下」的普遍特質，置之於印章發展史的文化脈絡下，論述閒章如何從印章「用」與「非用」之轉折中萌芽茁壯（至此的閒章意義，已初具本書理想意義下的閒章範式）。最後則藉由析離出之「去私屬性」與「去目的性」的閒章範式（論述詳見下文），追問「閒」概念在此範疇中的作用；並從作品、作者、接受者的三種視角，鋪展「閒」意義的美學價值（至此則形成一種觀看的方式，此視線下的閒章意義，即能克服依形式、用途分類而多重歧異的困境）。最終，則可通過提出閒章的當代研究前瞻性，期能在這種跨領域、跨文化的研究當中，洞見中國藝術的精神內涵。

上述簡陳本書命題成立之具體條件，以下則處理廣義「閒章」之文化背景與思維源流，逐步建立本書所欲探討之閒章架構。

第三節　「閒章」之義界

一、從印章發展歷程論「閒章」特質

從前一小節之歸納，可觀察專家學者對閒章普遍特徵的認識。此認識乃

從明清談藝論印之篇章中引發而來：清董洵（1740～1812）《多野齋印說》記載：

> 周櫟園云：文壽承自名字章外，齋堂館閣間有之，至何主臣始以世說
> 入印。今作僞者，不拘閒雜語，一齊欄入，好古者何不察耶？〔註53〕

周櫟園即明末收藏家周亮工（1612～1672），文中謂「何主臣始以世說入印」表示何震在印章中加入了文學的素材；而「今作僞者，不拘閒雜語，一齊欄入，好古者何不察耶？」則說明當時多有仿傚何震刻印者，往往將「閒雜語」入印，而周亮工並不認同這種作法。桂馥（1736～1805）《續三十五舉》記載：

> 《梅庵雜志》曰：古官私印外，表字印亦不多見。宋後用閒雜字印
> 於書幅之首，謂之引首，杜撰可笑。今人遵守而不敢有違，何耶？
> 〔註54〕

與上引周亮工觀念相同，是古人尚未接受印章中出現姓名、字號以外的「閒雜字」之例。從上述二例觀察，古人將姓名字號、齋館號、藏書印記之外的語彙置入印章中，在明末清初是種新穎的作法，並被認爲是錯誤的嘗試，殊不知這種嘗試，開啓了篆刻藝術的榮景。繼而印章發展至盛清，篆刻家林霆（生卒年不詳）《印說十則》中云：

> ……若成語、閒雜印，則需考古通字之外，不得亦用偏旁，致有杜
> 撰之誚。〔註55〕

此時可見文人已開始將「閒雜印」納入用字、佈排的考量，林氏又云：

> 刻印有用古文、鐘鼎文者，必全體具古文、鐘鼎，不可錯雜成章。
> 然此只可用之閒雜章；若名字印，除摹印篆、小篆外，間有用古文
> 者，鐘鼎文斷不可入。〔註56〕

由此可見，「閒雜章」是與姓名印相較之下，體制並不嚴謹的印章形式。觀察古人使用「閒雜」一詞可知，此爲印章主流下的低層次項目，有被劃歸邊緣、未入正統的意味。若從此脈絡下論閒章的發展，可讀出一種轉折過程——即從「用」至「非用」的，在文人階層與社會、文化、藝術的互文下交織而成的脈絡。以下即由三方面討論此脈絡下的閒章如何形成：

〔註53〕韓天衡：《歷代印學論文選》（杭州：西泠印社，1985年），頁370。
〔註54〕韓天衡：《歷代印學論文選》（杭州：西泠印社，1985年），頁386。
〔註55〕韓天衡：《歷代印學論文選》（杭州：西泠印社，1985年），頁396。
〔註56〕韓天衡：《歷代印學論文選》（杭州：西泠印社，1985年），頁396。

（一）「工匠」到「文人」：印文化的歷史轉折

從文彭（1498～1573）使用軟石製印以降，文人將文學、藝術關懷注入印章文化，使原先工具性質濃厚的印章蓬勃發展。晚明文人文化標榜生活情趣，從社會經濟的角度觀察，是消費的、奢華的；從藝術的角度觀察，是多元的、「閒賞」的，〔註57〕在此氛圍下，印章的製造脫離工匠的實用訴求，以及工匠缺乏靈光的「模擬」代工，〔註58〕經由文人之手，轉而邁向藝術品的層次。

此歷史進程當中，文人的參與是「消遣式」的，因當時書法、繪畫仍為文人藝術創作之主流，更不提文人在政治實踐、詞章義理上的投注精力，篆刻本是文人「課餘」狀態下「玩」出心得、玩出美感的產物。〔註59〕因此晚明閒雅文化不可避免地影響了閒章的萌芽，而文人介入正是推波助瀾的主力：文人對閒賞事物的經營，具有高度影響力（因其高知識水平及獨特藝術鑑賞力），這種經營乃立基於一種「消遣的時間」，即「閒」的時間概念——〔註60〕從工匠的勞動的時間，到文人的消遣的時間；從有用（工匠製印換取金錢）到無用（文人治印無所謂買賣等利益關係）——於是體現出閒章的藝術進展是從「用」至「非用」的。

正因不求生產的質與量，篆刻最初的發展並不顯著，經明末清初等流派印人的擘畫經營，乃成就當前所見之榮景——工匠的工具理性（Instrumental reason）作用使然，使印章只是生產線下的產品；而文人賦予生產物（印章）情感的交流，人與物之間的契近，使印章脫離勞動生產下的技術複製（reproduction）而成為賞玩、審美的對象。

上述從印文化的歷史脈絡，探討閒章之「閒」的環境因素。然而這僅是印章由「用」至「非用」的轉折面向之一，且是縱向的，與時間、歷史相關

〔註57〕 「閒賞」概念引自毛師文芳：《晚明閒賞美學》（台北：臺灣學生，2000年），後文有詳細論證，此不贅述。

〔註58〕 印章發展史中有「文人篆印」（「篆」作動詞，謂以篆書謄寫印稿）之說：如宋代米芾自用印，傳為米氏自撰「印稿」，委託工匠製作。元代趙孟頫亦有同樣的行為。一般將此過程作為文人與印章關係之濫觴，但其成品仍缺乏藝術價值。

〔註59〕 與篆刻的創作不同，古代文人對書法和繪畫的創作，就與「閒」的態度有差別：書法乃實用工具，強調追求文字美的表現；繪畫則以具體形式與象徵意義的追求為尚，待有「閒」的意味產生，恐怕要在元、明之際發展出「文人山水」之後。

〔註60〕 「閒」的時間意義從「空閒」、「生活」等脈絡下探討：是種延展的、疏散的、放鬆的、愉悅的時間觀。可參考王鴻泰：〈閒情雅致——明清間文人的生活經營與品賞文化〉《故宮學術季刊》第22卷第1期（2004年9月），頁69～97。

聯的面向。以下將由橫向的，印章的傳播現象考察。

（二）「私人」到「公開」：印章的傳播性質

「印信」自古即是最私人的，最具有保密性質、檢驗作用的生活工具之一，在古人的通信（封泥、封蠟）、戰爭（兵符、虎符）上扮演著重要角色，先秦的吉語、箴言印也則以個人佩帶居多，較不具有轉交性質。印章的功能性特質保留在官印的使用傳統中，私印方面，文人將姓名、字號等印章鈐於作品落款之後，用以取信驗證之例，在宋代最為顯著，為書畫款印之始。〔註61〕元代以前的文人藝術雖已使用書畫款印，但仍未突破印章強調「私人」的屬性。

然而到了明季文人手裡，印章再也不是私人的生活用品，文彭「琴罷倚松玩鶴」【圖 a1-3】、「七十二峰深處」【圖 a1-4】等首開先例，那志良《璽印通識》謂：

> ……而與上面所說過的姓名別號印、籍貫家世印、室名印……等，都不相同。因為那些印雖不一定是為了「取信」之用，但它們都是某人所專用的印，不是任何人可以使用的。這些印文（筆者按：閒章）便不同，印文上並沒有顯出是某人所專用，人人得到，人人可用。〔註62〕

「人人得到，人人可用」的特性即印章的公開性質。廣義來說，只要印語未具個人的身分識別、符號標記等，就具有公開性質；狹義來說，印章須能夠轉送、流傳，成為藝術品一般，具有交換價值。

正因此公開性的開展，晚明以降出現文人互贈、互賞、互評印章的例子，〔註63〕這種交流行為始將印章從私人專屬的層面，拉至公開鑑賞的平台。閒

〔註61〕關於閒章的起源，當代論者或有從宋代追溯起的。然出處之考證不在本書論述範圍內，因此僅抄錄以供參考：「閒章之製，以前的記載，多認為始自賈似道之『賢者而後樂此』印，自後相沿，多刻成語。有人便不同意此說，舉著名的秦九字小璽『疢疾除，永康休，萬壽寧』印及《十鐘山房印舉》中的『建明德，子千億，保萬年，治毋極』印為例，認為像這種古印，也就是閒章。……所以從印文看，秦之九字小璽，與賈似道之『賢者而後樂此』，是一樣的，閒章始於賈似道之說是不對的。」那志良：《璽印通識》（台北：臺灣商務出版社，1970 年），頁 83。

〔註62〕那志良：《璽印通識》（台北：臺灣商務出版社，1970 年），頁 83。

〔註63〕從明、清兩代「印譜序跋」的文獻考察可知，文人間相互品評之活動是蔚為風尚的，如張灝《學山堂印譜》有董其昌、陳繼儒、陳萬言三人作序；程樸《忍草堂印選》有陳繼儒、韓敬、陳赤作序；朱簡《菌閣藏印》有韓霖、歸昌世、李流芳、王琪、沈守正作序；周應麟《印問》有李日華、洪邦基作序；

章即是此公開特質的產物：其一，閒章印語不具私人符號，可餽贈，可轉讓，而較姓名印、齋館印更具收藏價值，並因收藏價值的提升，才使之躋身藝術品的行列；其二，印譜之風行使閒章的公開化，造成賞鑑機制的興盛，促使篆刻藝術的突飛猛進，閒章從此一躍而升為技法與理論兼具、印人與文人同遊的龐大創作／品鑑行伍，逐漸與書法、繪畫等並駕，成為文人投注精力的藝術項目。

圖 a1-3

琴罷倚松玩鶴

圖 a1-4

七十二峰深處

　　這種私屬／公開性質的轉折，仍是「用」至「非用」的過渡階段：私人印信純粹做工具之用，而閒章以文人交游的餘興遊戲、無目的性使然，得以交換、傳遞、傳播乃全於公開化、出版販售，而得到充分的發展空間。那志良《璽印通釋》云：

> 印章到了成為一種藝術品時，雕一顆印，既不是用來作「取信」之需，也沒有固定的用途，隨手拈來，僅供欣賞，印文大都採摘詩句、格言、俚語……，用之得當的，頗饒趣味，這便是閒章。〔註64〕

此「不限定屬性」的純粹藝術創作，來白於解消「對象性」的「閒」心：「對象性」即用印者的私屬性，既將對象解消，則印章可以玩、可以賞、可以抒情、可以遊戲……因「閒」而不固著、不佔有，使其流通層面迅速擴張，並有能力向高層次的藝術境界邁進。

吳迴《珍善齋印印》有劉錫玄、董其昌、黃汝亨作序；蘇宣《蘇氏印略》有王穉登、黃汝亨、俞恩燁、曹征庸作序；金光先《金一甫印選》有王穉登、趙宦光、李維楨、鄒迪光作序；朱簡《印品》有陳繼儒、趙宦光作序；陳鉅昌《古印選》有董其昌作序；程遠《古今印則》有張納陛、屠隆、歸昌世作序，王穉登、董其昌、陳繼儒、姚士麟題跋……等。且題跋者多知名文士、書畫名家。

〔註64〕那志良：《璽印通識》（台北：臺灣商務出版社，1970年），頁83。

（三）「實用」至「賞玩」：印章的遊戲性質

承上所言，因取消對象性而可賞可玩，是從「使用」、「用途」上來講：傳統下的印章功能，即在佩帶（先秦璽印），或鈐蓋於紙張（書法繪畫、書籍、信件）、封泥、封蠟之上，任何形制都不脫離實用；反觀閒章之出現，正式使「賞」、「玩」等非實用行為的加入。承本章第一節所述，工匠對印章的製造，是用途導向的，此工具性一旦被解消，則能脫離不計工拙、不求美感的印章工藝，轉向追求印語、印材、印鈕等美感境界的篆刻藝術。此一轉向與晚明的閒賞氛圍有關：晚明文人追求對「長物」等非主流意義下的，舉凡生活器皿、傢俱裝潢、休閒娛樂……等細瑣事物的遊戲性觀看，此一觀看含有物質文明興盛的基因，並導向物質文明的多元化、雅化等現象。〔註65〕

另外可從心境轉折上說：文人在政治實踐、人生抱負上的失意，轉而傾心原本毫不起眼、不受重視的世俗品類，其逃逸心態可見一斑。此心境是短暫的，具有救贖功能的，在文人受禮教規訓所形構之志道據德的生命中，閒賞事物對生活有調劑作用，它們呼之即來，揮之即去，不魂牽夢縈、不求之若渴；並是開放性的：不孤芳自賞、不崇尚高度，雅也可，俗也可，是情緒上的發洩，是生命桎梏下的體諒與沖淡。

因此，在文人篆刻發展之初，許多作品是談不上美感的。在無計較心的「遊戲」過程中，文人才逐漸摸索出某些美學評判（何況這些判準往往借用古典文論、書論、畫論等，堪稱餘興節目中的附加贈品），其初衷亦不過是為使此遊戲更加「可玩」的錦上添花，不料它竟自立更生，枝蔓出龐大的體系。

因而可將「遊戲」視為閒章的重要性質之一。為回應實用與賞玩的「用／非用」命題：如何判斷作品是否具有閒章特質？本書提出從「語境」觀看印章之視角：如劉向恒《閒章釋義》中「寓意姓名」一類之閒章，觀者會疑惑：姓名、字號印不是應被排除於「閒章」之列？但如明代女畫家文俶（1595～1634）「端操有蹤幽閒有容」【圖 a1-5】巧將其字號「端容」二字鑲嵌於印語首尾，〔註66〕雖實用功能的意義為字號印；但將姓名字號隱入文字，作為

〔註65〕「長物」即文震亨《長物志》涉及之項目。參考毛師文芳：《晚明閒賞美學》（台北：臺灣學生，2000 年），頁 171。

〔註66〕文俶字端容，「端操有蹤幽閒有容」一印之詳細論述見拙文：〈名妓・文人・印文化──晚明妓女用印鈎沉〉，收入國立暨南大學中文系：《中極學刊》第七輯（惡之華：明清城市文化專輯）（2008 年 6 月），頁 71～99。此印出自上海博物館編：《中國書畫家印鑑款識》（北京：文物出版社，1992 年），其釋文

一種遊戲、一種扮裝、〔註67〕一種文人的氛圍，就是印語創造的「閒」之心境。文人習用「隱喻」、「典故」隱藏身世、情感，因而需考慮印章語言環境之因素；亦再次體現本書訴求：就印章之「裡」而非「表」論其意義。

圖 a1-5

端操有蹤幽閒有容

「語境」判讀能將創作者的真正「意圖」彰顯。劉尙恒《閒章釋義》中「功名官爵」一類從印語的構造，可看出其目的性過於強烈，因此難以體現本書意義下閒章的超然境界。在此基準下，可知齋館印、生辰印、鑑藏印都因用途非「閒」而排除在閒章範疇之外的原因。

二、閒章之義界

　　中國文化中「閒」之意義既廣泛而深刻，甚至超出本書所框限之藝術領域、印章範疇，因而本書中已將閒章限縮爲狹義的、特殊情況下，具有「閒」之意味的品項，是廣義「閒」的多義中的一義。換言之，中國文化中的閒，涵泳甚廣，深入各個領域，舉凡文化、藝術、文學、生活、等無不含有閒的意義。中國人的閒散思維可謂受道家思維感染甚鉅，亦即，閒章的美學意義，是在中國「閒」文化濡染下產生，並因印章獨特的藝術形式，使「閒」的發揮在此得到最爲深刻的體現。由此可見古人冠閒章以「閒」之名的眞知灼見，而古人亦藉由「閒」之名，恰如其分地表達此印章體式的奧妙。

　　於是，經本章梳理閒章之命名由來、歷史展演、時代背景、文化氛圍、藝術價值，則可大致瞭解此「閒」深意，雖非全然與中國閒文化相同，卻絕對與之息息相關，並帶有自身獨一無二的色彩。本書之用意在於藉由釐清藝術門類

　　　乃「端操有蹤幽閒有容」，本書文口試委員台灣師範大學國文系黃明理教授則指出「蹤」應爲「從」之繁寫，與「容」對仗。此間分判尚待釐清，因此乃維持原引用《中國書畫家印鑑款識》之釋文，並感謝黃教授指正。
〔註67〕參考毛師文芳：〈一則文化扮裝之謎：清初〈楓江漁父圖〉題詠研究〉，《清華學報》第 36 卷第 2 期（2006 年 12 月），頁 465～521。

中「印章」一項底下之篆刻文化中之菁華體式——閒章的美學意義，並與中國閒文化接軌、相互詮釋，冀能對文人、文人文化有更豐碩的觀看視野。

　　首先，從前述對印章發展轉折脈絡之梳理，可彰顯出本書意義下的閒章兩種重要特徵：

　　（1）去私屬性：欲將姓名字號印、齋館印、鑑藏印與閒章區別開來，首要需去除其私有性質。姓名印的取信驗證功能，強調私有；齋館印亦爲特定的個人製作；鑑藏印如「某某考藏」、「某某經眼」、「某某珍藏」等質性亦同。〔註68〕「押印」、「年號印」也不列入閒章之林，押印爲個人姓氏，無法通用；年號印雖可重複（因干支紀年法的循環使然），但古今罕見拿他人年號印去使用的。以此「去私屬性」前提判斷，則劉尚恒《閒章釋義》十五種分類當中，「家世門第」、「籍貫裏居」、「生辰行第」、「功名官爵」、「寓意姓名」、「人生遭際」、「收藏特色」等七類即因含有個人性質（例如籍貫、生辰、私人收藏品等）而不能全盤以閒章目之。

　　（2）去目的性：設若先秦吉語、箴言印乃閒章之先聲，則它們爲何不在閒章範疇之內？其原因爲：古人從最初將璽印視爲辟邪求福，祈願能「趨吉避凶」的神聖器物而用於佩帶，以至由「人文轉向」而重視道德上的安身立命、儒家式的天人關係的過程中，〔註69〕吉語、箴言仍未脫離其工具特質，缺乏藝術的造化，屬於工藝品的層次。就篆刻藝術而言，印章之所以經文人之手，達到「公開」、「賞玩」等用途的開展，也與其「最終用以鈐蓋」的目的被解消所致。因而本書意義下的閒章，必須是去目的性的。例如劉尚恒《閒章釋義》十五種分類當中，「收藏艱辛」、「祈求願望」二類即未注意其目的性：二者雖使用詞語不含私人符號，但印主（或篆刻家）製作印章時的針對性顯著，對後繼玩家來說，就減低收藏價值；兼之篆刻家在刻製此類印章時，心境受限制（或受人所託、或自身使用），使作品不如「閒」心境下的創發來得瀟灑、富含韻致了。〔註70〕

〔註68〕鑑藏印中可能有詞語印的形式。例如朱彝尊（1629～1709）「購此書，頗不易，願子孫，勿輕棄。」印就具有廣義的閒章性質。如吳騫（1733～1813）「千元十駕人家」則屬私人的（雖從印語表面不易看出，但循典故則可得知）。若要細分則將此類排出閒章範疇（因其私人性質）。

〔註69〕詳見拙文：〈從趨吉避凶到安身立命：論先秦「佩帶印」〉，《書畫藝術學刊》第五輯（2008 年 12 月），頁 505～525。

〔註70〕明清篆刻藝術的創作者，或爲文人、或爲職業印人，以印章買賣維生、利益交換、制定潤格等行爲普遍可見，因此閒章之「去目的性」有必要再作釐清：

　　上述二點為本章從社會經濟、文人文化中梳理閒章之「非用」化過程，進而提煉出的閒章精神，確立本書認知中閒章的背景知識與其範疇、意義。

三、小　結

　　本節循序漸進地由閒章之社會背景、傳播方式及遊戲屬性提出閒章定義的可能面向，繼而提煉出「去目的性」、「去私屬性」作為本書脈絡下閒章的定義，作為建構「閒章美學」的基礎認識。誠然，閒章在藝術的領域中，將遭遇「閒或不閒」的質疑——原因在於，藝術創造本有渾然天成與潛心鍛造的不同取向，前者是天才的產物，或在無心插柳的狀態下成就不朽作品（如王羲之書〈蘭亭序〉），那近乎「冥契經驗」〔註 71〕的藝術創發，正是中國藝術的奧秘所在。相對於前者的可遇不可求，後者是較常見藝術創造過程——技巧之鍛練、人為之構思，如此倚靠「人」而非「天」得來的美感，亦屬於藝術範疇。「閒章」究竟屬於前者或後者？明代文人對閒章的態度，既以遊戲為主旨，無所謂用心，卻使篆刻在「雕蟲小技」的刻版印象中開展出驚人的成就。而清代篆刻家卻充分利用閒章非目的、非私屬的特性，釋放出真摯的情思感懷、澎湃的創作能量。文人結合各項專業技能（詩文、書法、繪畫、哲學思維……等），鎔鑄出令人驚豔的美感（具有高度中國傳統藝術色彩），並在其中獲得棲身之所。如此一來，閒章在此後天的，人文鍛造的創造過程中，得到巨大的成就。〔註 72〕

　　承上所述，既體察閒章的多重面貌而欲探求其本質與深意，則須以「美學」的視角予以關照——藉由作品、作者與觀賞者之間的係聯，引領讀者進

閒章「去目的性」特質在將坊間印學論著中將「以吉語箴言、個人經歷入印」的印章納入「閒章」範疇，然而筆者認為，既然有所要求、意欲述說，則「閒」的意義將被沖淡、甚至喪失；並且，設若本書脈絡下閒章「去私屬性」的條件成立，則篆刻家在製作「不屬於個人、或含有與他人相關之字句」的印章作品時，才有可能獲致氣韻、格調的藝術境界（詳見後文論述）——這些印作往往不用於買賣交易，若欲考察其流傳背景，則須佐以篆刻邊款進行考察，而偏離本書研究之目的——因此「去目的性」將為閒章之所以能「閒」的重要條件。

〔註 71〕「冥契經驗」在審美體驗的脈絡來說，是人類因美之震懾而進入一種具有「一體感、安寧感、神聖感」等體驗的精神狀態。參考威廉・詹姆斯（William James），蔡怡佳、劉宏信譯：《宗教經驗之種種》（台北：立緒，2001 年）。

〔註 72〕本書〈上編〉將由「技術的追問」針對閒章身在藝術領域之處境，剖析其「閒」意義存在之可能，以此得證古人從未具體言說之印章背後的「閒」意義，理解為何文人將此一印章體式命名為「閒章」，並深究其美學的形成。

入此一豐富而充滿可能性的領域，使印章的觀看、批評、收藏成為開放的、包容各種聲音、接納不同詮釋的項目，讓藝術品彰顯其自身美妙，解除人的意識型態，以「閒」的態度，或玩或賞、或游或戲，顯其美之眞諦。

因此「閒章美學」命題之成立，雖是「以小窺大」的研究路徑，然而閒章所產生的特殊氣質，能與中國千年歷史鎔鑄之「閒文化」相契，一方面回應印章藝術的總體價值，一方面對文人文化進行補充，因此也可說是關照中國文化的總體視野。

第二章　撰寫方式

第一節　研究範疇

　　本書《明清閒章美學》以篆刻藝術中「閒章」類型之作品爲研究對象，觀察近代（主要集中於晚明至晚清的時間範疇）文人、社會環境、文化現象等議題，並融合藝術、文學、美學等理論基礎，企圖建構以「閒章」爲核心，呈現在作品、作者、觀賞者間相含互滲的美感經營與精神交流。「閒章」屬中國印章文化中「文人篆刻」範疇下的特定創作形式，〈導論：第一章〉雖已框限其義界，然基於當前此一研究對象之陌生，因而界定出清晰的研究範疇相當必要。本節依序處理研究對象、時代人物等問題。

一、研究對象

　　本書之核心議題爲「閒章」的美學意義，「閒章」既屬中國藝術之「篆刻」類，則研究對象則應包含閒章作品本身及佐證文獻二種。茲以此二點陳述：

　　1、研究素材：（1）閒章作品包含「印面」及「邊款」二項，「印面」即印章用於鈐蓋的，刻有文字的幅面，舉凡姓名、字號、齋館堂號、生辰年號、藏書印記、詞語、肖形等。「邊款」同屬印章幅面（非用於鈐蓋之「正面」，而是印章長方體之「側面」），亦爲篆刻家致力經營的項目，如款題、記事、議論、抒情等文字記錄，或人物造像、符號圖騰等圖案雕刻，皆具有觀賞與研究的價值。〔註1〕（2）閒章作品之外，印譜、印論（含「論印詩」、「印譜

〔註1〕　「邊款」既可與印面一視同仁，爲篆刻藝術品的本身：若將之與印面切割，視爲不同類型的創作，或以印面本身之附加價值目之，亦無不可。然而，印章既爲雕刻藝術，且印面表現以文字爲主，而邊款文字與印面文字息息相關，

序跋」等）談藝論印之文獻是獲得文人印學認知、技法觀念、美感思維及藝術關懷等資訊之重要來源。本書對閒章作品進行鑑賞、審美之行動，須以印學史及其審美規律為判斷標準，才不致流於個人主觀見解，並經由古人所遺留之文獻資料，對當代篆刻研究之各方面進行觀念之批判與體系之重建，以達閒章「美學」新詮之目的。〔註2〕

圖 a2-1　　　　　圖 a2-2　　　　　圖 a2-3

明月前身（印面）　　　明月前身（邊款）　　　明月前身（造像）

2、徵引文獻：承上所言，本書致力進行閒章作品之分析與深探，若僅就此一狹窄領域中作品本身之視覺呈現配合稀少的文人理論著作，而無法同時關照明清文化、文人文化、中國美學思想等課題，則「閒章美學」體系將如沙上築塔，缺乏理據。因此，本書中將徵引閒章作品以外的數種文獻如下，以加強對歷史、文化之考索，深入傳統技藝之探討為目的，將閒章之美學意義體現無遺──（1）中國古典文藝理論如歷代詩論、書論、畫論，是文人經營閒章時引入提升篆刻層次的活水源頭，文人視域廣闊、思想精淳，其治印

篆刻家習將無法入印的情感寄託在邊款之上，或傳達藝術理念，或陳述創作背景，則可知邊款不僅止於「款識」之功能，無法不以藝術品目之。其次，篆刻邊款能與印面結合，構成一完整的藝術成品，如吳昌碩「明月前身」之邊款造像即為一例【圖 a2-1～圖 a2-3】。因此本書採取將邊款與印面視為同一藝術品的作法，基於明清篆刻流派中諸位大家如鄧石如、趙之謙、吳讓之等人對邊款之經營投注心力，並不亞於對印面之經營，足以顯示邊款是極為要求技術層次的項目，保證其身為藝術品的價值。

〔註2〕 葉一葦《篆刻學》曾將當代印學研究的總體項目製成簡表，詳見本章文末【表一】。

過程無不透露出學養與品格，因此考察古典文藝理論對本書閒章之美學有立體化之作用。（2）明清文人雜著、詩文，在論述閒章印語詩文，以及文人文化之現象時，是重要的佐證文獻。（3）西方哲學及藝術理論亦是本書徵引文獻對象，諸如以語言觀在〈上編：第一章〉中對閒章印語進行剖析；於〈下編：第一章〉中論及藝術之本質，在〈下編：第二章〉中接引西方身體觀詮釋閒章創作活動中作者的身體狀態，並於〈下編：第三章〉中論審美活動則以藝術觀賞論、氣氛美學輔助。

誠然，本書以明、清時期文人之篆刻作品與創作活動為研究對象，是對古代文獻的研究。然而基於學界已累積相當豐厚的文獻考證、文化的當代詮釋（如閒賞美學、明清文人群體研究）等成果，對於筆者觀察文人文化、審美環境、生活美學等議題，皆能免於重新梳理脈絡的困擾。因此筆者知見及搜羅，包含專書、期刊論文、碩博士論文等近百種當代論者發掘、整理之文獻，更是本書能「站在巨人肩膀上」，做出更深入的論述與闡發之利器。

附帶一提，本書為聚焦篆刻藝術中「閒章」之美學意義探討及凸顯其「閒」概念，因此有關篆刻藝術的「媒材特性」（例如雕刻石材之刀法）、流變歷史、用印文化等將不做細部申論，如有需要，當以註文說明。需注意的是，「篆刻」是視覺的藝術，若以藝術品的處境研究「閒章」藝術，則「印面」之所以構成美感，並能接受審美評判，仍受媒材（石材）之金石趣味、刀劈斧鑿主導，諸多面向，本書撰寫時皆已列入考量。

二、取材範圍

承上所述，本書欲建構「閒章」之美學體系，因此思考視野必定廣及整個印章發展史及中國文人文化史。考慮論述篇幅以及文字承載之能力，本書之撰寫乃設定為「由小窺大」，提煉出篆刻中最具討論價值的類型——閒章，藉以回應明、清兩代甚至整個中國文人文化。故而既不能以斷代史的研究（如蔡耀慶《明代印學發展因素與表現之研究》〔註3〕、孫洵《民國篆刻藝術》〔註4〕即屬此類）看待本書，亦非對某一流派之研究（如翟屯建《徽派篆刻》〔註5〕），不是技術操作的方法論（如篆刻章法、篆法、刀法研究等），更不是個人藝術成就

〔註3〕　蔡耀慶：《明代印學發展因素與表現之研究》（台北：史博館，2007年）。
〔註4〕　孫洵：《民國篆刻藝術》（南京：江蘇美術出版，1994年）。
〔註5〕　翟屯建：《徽派篆刻》（合肥：安徽人民出版，2005年）。

的品評（如「趙之謙研究」〔註6〕、「齊白石研究」〔註7〕類型）。

由於「閒章」分布的時代乃以晚明至清末民初為蓬勃期，並且其最精湛的藝術成就往往集中在文人、文人群體中的幾位名家（master）上，因此須對本書之研究範疇作一圈限，以利讀者閱讀。以下茲由「時代」、「人物」二項陳述本書之取材範圍——就時代而言，印章發展上可溯源先秦璽印，下至民國印壇，涵蓋過廣；「文人篆刻」則可認定為明代的產物——文人與印章的邂逅，雖可上溯至唐代，〔註8〕然而此時印章的製作乃出於工匠之手，至北宋米芾（1051～1107）自篆印稿，〔註9〕始開文人與篆刻藝術密不可分的關係。「文人篆刻」既始，則使用者（文人，如書畫家、收藏家）與供給者（印人，即篆刻家）便形成相互影響的網絡。而自明代文彭（1498～1573）以降，文人亦開始製印，使得一些「文人」同時也具有「印人」的身分，交互影響之下，形成一個盛大的創作、品鑑隊伍。劉江《中國印章藝術史》云：

> 明代印人的行列中，很多是文人、書畫家，或是與他們交往甚密受
> 其影響的印人。他們創作印章，不僅把內容以及形式風格等方面加
> 以拓展，同時也把書法、繪畫、詩歌等其他藝術的審美觀移入篆刻。
>
> 〔註10〕

晚明文人大多具有多重的技藝與身份，如文彭，不僅曾任兩京國子監博士，且工詩、擅書法，並參金石之學，但最後以其篆刻名世。若要更確切地劃分文人篆刻的起迄時代，則是由晚明文彭、何震（約1530～1604）至清末吳昌碩（1844

〔註6〕 陳榮傑：《趙之謙篆刻藝術研究》（華梵大學東方人文思想研究所碩士論文，1997年）。

〔註7〕 崔峻豪：《齊白石篆刻藝術的研究》（國立臺灣師範大學美術研究所碩士論文，1991年）。

〔註8〕 「從唐宋時期開始，從實用印章中分化出書畫鑑藏印與書畫款印等多個印種，也就是說，從此伊始，實用印章照舊按其自身的發展需要在前進著，這一功能至今不變；而另一方面，從實用印章分化出來的一些印種，由於是與書畫藝術品結合，加之這類印章又為文人所為，開始了其藝術化之路。」蕭高洪：《方寸之間——中國篆刻藝術史》（高雄：汶采有限公司，2002年），頁35。

〔註9〕 米芾本身是否親手刻印，歷來多有存疑。但他親自撰寫印稿，或自己操刀、或請工匠代刻，則為肯定的事實。茲引各家說法佐證：(1)「米芾卒，生前嘗篆刻自用印。」——韓天衡：《中國印學年表》（上海：上海書畫出版社，1987年）頁2。(2)「我們觀察他自用諸印，多數鐫刻粗糙，與他同時代的歐陽脩、蘇軾、蘇轍等人的印文鐫刻工細相比，大不相同。說他自己動刀也可相信。」——沙孟海：《印學史》（杭州：西泠印社出版，1987年初版），頁90。

〔註10〕 劉江：《中國印章藝術史》（杭州：西泠印社出版社，2005年），頁321。

～1927)、齊白石（1864～1957）、來楚生（1903～1975）等名家的出現為止。

　　民國以降的印壇仍舊活絡，由西泠印社領銜，它社並出。〔註11〕然而一般認為，吳昌碩之後再無具有大影響力的印人出現，本書則取至清末印人來楚生、齊白石二位風格顯著的印家，並參酌王福厂（1879～1960）、陳巨來（1905～1984）等民國人物，這使得本書的時代下限拉得較長，較能顧及整個篆刻史的流變及發展。

　　因此本書採取折衷方式，將時代界定在明、清兩代，精確劃分則是「晚明至民初」，並以謹慎的態度，引用晚明以前文人篆刻萌芽階段的作品，僅作例證使用。另一方面，對民初幾位具有貢獻的篆刻家的作品給予肯定，因其將篆刻藝術推向更高的層次。

　　就人物而言，閒章作品之創發與流變，作者、鑑賞者扮演著關鍵角色。首先，文人以印章為素材進行創作，文人篆刻伊始，則印章脫離工藝品的層次，躋身藝術之林。然而閒章最初發展並非為文人潛心經營的項目，反而是課餘、閒暇的「遊戲」，由於文人群體——作者（篆刻家、文人）與鑑賞者（文人、鑑賞家、收藏家）的有意無意將學養、生命情調浸潤，才使閒章能有今日的發展。因此，「文人」群體對閒章美學之研究相當重要，如何定義以及規範這群人物，茲於下列陳述：

　　（1）作者：篆刻在明、清兩代發展至於繁盛，取得很高的藝術成就，流派紛呈、名家輩出，從晚明文彭開文人篆印風氣，經何震、汪關（生卒年不詳，明萬曆時人）、朱簡（約1570～1631）等人的經營擘劃，篆刻的面貌初步展開。至清代前期程邃（1607～1692）、林皋（約1657～1726）等人有繼承也有創新，但未脫盡明人習氣；中期自高鳳翰（1883～1748）力振古法，為印壇注入生機後，丁敬（1695～1765）能熔鑄秦漢、元明，以「思離群」的精神，創為浙派。稍後鄧石如（1743～1805）憑藉篆書的成就，「印從書出」，使皖派又煥發活力。後期的趙之謙（1829～1884）以「印外求印」為宗旨，融會浙、皖二派成為一股新潮，為吳昌碩、黃牧甫（1849～1908）二位篆刻大家的出現奠下基礎，前者雄強渾厚，蒼勁老辣，後者光潔銳利不失古趣，代表了清代篆刻的繁盛光景。由是，篆刻的發展與文人密不可分。無論是斷代的研究或是單一名家的風格研究，皆無法達成本書探究閒章之美學深層意

〔註11〕詳見王佩智：《建國初期篆刻創作研究（1956～1964）》（杭州：西泠印社，2008年）。

義之訴求，因此，由這些名家所構成技藝承襲或革命，思想創新或革命的複雜網絡，即成為本書關注的對象。

（2）鑑賞者：中國書法、繪畫較早受到重視，各種書論、畫論琳瑯滿目，自古不乏研究的人才與精力之投注；反觀篆刻由於興起較晚，印學理論直到清代才發展得較為蓬勃，但卻不因此缺乏精湛的論著。文人對印章的觀點，常收錄在印譜序記、書畫題跋或個人的文集當中，經過整理蒐集，除瞭解印章印藝的歷史源流之外，更可發現文人在「品評」、「鑑藏」、「賞玩」方面的經營與活動。這些書面材料自成一片天地，若與篆刻藝術本質——「印面」、「邊款」結合，則可清晰地俯瞰文人所悠游的篆刻世界。觀察明清印學資料可知，為印譜作序者，皆非普通仕紳僚吏，多為知名文士、書畫名家，或至少在科舉仕途上有著一定的功名。印譜序文絕對是值得研究的文本，其中除了記敘作序者與印人之關係外，更包含了當時社會環境、作者的藝術理念；亦可看出作序者的文采，及其對篆刻藝術的認知。董其昌（1555～1636）在《學山堂印譜》序中有言：「知短言可以書紳，長言可以補史，淺言可以解頤，深言可以當泣，危言可以代箴口銘座之嚴，格言可以喚怡堂曆火之慮。」〔註12〕他認為「抒寫胸臆，以篆刻為說法」，可見篆刻藝術亦成文學之載體：將文人之精神、學養、心所嚮往……等字句、詩詞，化作方寸之間精鍊的藝術表現。晚明文人在印譜序記的發揮上，具有相當的文學成就。在進行文人研究之時，文人的辭章、詩篇總是最先成為探討的對象，其次則是文人的風骨氣節，或他們對文學的觀感、面對短仄生命的態度。而這樣的書寫，在篆刻中的印譜序記裡也有相同的呈顯，這將是篆刻藝術在文人研究當中，重要且具有價值的一環。因而文人的生活、游藝、交友等狀態，除了從其詩詞、文章、書法、繪畫等方面蒐集材料外，仍不能不從「印學相關文獻」著手。尚且，明清兩代更有多位傑出的收藏家，如項元汴（1525～1590）、梁清標（1620～1691）、周亮工、（1612～1672）、朱彝尊（1629～1709）等，他們精闢的言論以及對篆刻推廣的貢獻，更是不能忽略的研究對象。

第二節　研究路徑

前述將本書之研究範疇以「研究對象」與「取材範圍」二項說明，以下

〔註12〕韓天衡：《歷代印學論文選》（杭州：西泠印社出版，1985 年），頁 602。

將針對本書如何處理由作品創造、品鑑活動、人際網絡、文獻傳播等複雜的面向，並將之譜成以「閒章」為核心的美學體系。茲以下列數點陳述：

一、多重視野

　　基於「閒章美學」乃尚未為人論及之領域，則以當代研究「科際整合」之趨勢，本書將以「多重視野」的研究路徑——藉由釐清印學、篆刻學中名稱、類型之種種問題，進入閒章結合語言、書法、繪畫三者的技術領域，最後則能以東西方哲學、藝術理論豐富閒章之內涵。茲詳細陳述如下：

　　（1）印學／篆刻學：由於印章發展可從先秦溯源，因而討論篆刻美學，必定牽涉到整個印章史的美學問題。若以僅斷代式的研究，忽略整個中國印章發展的歷史，將會失去對篆刻美的判準，當探問篆刻、印章藝術美之本質時，也將失之公允。因此本書提出以「印學」、「篆刻學」整合的研究方法，亦即考察明清時代的閒章作品時，能不斷回顧先秦至宋元之間發展的印章藝術，以完善閒章美學之系統。

　　（2）雕刻／書法／繪畫：各項藝術的詮釋方式因形式、技法、美感之迥異而具有差異，亦有共通之處。〔註13〕本書由中國古典藝術中的書法與繪畫兩項高度發展的藝術理論觀看閒章藝術，是認知到閒章具有雕刻性質（因其以「刀」為創作工具）的特殊性、書法的線條造型兼及繪畫的空間構造，因此以其技法經營、美感體驗等共通性，將三者融會貫通。古人論印常引用書論、畫論的評判準則（如氣韻生動），因而書、畫、印三者的整合之目的在對閒章技藝的討論深層鑽探，通向本書美學體系之建構。

　　（3）文學／哲學／藝術：閒章不只是視覺藝術，在當代論述中，中國傳統繪畫已非純粹的視覺藝術，其畫面構成雖沒有文字符號，但經由文學（詩中有畫，畫中有詩）、哲學（氣韻生動、氣氛美學）等詮釋，成為一豐富的藝術項目。閒章若以畫面的可讀性及其技術著重於筆法、刀法、章法的視覺表現而言，確實屬視覺藝術領域，但若忽略印面所表達的「話語（即印語）」後，就失去了「印章」的意義，成為圖騰、標誌的形式。因此本書將文學元素納

〔註13〕「……並不嘗試去發展一個單一且抽象之藝術的定義，而專注於探討藝術在不同社會中所扮演的不同角色。他們不把藝術當成一種單一的現象，但也未公開否決將藝術定義的可能性，他們要強調的是：藝術在不同社會條件下的轉變。」引自沃坦恩格伯（Thomas E. Wartenberg）著，張淑君等譯：《論藝術本質：名家精選輯》導論（台北：五觀藝術管理出版，2003年），頁18。

入，探討印章印語的詩意化語言及其意境，並由對篆刻技法之探問，進入哲學、美學層次的深層論述。此一多重視域之整合將閒章由筆法、刀法、章法等技法、形式的討論提升至對閒章本質的探索，並經由作品、作者、觀賞者間的互動關係，形成屬於美學範疇的論述。

（4）東方／西方：本書之目的在通過「閒」精神建立閒章美學體系，將能使閒章審美超越「形式美」的論述，冀能提出與書法、繪畫鼎足而三的理論架構。基於上述企圖，則有賴結合東西方美學思想之養份，使閒章能彰顯其深刻內涵。當代人類對藝術的觀看，以及研究者對藝術的闡發，都應具有此一跨越文化、國際的特性，因西方美學理論能提供邏輯的思考與對事物的客觀視角，並提供與東方不同的創作體驗、審美經驗，亦呈現了一種思考態度──「美」的形式決不只一種。本書之努力在於將葉一葦所點出的「境界」思維具體實踐（葉氏的處理停留在問題意識的階段，缺乏論證與思辯），更將西方哲學的視野引進閒章美學的批評當中。〔註 14〕技術的追求是建構美學體系不可或缺的過程，因而本書於《上編》三章中分別提出以「技藝」對「意境」的追求，以「閒」文化精神滲透，因此「多重視野」對本書來說有著關鍵作用，裨使論述完善，並提供讀者一個詮釋的視角。

二、美學體系之建立

由上述多重視野的研究路徑，本書《閒章美學》體系最終將由「閒」精神的引入與深化，導出閒章的獨特價值。經由「閒」精神（或稱「閒」文化）的貫串，印章與文人得到實際的連接，篆刻技法與境界獲得貫通，藝術家與藝術品、藝術品與觀賞者、觀賞者與藝術家三者形成鏈結。而「閒」概念亦將中國美學思維帶入本書的價值觀中，無論是對道家藝術精神與西方哲學之接軌，或後現代批判精神對中國傳統藝術的注入活水，或文學經典對文人藝術的浸潤……，因此本書可說是由「閒章」補充中國「閒」文化的一種路徑，亦有以「閒」精神豐富篆刻、印章研究的意義。

總地來說，本書如何在前人的討論中另闢蹊徑？以「閒」概念為例，閒既是一種生活美學，亦能與西方哲學中的「懶惰」、「散心」結合，〔註 15〕「閒」

〔註14〕研究「美學」即不能忽略西方哲學──中國哲學中雖有對美的見解，但並未形成體系，因此談論閒章美學，則無法不觸及西方哲學思維。

〔註15〕詳見本書《下編》。

之態度與精神，亦令人將之與道家「無爲」聯想，此「退一步」的心靈境界，應是當代美學的重要價值之一。誠如余蓮《淡之頌》所示，「平淡」作爲一種生活格調、生命情懷、處世方針、遊戲放縱……，〔註16〕正是因爲這種概念所具備的特質，與中國人的生命得到呼應，「閒」作爲一種理想，正是因其精神內涵的特質使然。筆者認爲，「閒」可呼應的項目至廣，遍及世間萬物，其所能呼應之義理，深及宇宙與道。回歸本源，「閒」與人類身體、性格、情感及人文思維的彼此浸潤，不但能豐富閒章文化，更能對文人文化進行針砭與治療。

　　承上所言，既體察閒章能以「閒」概念對人之身體、情感作用，並影響人類文化，則應進入美學層次的探討。王朝聞《美學概論》認爲美學的基本問題即是「美的本質」、「審美意識」、「審美對象的關係問題」，〔註17〕因此美學的研究對象包含以下幾個相互聯繫的方面——其一，從客觀方面研究審美對象，即本書對閒章技藝之探問。其二，從主觀方面研究作爲審美對象所反映的審美意識，即本書以「作品」、「作者」、「觀賞者」研究作爲閒章精神內涵的彰顯。

　　當代美學研究無不借鏡西方美學理論，葉朗《現代美學體系》中〈現代美學體系的建構原則〉一篇認爲，傳統美學應和當代美學貫通，而東方美學和西方美學的融合有其必要性。〔註18〕美學和其他相關學科的互相影響，是理論和實踐並進的結果，本書亦體察此一面向，因此將閒章美學體系之建立，置於東、西方理論與傳統、現代理論之融合的基礎上。

　　進一步申論，本書《下編》將由「作品」、「作者」、「觀賞者」形成閒章美學體系，即本於美學的研究方法。劉昌元《西方美學導論》云：

　　　　瑞德（melvin rader）在其《現代美學選集》中曾提出一著名的分類：
　　　　即將美學問題分成藝術品的創造過程、藝術品本身以及觀眾及批評
　　　　家對藝術的反應。〔註19〕

劉氏以「解釋藝術家的創造活動」、「藝術品的定義」「美、審美態度與審美經驗」、「描述解釋及評價藝術品」、「藝術品的社會功能」五類分別構成美學研究之體系，並云：

〔註16〕余蓮（François JULLIEN），卓立譯：《淡之頌：論中國思想與美學》（台北：桂冠，2006 年）。
〔註17〕王朝聞主編：《美學概論》（台北：谷風，1989 年），頁 2。
〔註18〕葉朗主編：《現代美學體系》（台北：書林，1993 年），頁 19。
〔註19〕劉昌元：《西方美學導論》（台北：聯經，2001 年），頁 3。

> 史多尼茲在《美學與藝術批評哲學》討論了印象批評（強調欣賞者
> 對作品之印象）、意向批評（強調作者原意）、脈絡批評（強調作品
> 環境、背景）、内在批評（強調作品本身的客觀性質及意義）〔註20〕

因此，本書在當代美學研究之基礎上，採取對閒章美的本質與特性、美的內
容與形式、美的型態、美的範疇……等客觀方面的考察，並以美感的本質、
美感產生和發展的一般規律、美感的心理要素、審美標準等主觀方面詮釋閒
章的美學內涵。誠如彭修銀《美學範疇論》所言：

> ……轉向對藝術作品本身的研究。因爲在我國的美學研究中，從來
> 就沒有把藝術作品做爲一個獨立的思索領域提出來，其實藝術和藝
> 術作品屬於兩個不同的領域，藝術並非是事物的一種特性，而是人
> 類的一項活動，藝術作品則是這項活動的產品。〔註21〕

本書之論述，亦採取開放的態度，如彭氏所言「美學範疇系統是一個動態的、
開放的系統」，〔註22〕因此本書之研究將提出閒章的各種可能性，以期豐富
之、凸顯其特殊價值。

第三節　研究步驟

　　本書之撰寫，在研究步驟與章節次第上有緊密的關聯，承本章第二節所
示，層次推衍進而導出閒章美學以作品、作者、觀賞者鏈結而成的美學網絡，
是本書之最終目的，因此須以循序漸進的方式，剝除表象，剖析技術，才能
體會閒章意義，彰顯其特殊價值。

　　由於當代篆刻研究成果之質量俱不足，坊間印學專著、譜錄編輯亦不普
遍，則對於閒章之源流、發展、形式、技法等概念易因混淆而失去正確意義，
且在專家學者的分析與論辯中，亦常見有意義分歧、引證訛誤等問題，因此
本書研究步驟之首要，即在對印章、篆刻、閒章等核心議題的文獻徵引，進
行檢視、批判與重新定義。本書〈導論：第一章〉所舉「閒章分類」問題，
論者大部分尚未意識到閒章的深刻內涵，草率分類，少數能有此認知者，卻
仍缺乏真知灼見，反而各說各話，造成論述的分歧。本書將對此現象進行批

〔註20〕劉昌元：《西方美學導論》（台北：聯經，2001 年），頁 5。
〔註21〕彭修銀：《美學範疇論》（台北：文津，1993 年），頁 23。
〔註22〕彭修銀：《美學範疇論》（台北：文津，1993 年），頁 3。

判與重整，期能在閒章作品「表面」之外，尋求深刻雋永——如印面文字、視覺效果等呈現，實爲閒章美感之冰山一角，本書欲搜羅閒章之「可能性」，以豐富篆刻、印章等較爲人忽略的傳統文化。

　　當代談藝論印之文獻中，研究切入的角度，即有多種分類，史學式的考察如蔡耀慶《明代印學發展因素與表現之研究》〔註23〕、劉江《中國印章藝術史》〔註24〕、沙孟海《印學史》〔註25〕等。又有「形式美」的類型、技巧研究：劉江《篆刻美學》〔註26〕、陳振濂《篆刻形式美學的開展——大學篆刻藝術形式與技巧的專業訓練系統》〔註27〕最後是泛論：黃惇《中國古代印論史》〔註28〕、蕭高洪《方寸之間——中國篆刻藝術史》〔註29〕、王北岳：《篆刻藝術》〔註30〕、王廷洽：《中國古代印章史》〔註31〕、那志良：《璽印通識》〔註32〕、葉一葦：《篆刻學》〔註33〕、蕭高洪編：《中國歷代璽印精品博覽》〔註34〕等。由此得知，「技術」的討論是當前篆刻學、印學研究中的「顯學」，觀察明清印論，對於技法、體式、典範等討論層出不窮，後人對前人的說法，或有補充、或相應和，往往針對技藝居多，對於篆刻藝術的本質或意義，較少觸及。

　　當代論著中，葉一葦《篆刻學》可謂從技法討論過渡至意義追索的洞見之作，〔註35〕葉一葦點出的諸多面向，值得討論。例如作品與作者的關係、

〔註23〕蔡耀慶：《明代印學發展因素與表現之研究》（台北：史博館，2007年）。
〔註24〕劉江編：《中國印章藝術史》（杭州：西泠印社，2000年）。
〔註25〕沙孟海：《印學史》（杭州：西泠印社，1990年）。
〔註26〕劉江：《篆刻美學》（杭州：中國美術學院出版，1994年）。
〔註27〕陳振濂：《篆刻形式美學的展開——大學篆刻藝術形式與技巧的專業訓練系統》（杭州：西泠印社，2005年）。
〔註28〕黃惇：《古代中國印論史》（上海：上海書畫出版，1994年）。
〔註29〕蕭高洪：《方寸之間：中國篆刻藝術史》（高雄：汶采，2002年）。
〔註30〕王北岳：《中華之美系列——篆刻藝術》（臺北：漢光文化，1985年）。
〔註31〕王廷洽：《中國古代印章史》（上海：上海人民出版，2006年）。
〔註32〕那志良：《璽印通釋》（台北：台灣商務印書館，1970年）。
〔註33〕葉一葦：《篆刻學》（杭州：西泠印社，2003年）。
〔註34〕蕭高洪主編：《中國歷代璽印精品博覽》（南昌：江西人民出版，1995年）。
〔註35〕葉氏表示篆刻作品之內容、形式，其目的皆爲「言志抒情」。因而「詞句印」是篆刻創作的主要形式，最能表現篆刻的特性，也最具藝術價值。葉氏並提到「篆刻的藝術思維」：篆刻創作既是文字的思考，又是藝術的構想，「理」與「趣」相輔相成，既要運用邏輯思維，又要運用形象思維。在創作的藝術構思中，往往博采眾長，諸如古代篆書的造字原理、書畫理論、詩詞歌賦的美學思想等等，正是這些基礎的綜合作用，方能達到完美的形式。「技法與道的昇華」：藝術的品味不停留於技法，而是要表現出境界，從印內到印外，耐人尋味。篆刻的形

觀賞者與作品的關係，皆成為本書對閒章探索的借鏡，然而葉一葦缺乏系統與論證的書寫風格，仍不足以將篆刻藝術討論蓋棺論定，本書乃有以下的繼續探問——論者既已意識到對技術的討論將來到盡頭，而應由藝術操作，對篆刻之本質進行回歸與深化。因此閒章藝術在當代要如何突破？抑或，古人面對這樣的困境，究竟是用什麼樣的方式來面對？於是翻檢篆刻藝術史冊，發現晚清吳昌碩與黃牧甫兩位大家——他們不但創造了新的風格，也將更多的元素引入印刻創作，最主要的，在他們於技法層級的高度發展下，反思篆刻之本質與如何突破的問題——〔註36〕值得人們一再檢討與探索。

承上所述，本章體察篆刻技法的困境，因而在揭除表象、鑽探技術之後，仍要以閒章的美學意義作為本書的研究核心，彰顯其藝術價值。因此本書內容中處處可見對對於「技術」反思與破解的努力。此即為本書研究步驟的最終目標。總之，閒章之美學研究，無論是為理解明、清篆刻為何如此吸引人目光，或窺探其為何如此深邃奧妙，同時也提供一個觀看的視角，令研究者、創作者甚至是篆刻初學者、愛好者反思篆刻藝術的當代處境，以通向往後的發展。

本書除〈導論〉兩章與〈結論〉外，各章均依循一定的撰寫模式——首先為問題意識之點出，本書雖已藉「導論」完整陳述本書之討論對象與研究訴求，然而考慮到各章之間亦可視為一獨立體系，是於各章開頭標明討論之核心問題。其次為文化背景之梳理，因體察本書對藝術學、美學的討論需以文化背景為理論基礎的必要性，於各章問題意識後先以歷史、文化角度考察，

式與文字內容的相得益彰是歷代許多篆刻家不斷總結、創造的成果。「深入與淺出」：過去的篆刻家們不斷地研究與探索，使篆刻由單調到豐富，逐步深入，到了晚清達到成熟，總結出篆刻藝術是詩、文、書、畫的融鑄。時代的變遷，要求篆刻有一個「淺出」的表達，以擴大受眾面。既要「深入」又要「淺出」，既要避免走向工藝化，又要避免流於「商品化」，這是當前篆刻有待思考的問題。「修養」：篆刻是一門「濃縮」的藝術，它於方寸之間，呈現大千世界。歷代以來，篆刻雖不乏名家，大家卻很少。這種現象說明成就如何在於修養。中國的書畫和篆刻藝術，雖形式不同，卻有一個共同的特點，都是學識的綜合體現。詳見葉一葦：《篆刻學》（杭州：西泠印社，2003年）。

〔註36〕吳、黃兩家皆用「拙」的線條打破篆刻藝術線條的局限；用「解消界格」的方式解離篆刻形式的圍限：吳昌碩用石鼓文、黃牧甫引漢繆篆……，種種的實踐，反映著古人對藝術的關照。誠然此一風格之促成，是篆刻家個人的性格所致，只是水到渠成罷了。藝術家之所以偉大絕對與其人生氣度有關，晚於吳、黃二家的齊白石與來楚生，他們對於前人篆刻成規的突破更加明顯，但所呈現出來的氛圍就不如吳、黃二家。

以利後文對藝術「技術操作」的判斷與剖析。再次爲技法的鑽研，即對閒章構成之過程與形式、技法有所瞭解，以利進行美學詮釋。最後將各章之主題與「閒」概念結合探討，並以視域融合、多重視角的方式詮釋之，冀能導出閒章之「閒」的深意，以利其美學體系之建構。茲將各編章以及小節之次第與關係表列陳述「表二」：

表一　印學簡表

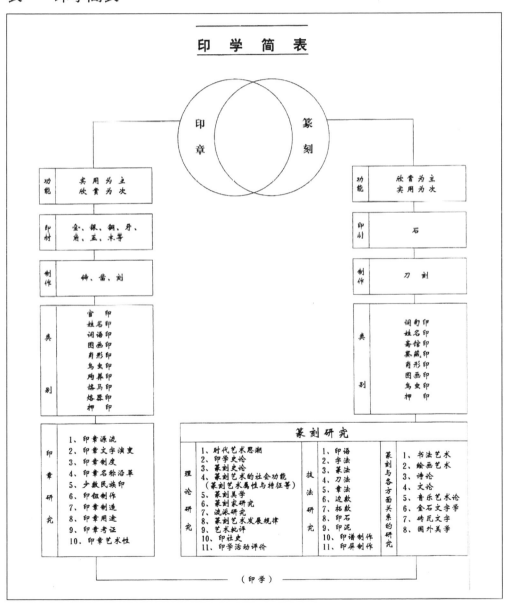

表二

分　類		撰寫目的	綱　要
導論	第一章	研究背景與論題之成立	提出「問題意識」並由閒章之「閒」來源考進入「閒章分類問題」，對當代篆刻研究進行檢討。次以「用」與「非用」之印章發展歷程論「閒章」特質，最後導出「閒章」之定義與義界。
	第二章	撰寫方式	陳述「研究範疇」、「研究路徑」、「研究步驟」、「章節次第」等以利本書研究之進行。
上編	第一章	「印語」	從印章「印語研究之空乏」導出問題意識，依次由閒章「語境」、「意象」及「意境」三者討論語言對閒章之重要性，兼提出「閒」概念與印語意境之關聯。
	第二章	「刀筆」	由當代篆刻研究中的書法美學意識談起，簡述篆刻中的「線條」美學向度，以「篆法」、「刀法」推求閒章風格的如何成立，次由「刀」與「筆」相逾越討論閒章線條的獨特性，最後論「刀筆逾越」與閒章之「閒」的關係。
	第三章	「佈白」	由氣氛審美對閒章「空間」經營開啓討論，研究「章法」如何與中國「山水」理論產生關聯，次由「留白」技藝如何使作品引發「雄渾或平淡」的美感經驗，最後以探問「留白」與「閒」之關係作結。
下編	第一章	閒章之作品	首先由文化視角觀察閒章作品之文化處境，繼由「印語」、「刀筆」、「佈白」三位一體討論閒章意境，最後論閒章作品之美學內涵。
	第二章	閒章之創作	首先以「逃逸與遊戲」討論閒章創作主體的文化背景，繼由篆刻技法討論篆刻家之關聯，最後以閒章創作活動中作者「身體」與「閒」概念之關聯作結。
	第三章	閒章之鑑賞	首先陳述「審美主體」的文化處境，次以「形式美」、「技法美」討論閒章審美之基礎，最後論述審美活動中觀賞者與「閒」概念的關係。
結論		結論	提出閒章美學體系的具體架構及對「閒」概念的美學意涵作一總括式的結論。
		研究展望	以本書回應當代篆刻研究、創作與欣賞。

上編：閒章之技藝論

引　言

　　本書《上編》將由篆刻中「印語」、「刀筆」、「佈白」三種常見技法，個別探討閒章如何將技巧（摘句入印，篆法／刀法，章法）融合理論（詩論，書論，畫論）而有淋漓盡致的發揮，並冀由分述閒章中語言、線條、空間之技藝的高妙境界，導向《下編》閒章作品、作者、觀賞者藉由閒章之整體視覺呈現，產生「意境」的美學網絡。

　　本書〈導論：第　章〉曾指出，當代論者對篆刻美學之研究有「形式美」的傾向。觀察劉江《篆刻美學》、葉一葦《篆刻學》與陳振濂《篆刻形式美學的開展──大學篆刻藝術形式與技巧的專業訓練系統》發現，〔註1〕陳氏的理論架構全以形式美為依歸，葉氏則著重修養與境界，劉氏則介於二者之間，以形式（技法）為論述的骨架，多專注於古典印論與印章發展史的脈絡。當代篆刻對「形式美」的討論蓬勃，專著推陳出新，〔註2〕對篆刻史料之整理與建構亦方興未艾。然而，相對於書法、繪畫研究中「形上思維」已逐漸具有規模，篆刻研究領域對「形式背後」或「技術之後」的探問，顯然薄弱太多。本編由對當代印學研究「形式美傾向」之批判伊始，繼而由篆刻如何「技進於道」之追問，對閒章技藝進行新的詮釋，最終以「印語的創造」、「文字的

〔註1〕　詳見劉江《篆刻美學》（杭州：中國美術學院出版，1994 年）、葉一葦：《篆刻學》（杭州：西泠印社，2003 年）、陳振濂：《篆刻形式美學的展開──大學篆刻藝術形式與技巧的專業訓練系統》（杭州：西泠印社，2005 年）。筆者按：此三部著作對當代篆刻美學的影響甚鉅，故以此三家為主要觀察對象。

〔註2〕　如劉江：《篆刻的形式美》（杭州：浙江人民美術出版，1994 年）、《篆刻技法百講叢書》（鄭州：河南美術出版社，2006 年）、范安迪主編：《文化傳承與形式探索》（石家庄：河北教育出版，2006 年）等。

表現」及「空間的美感」構美閒章美感的基礎條件。

　　劉尚恆在《閒章釋義》中曾有「閒章不閒」之說，﹝註3﹞然而劉氏的觀點只停留在技法操作使閒章具有豐富內涵的表象思維。若從本書的角度出發，閒章不應是「不閒」，而應是最「閒」的，篆刻家之所以能靈活運用技巧，不受技法規範之限制，以遊戲心境創作出耳目一新的作品，乃有賴「閒」的作用，評論者、觀賞者能在經典篆刻作品中感受到美的氛圍，亦是「閒」使然。因此本編由對篆刻技法的追問出發，充分展演閒章技藝的各種可能，最終將導向《下編》的閒章作品、作者、觀賞者的美學體系建構。

﹝註3﹞　「閒章不作爲憑信符號……，因此文化底蘊更深更濃，絕不是如某些人所説的『隨意鈐蓋』、『無關鑑賞』，甚至當作文人的無聊之作。閒章不閒，已成爲絕大多數人的共識。」劉尚恒：《閒章釋義》（天津：百花文藝出版社，2007年），頁4。劉氏認爲多數論者將閒章當作「不登大雅之堂」的低級藝術並非適恰，劉氏指出閒章之所以耐人尋味，在其詩意境界之高妙、印章畫面之經營，引人興味。

第一章 「印語」

第一節 前言

　　印章創發之目的即在以文字表達意義——由先秦以降「取信驗證」功能到文人篆刻發展後的「言志抒情」，此「表意」的印語與日常口語化的語言不同，與中國詩文傳統中的語彙亦不同。首先，印章本於「取信驗證」之功能，璽印文字只與人名、官名、或公用文書（皇璽、官璽）有關，印章的幅面無需太大，其印語的本質即在一目了然，較詩詞文章更講求簡短精練。其次，詩文依「句與句」間的排列組織，能有起、承、轉、合的文學性，而印語則缺乏容納句與句的空間，以致文學性需由「字與字」之間、字句背後的意涵與讀者的想像獲得。因此印文化發展至明清兩代，「閒章」逐漸在詩詞文章之外，成為文人言志抒情的創作載體，於是文字更追求雅化、追求深刻雋永，要在印章短仄的幅面表達充盈的情感。「印語」的饒富深意，在以語言對意象之營造，文字意義配合圖像（中國象形文字的抽象組合、筆法、章法構成的視覺化展現）產生綜合性的趣味。

　　當代篆刻研究即缺乏對上述問題之關注，僅葉一葦《篆刻學》曾指出：

> ……這樣的「味外味」是難以用文字來表達的，所以吳昌碩只刻了「湖
> 州安吉縣，門外白雲齋」這兩句，而在邊款中來補充說明，讓欣賞的
> 人來思考它的妙處，就在「無字處」。詩的「著墨在無字處」，這印的
> 着力也在無字處，不是善於作詩的篆刻家，是難以創作的。〔註1〕

〔註1〕 葉一葦：《篆刻學》（杭州：西泠印社，2003年），頁49。

葉氏將印文的詩意特徵與篆刻作品的視覺表現做結合,即本章所欲處理的課題之一。本書〈導論:第一章〉已框限本書意義下的「閒章」——即是從「印語」的「非私屬性」、「非目的性」之特徵觀看——而欲討論閒章之美學層次如何形成,印語「意境」的展開亦是關鍵。本章即在對「印語創造」的深入探討,依序展開問題意識如下:

(一)語境的深究

閒章印語的「去私屬」、「去目的」特徵,是依「印語」考察得來,考察印語所需之理論基礎,則在「語言環境」的探索中。「語境」為二十世紀初期語言學家為解釋語義、語法於語用上之問題時產生之概念,它解釋在語言運用的過程中,何以聽者與說者彼此能透過「語言」媒介進行溝通?並將結論歸因於聽者與說者雙方同時處在特定之「語言環境」中,符號訊息才能順利傳達。〔註2〕

語境研究包含語言的外部環境與內部環境,外部語境是社會環境,即在不同的場合說不同的話;內部語境是說話人編織的邏輯、營造的氛圍。本章經由印語背後的,探問閒章語境之如何創造?如何獲得?篆刻中的語境模式與一般語境有何不同?經由對閒章語境之探問,冀能瞭解閒章為何深刻雋永,並以此為基礎探討「語境」之獲得如何轉為意象、復以意象生成意境,提升作品的藝術境界。〔註3〕

(二)詩意與意象

閒章語境之構成,或依篆刻家的生命歷程,或生活週遭,或歷史情懷;

〔註2〕 語言表達離不開語境。單獨一個詞或句子必須處於語境中才有意義。「語境」即決定或影響話語意義的「情境」。它包括時間、地點、上下文、說話的場合,說話者和聽話者的情況,說話者和聽話者的身份或地位,說話者的意圖或目的,人物(聽/說群眾)所擁有的知識,所談論的話題、當時所發生的事情、社會歷史背景……等。

〔註3〕 「語境」研究對本章來說有兩種意義:其一,在將閒章的基礎範式從眾多的印章(姓名印、齋館印、藏書印)中析離出來;若無語言的探索與區分,「閒章」將無法展現其在印章/篆刻藝術史洪流中所具有的特殊價值。其二,藉由閒章「印語(即印章以文字表現意義)」境界的優劣與否,可作為品評閒章藝術層次的標準之一(篆刻作品之品評,一般均就其「線條」、「空間」之經營評斷其藝術層次),標舉「印語」之理論背景,是體察古典印論文獻中,文人已有對印語之高雅、趣味等美感進行評斷之例。因此對印語語境的觀察,是體現閒章之獨特性、藝術價值不可或缺之一環。

文人或使用套語，援引典籍，造成想像的趣味。此趣味之構成取決於文句的濃縮、美化，若以中國文藝傳統目之，此即「詩」可以「興」的功能。文人將詩文引入印章的嘗試極早，卻未獲得全面的成功，原因在入印的語句缺乏美感。周亮工《印人傳》有云：

> 文國博爲印，名字章居多，齋堂館閣間有之，至何氏則以世說入印矣，至千秋則無語不可入印矣。吾未見秦漢之章有此纍纍也，欲追蹤古人而不先除其鄙惡，望而知爲近今矣。〔註4〕

所謂「無語不可入印」即是閒章的最初樣貌，雅俗不拘，藝術價值較低。因此閒章「語境研究」當作爲印語研究的前置作業，欲理解閒章語句透露之深刻內涵，仍須從「詩之意象」的角度探索。篆刻家如何在詩學發達的抒情傳統脈絡下，創造屬於「印章」的獨特語彙？印語體式與傳統詩文有何不同？篆刻家爲何著迷於印語的創造／再創造？在此創造中，「閒」的作用如何影響篆刻家的靈光乍現？上述命題，皆本章的討論重點。

（三）印語之意境

　　文藝創作的領域中，「意象」相對於「意境」而言，屬初階的藝術層次——詩人（或藝術家）將生活體驗、個人情感訴諸文字（圖像），運用修辭（視覺呈現）等手段，致使讀者開啓想像，或結合自身經歷，與作品產生共鳴——詩文（或藝術品）的境界要高，需有意境。意境往往在意象獲得之後，由作者賦予作品的深刻程度，引發觀賞者的感官震顫，邈遠想像，甚至被作品自身完成的美感世界所包圍，令人遁入物我爲一的空靈境界。

　　本章依於對印語技藝之探索，設問：篆刻家如何以短仄的字句，經意象而獲致有「意境」的印語？閒章印語「意境」與詩學傳統中的意境有何不同？其次，意境的顯出，對閒章作品的藝術價值有何提升的意義？藉由以上命題，本章試圖導出閒章意境之各種可能，以接引至《下編》對閒章美學體系的建構論述中。

第二節　印語之語境

　　本書〈導論：第一章〉曾舉印章分類問題，並以「閒章」爲焦點，排除如姓名、字號印；齋館堂號印、藏書印、肖形印等較不具有「閒」性質的類

〔註4〕〔清〕周亮工：《印人傳》（揚州市：江蘇廣陵古籍刻印社，1998年），頁7。

別，值得注意的是，文人對上述印章類別的印語經營亦有其匠心獨運之處，
如「隱語印」即是此例。那志良《璽印通識》對這種印語有如下說明：

> 隱語印，在印文表面上看不出意義來，而是意有所指。例如辛稼軒
> 有印曰「六十一上人」，是把他的姓「辛」字，破爲「六十一」三字，
> 這便是隱語印。其他如：姜夔有「鷹揚周郊鳳儀虞廷」印，隱其姓
> 名。徐渭有「秦田水月」印，隱其名。張仲舉有「平皋鶴叟」印，
> 用杭州之臨平、皋亭、黃鶴三山名，以示其曾居杭州。……〔註5〕

雖本章不討論此類個人私屬的印章項目，但此現象代表文人印語語境類型的
多元化，並昭示著文人印語經營的淵源已久。首先以當代論著中專以「閒章」
爲總題分類產生的種種問題，展開由表至裡的印語語境探討。

一、從閒章分類觀察印語結構問題

當代印章研究論著中，以閒章爲主體，專事蒐集、分類、介紹者相當罕
見，依筆者蒐羅，有以下三項（依出版年月順序排列）：

（1）戴家妙等編《歷代閒章名品鑑賞》〔註6〕以「閒章」爲總類，共分：
「箴言雋語」、「詩詞名句」、「齋館別號」、「吉語印」四項。其中「齋館別號」
屬於個人使用居多，而「吉語印」承先秦佩帶印形制而來，實用功能顯著，
並不適合全部納入閒章之範疇中。該書所列「箴言雋語」和「詩詞名句」兩
類則提供閒章分類的一種「語源」式的切入視角：「詩詞名句」範疇最爲明確，
即從古典詩詞、文章、聯語等文學項目中取材；而「箴言雋語」則可爲篆刻
家自創，或成語、或經典字句、或文人用語等，可見印語之鐫刻皆有其所本。

（2）劉尚恒《閒章釋義》〔註7〕開篇即言：「閒章，不作爲憑信符號，故
無主人姓名、字號、別號，也無其室名齋館名稱。它主要反應主人家世、身世、
功名、志趣、逸興、癖好、求願，以及對人世、人生的感嘆，……」〔註8〕這
種認識，已經接近本書所欲探討的閒章範疇。然而卻亦有矛盾之處，如「反應
主人家世、身世、功名」等印章之印語，已與印主的個人經驗結合，私人特質
濃厚；且這種強調功能性的印語，正是本書所欲解消的對象，此處細節，將於
後文論述。《閒章釋義》將印章粗分爲兩類——名章與閒章，而閒章則包含廣泛，

〔註5〕 那志良：《璽印通識》（台北：台灣商務印書館，1986年），頁85。
〔註6〕 戴家妙等：《歷代閒章名品鑑賞》（上海：上海書店，2002年）。
〔註7〕 劉尚恒：《閒章釋義》（天津：百花文藝出版社，2007年）。
〔註8〕 劉尚恒：《閒章釋義》（天津：百花文藝出版社，2007年），頁4。

計有：「家世門第」、「籍貫里居」、「生辰行第」、「功名官爵」、「寓意姓名」、「人生遭際」、「收藏艱辛」、「收藏特色」、「立志篤學」、「志趣逸興」、「崇尚先賢」、「道德修養」、「退藏自守」、「佛道信仰」、「祈求願望」。其缺點為分類過於繁瑣。

（3）陸康編《中國閒章萃語綜匯》〔註9〕列有「修養類」、「勵志類」、「吉語類」、「禪意類」、「山水類」、「景觀類」、「翰墨類」、「書齋類」、「蔬果百卉類」、「蟲魚鳥獸類」等十類，該書作為初學者選刻閒章時的印語參考書，其分類旨在查詢便利，研究價值稍低。然而韓天衡為《中國閒章萃語綜匯》作序，文中列舉閒章之內容共十五類，卻大舉推翻了陸康的分類架構：韓氏分「詩詞類」、「文句類」、「箴言類」、「吉語類」、「記事類」、「寓意類」、「述志類」、「誡諫類」、「紀年類」、「履歷類」、「生肖類」、「鑑賞收藏類」、「世系類」、「自嘲自謙類」、「布告昭示類」。韓天衡乃印學專家，其分類著眼與劉向恒《閒章釋義》略同，然「詩詞類」、「文句類」之區分何在？且「布告昭示類」幾乎不能算是閒章，因此仍待質疑。

總結三部專著考察「閒章分類」之情況，發現各家分類雖偶有相應的共識，但仍多各持己見；甚至隨心所欲、未能詳加思索即另設一類，造成各類別之間牴觸或重複的問題。茲以表列耙梳其中的脈絡（韓天衡之分類一併納入製表）：

表三

主項目 （類別範圍大）	次項目（類別範圍小）	評　述	符合本書閒章意義與否
「古語印」、「吉語類」「吉語類」	「祈求願望」	「祈求願望」即是「吉語印」的目的性指稱。	否
「齋館別號」	「書齋類」	齋館別號乃私屬印信，不列入本書閒章範疇。	否
「鑑賞收藏類」	「收藏特色」、「收藏艱辛」	另有學者獨立「鑑藏章」一類與「閒章」並列。	否
「箴言雋語」	「立志篤學」、「道德修養」、「退藏自守」、「修養類」、「勵志類」、「箴言類」、「誡諫類」、「述志類」	「箴言雋語」可能與「詩詞名句」相混淆；次項目中「述志類」、「立志篤學」類亦可能與「言志抒情」主項目重疊。	是

〔註9〕 陸康編：《中國閒章萃語綜匯》（上海：上海書店，2008年）。

「詩詞名句」	「詩詞類」、「文句類」	明清閒章中最大量也最精華的印語多出於此類。	是
個人（印主）相關	「家世門第」、「籍貫里居」、「生辰行第」、「功名官爵」、「寓意姓名」、「紀年類」、「履歷類」、「生肖類」、「記事類」、「世系類」、「寓意類」	因其具有私屬性質，他人皆無法收藏與使用。	否
言志抒情	「人生遭際」、「志趣逸興」、「崇尚先賢」、「自嘲自謙類」	「言志抒情」類或可與「詩詞名句」類重疊。	是
哲思類	「禪意類」、「佛道信仰」	閒章不乏以佛道經典語句入印者，卻不必然與印主之「信仰」有直接關聯，名稱宜斟酌。且引經據典恐與「箴言類」混淆。	是
自然類	「山水類」、「景觀類」、「蔬果百卉類」、「蟲魚鳥獸類」	觀察坊間印章專書，少有將山水、景觀分立者，且花鳥、蔬果者更難將其另立一類。顯見陸康之分類過細的問題。	是
＊無法分類：「翰墨類」、「布告昭示類」		陸康所謂「翰墨類」包含鈐蓋於書畫作品之常用字句，如「墨趣」、「心畫」等，有其另立之價值，但難以將其歸類。韓天衡所謂「布告昭示類」則為特殊情形（詳見該文所舉印例），亦難將其歸類。	

說明：■戴家妙等《歷代閒章名品鑑賞》；■劉尚恒《閒章釋義》；■陸康編《中國閒章萃語綜匯》；■韓天衡《中國閒章萃語綜匯》序（未具主項目者本書自行歸類，以黑體字標示）

　　上表僅就目前坊間所見，以「閒章」作分類之專著，雖有以偏概全之嫌，但就四種分類即可看出當代閒章分類的駁雜紊亂，即使已將範圍濃縮為「閒章」，專書的編輯者仍將許多「非閒章」的例子納入，可知問題之複雜、難解。因此推知，欲將各型各類之「閒章」印語作一準確分類與界定，難有肯定的結果。而人們應如何觀看、欣賞這些深刻雋永的印章語句？如何從中擷取正確的訊息，以進一步體味其詩意境界？由是，本書提出以「語境」方式觀看

——語境研究是加強人類語言確定性的方式，口語有其語境，書面敘事亦有其語境。閒章印語姑不論其語言構造的藝術優劣，則任何一方印語都應有其語境可循，茲將研究陳述於下。

二、印語語境

承上所述，「語境」是觀賞者理解閒章「印語」的第一步。本節所論語境包括「內部語境」和「外部語境」二種：〔註10〕

（一）內部語境

「內部語境（internal context）」指口語的前言後語，或書面語的上下文；是在固定的言語片斷中，單一詞彙與其它詞彙在詞義搭配、語法組合、文章照應等方面的關係。然而，閒章印語的「內部語境」是否存在？

由於篆刻幅面窄小使然，閒章印語少則一二字；多可十數言，看似短仄，實則變化萬千。「內部語境」所謂上下文之構成，即在此方寸之間的文字遊戲中。清代徐三庚（1826～1890）「試問西湖楊柳，東風外，幾絲碧」【圖 b1-1】即已達成內部語境之條件——印語本身具有語法邏輯，「試問」楊柳「幾絲碧」，有物件、地名；有場景、有設問之行動，此即內部語境的形式之一。清胡钁（1840～1910）「山靜似太古，日長如小年」閒章【圖 b1-2】，句與句相對仗之間，亦訴說著時間（日子）與空間（山嶽）的延伸（長如小年）與不朽（靜似太古），在固定的句子裡構築出特定的意義環境。

圖 b1-1　　　　　　　　　　圖 b1-2

試問西湖楊柳東風外幾絲碧　　　　山靜似太古日長如小年

〔註10〕 本章語境理論參考西槙光正：《語境研究論文集》（北京：北京語言學院，1992年）、朱永生：《語言・語篇・語境》（北京：清華大學，1993年），王建華、盛愛萍、周明強：《現代漢語語境研究》（杭州：浙江大學出版社，2002年）。

　　內部語境的另一種形式，即古人常用的「詩詞入印」手法：篆刻家擷取古詩文的一句、一段話語，雖斷章取義，卻平添興味，妙趣橫生。如清代黃易（1744～1802）「茶熟香溫且自看」【圖 b1-3】印語出自李日華（1565～1635）題畫詩：

> 霜落蒹葭水國寒，浪花雲影上漁竿。畫成未擬將人去，茶熟香溫且
> 自看。〔註11〕

全詩透露文人閒雲野鶴的瀟灑生活，「茶熟香溫且自看」乃七言絕句之尾句，若配合原詩觀賞，則黃易此印的閒暇意味更加濃厚；若不以原詩對照，則印語自成格局，「茶熟香溫」本為情境書寫，「且自看」引發觀賞者自我想像，是一方傑出的作品。又如吳昌碩（1844～1927）「鮮鮮霜中鞠」【圖 b1-4】印語引自唐韓愈（768～824）〈秋懷十一首〉其一：

> 鮮鮮霜中菊，既晚何用好。揚揚弄芳蝶，爾生還不早。運窮兩值遇，
> 婉孌死相保。西風蟄龍蛇，眾木日凋槁。由來命分爾，泯滅豈足道。
> 〔註12〕

「鮮鮮」有美好、鮮明之意，詩中呈現之高潔意象，卻非僅由印面「鮮鮮霜中鞠」作為全詩起首的意象興起，仍須配合下文，才能展現全部的面貌。〔註13〕因此，閒章印語的內部語境與一般語言語境稍有不同：由於印章篇幅短仄，所能容納的文句，既有自身的語言邏輯可循，尚有「隱藏式」的內部語境——文人徵引詩詞文章所遺留之蹤跡、原詩／文的上下脈絡——看不見的、若有似無的軌跡，對觀賞者判讀閒章涵義與意象，有相當的助益。

　　篆刻家擷取詩文作為印語，一方面是古典詩文之再現，另一方面則是詩文斷片的重新復活：在固定的詩詞文章中，「句子」具有特定作用，顧及起承轉合及文脈接續，隨意拆解句子易造成訛誤的危機；而印語的「斷章取義」對詩文的「能指（signifier）」及作者的「所指（signified）」無疑是種暴力，〔註14〕但在句子獨立而出的瞬間，上下文符合邏輯與否已失去意義，斷片

〔註11〕戴麗珠編：《明清文人題畫詩輯》（台北：學海，1998年）。

〔註12〕〔清〕清聖祖御定：《全唐詩》（台北：文史哲，1987年），頁3767。

〔註13〕吳昌碩「鮮鮮霜中鞠」一印中，「鞠」乃「菊」之古字，二者通用，因此本書標明印章時皆採印面之古字「鞠」為準，而如「鮮鮮霜中菊，既晚何用好。」等在詩文中出現之字句，則採「菊」之正體以茲區別。

〔註14〕索緒爾（Ferdinand de Saussure）認為，任何語言符號是由「能指」和「所指」構成的。「能指」指語言的聲音形象，「所指」指語言所反映的事物的概念。例如英語的「tree」單字，其發音即是它的「能指」；而「樹」的概念即其「所指」。「能指」與「所指」是不可分割的，但索緒爾認為，某特定的「能指」

（fragment）〔註 15〕自身完備，成立新的文學意象。此一現象在閒章之中才能見到，如清代徐枋（生卒年不詳）「書被催成墨未濃」【圖 b1-5】閒章，表面上可用於描摹文人書齋情境：或振筆疾書的倉促急迫、或援筆立成的豪邁灑脫、或作品初成的鮮活欲滴……，觀者能有各自的想像。然而此印語出晚唐李商隱（約 813—約 858）〈無題四首〉之一：

> 來是空言去絕蹤，月斜樓上五更鐘。夢爲遠別啼難喚，書被催成墨
> 未濃。蠟照半籠金翡翠，麝熏微度繡芙蓉。劉郎已恨蓬山遠，更隔
> 蓬山一萬重。〔註 16〕

原詩中情感洋溢，描寫詩人夢醒，欲將情思譜成文字的焦急，意象鮮明；若回看前述未經思及「語境」（即原詩的上下文）所作的詮釋，卻也未嘗不可。此即將詩詞文章斷片獨立而成就的藝術效果。

　　總此，閒章「內部語境」僅就「可以被認知」的文意脈絡而言：印面印文的個體脈絡及可堪查考的詩文還原，詩詞創造、引經據典乃文人習性，因此「內部語境」的覺察與尋索並不困難。

圖 b1-3	圖 b1-4	圖 b1-5

茶熟香溫且自看	鮮鮮霜中鞠	書被催成墨未濃

和特定的「所指」並不必然產生聯繫，而是約定俗成的。例如「樹（tree）」的概念和「樹」的特定發音非必然結合——「樹」在英文中的讀音在法文、拉丁文中明顯不同，卻都能表達「樹」的意思。此即符號的任意性原理。本書引申索緒爾語言符號「能指」、「所指」意義，所謂「詩文的能指」即詩文字面「可能」表達的任何意義；「作者的所指」則代表原創者意圖表述的特殊意義。

〔註 15〕汪民安：〈羅蘭・巴特的斷片、括號、警句、書籍和成名史〉，收入氏著：《身體、空間與後現代性》（南京：江蘇人民出版社，2006 年），頁 211。

〔註 16〕〔清〕清聖祖御定：《全唐詩》（第八冊）卷 539（台北：文史哲，1987 年），頁 6163。

（二）外部語境

「外部語境（external context）」指語言交際雙方的背景和自然環境、社會環境等，指說話的背景、場合、意向等存在於言語片斷之外的因素。閒章「外部語境」的形式，首先有「用典式」：徐三庚「閒來寫幅丹青賣，不使人間造孽泉」閒章【圖 b1-6】，出自明代唐寅（1470～1524）詩：

> 不煉金丹不坐禪，不爲商賈不耕田；閒來寫幅青山賣，不使人間造
> 孽錢。〔註17〕

造業，也做造孽，是說人生在世如爲惡，便是給自己的來生製造罪業。「泉」同「錢」，此外「泉」字意爲錢幣，而非泉水。《廣雅・仙韻》：「泉，錢別名。」清人徐灝（生卒年不詳）〈《說文解字注》箋〉云：「泉，借爲貨泉之名，取其流布也。」因此在印文的字面意義外，仍須體察用字的原意，此即外部語境的例子。

另一種用典如清代陳渭（生卒年不詳）「偶因麋鹿自成群」閒章【圖 b1-7】，從字面瞧不出端倪，然就其典故脈絡可知麋鹿因性格溫順，不對其它獸類構成威脅；且多成群結隊，因而古代詩文中常以「善獸」的形象出現。唐柳宗元〈秋曉行南穀經荒村〉詩云：「機心已忘久，何事驚麋鹿。」〔註18〕清人孫枝蔚（1631～1697）〈送陸粲石之金陵省令兄繡聞時歸自關外〉詩云：「東頭重聚因麋鹿，原上相關有鶺鴒。」「麋鹿自成群」即意謂「合群」。麋鹿角似（雄）鹿，尾似驢，蹄似牛，頸如駱駝，故又俗稱「四不像」，是性格溫順的珍貴獸類，也因麋鹿生性隱蔽，常比喻爲「山林隱逸」之志。李白〈山人飲酒〉詩云：「各守麋鹿志，恥隨龍虎爭。」〔註19〕杜甫〈曉望〉詩云：「荊扉對麋鹿，應共爾爲群。」〔註20〕崔道融（生卒年不詳）〈元旦有題〉詩云：「自量麋鹿分，指合在山林。」〔註21〕皆爲此類。

〔註17〕唐寅此詩版本極多，或作「閒來寫就青山賣」。正確出處待考。經筆者查《唐伯虎先生全集》中〈感懷〉詩僅有「不煉金丹不坐禪」句而無其它句。詳見〔明〕唐寅：《唐伯虎先生全集》（台北：臺灣學生，1979 年），頁 162。

〔註18〕〔清〕清聖祖御定：《全唐詩》（第五冊）卷 352（台北：文史哲，1987 年）。

〔註19〕〔清〕清聖祖御定：《全唐詩》（第三冊）卷 163（台北：文史哲，1987 年），頁 1690。

〔註20〕〔清〕清聖祖御定：《全唐詩》（第四冊）卷 230（台北：文史哲，1987 年），頁 2533。

〔註21〕〔清〕清聖祖御定：《全唐詩》（第十一冊）卷 714（台北：文史哲，1987 年），頁 8205。

因此「偶因麋鹿自成群」的外部語境即在典故的運用上。

圖 b1-6

圖 b1-7

閒來寫幅丹青賣不使人間造孽泉

偶因麋鹿自成群

此外即「故事式」的外部語境：吳昌碩「明月前身」【圖 b1-8～圖 b1-10】，語出唐代司空圖（837～908）〈二十四詩品〉「洗鍊」條：

> 如鑛出金，如鉛出銀。超心鍊冶，絕愛緇磷。空潭瀉春，古鏡照神。
> 體素儲潔，乘月返真。載瞻星氣，載歌幽人。流水今日，明月前身。

〔註22〕

圖 b1-8

圖 b1-9

圖 b1-10

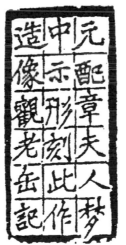

明月前身（印面）

明月前身（邊款）

明月前身（造像）

該印邊款有吳昌碩刻其亡妻肖形併款：「元配章夫人夢中示形，刻此作造像

〔註22〕〔唐〕司空圖：《二十四詩品》（台北：金楓出版社，1999 年），頁 62。

觀。」〔註23〕顯見此方印章若從字面意義上看，只是普通的詩詞徵引，背後卻有令人動容的情感醞釀，此即外部語境的功能——在語言符號表象之外，另一個世界正自開啟。又如蔣仁（1743～1795）刻自用印「世尊授仁者記」邊款列舉「另有乾坤」之印文，文句多與印主的姓名字號相契，仔細玩味，果有「天然巧合」之趣，雖非「閒章」，仍在此列出，聊備一格：

> 夏貴溪有言必貞明印，陳白沙有閉關門覓句印，劉記有閉關頌酒之裔印，邵二泉有元神宜寶印，徐善長有善男子印，王弇州有眞不絕俗印，徐安生有徐夫人印，項文有琴心三疊道初成印，胡友信有信言不美印，柳如是有亦復如是印，王百穀贈馬守眞馬相如印，徐髯仙有又何仁也印，范玨有至潤雙流印，何大復有焚香默坐印，橫波夫人有春水綠波印，王孟津有如收王郎印，近玉九、椒園兩先生有越三枕三印，王麟徵有茨檐垢士印，釋讓山有嶺上白雲印，亡友李睿澄齋有流水長者印，皆天然巧合姓氏囊見者，史莒月藏文五峰心經印，曰世尊授仁者記，又王文成詩卷印，曰云何仁者，因各仿之，并刻維摩詰經菩薩品中六百六十四字，其世尊授仁者記印，石上自分有求懷素所墨者，常于行閒軍司馬印辨之矣。乾隆庚子五月廿七日，蔣仁在揚州記。〔註24〕

總之，本節「內部語境」與「外部語境」的探索，是提供解決前述「閒章分類問題」的方式：觀察當代專著，論者大抵由印章「字面意義」分類，不僅草率、謬誤百出，且失去閒章能包容多重詮釋的藝術價值，經由對語境之探問，閒章豐富的意義與文人巧思乃如曙光乍現，能被觀賞者一覽無遺。閒章語境的知悉與體察，在作者、作品、觀賞者之間形成無形的交流網絡，一方閒章是否開顯出美好境界，建築在鑑賞者語境守護的基礎之上，茲以下文論述。

三、語境作爲開啟意象之橋樑

閒章語境雖可略分爲內部、外部兩種類型，然而正因其多變化、涵蓋題材廣泛，才使閒章擁有豐富的藝術價值。須注意的是閒章作爲文人「言志抒情」的文學載體功能。在印章藝術發展史中，印章從不屬於文學領域，由取

〔註23〕 趙海明：《印章邊款藝術》（北京：文物出版社，2005年），頁336。
〔註24〕 全文請見「眞微印網」印學資料庫。http://220.130.134.84/MainHome.asp，觀看網頁日期：2009年2月20日。

信驗證功能（官印、臣妾印、虎符印信），到書畫圖書的鑑藏功能（仍屬於取信驗證的範疇，而其質性正悄然轉化），印章並無意「述說」什麼，亦無美化之必要。然而當明清文人以「閒言閒語」介入其中，才得產生具有深層意義的語言（見本書〈導論：第一章〉），繼以審美目光視之，則有意象、意境顯出。此一發展恐怕文人亦始料未及；由原先的無心插柳以致潛心經營，「印語」的提升，在篆刻躋身藝術的發展脈絡中，佔有關鍵地位。

　　劉江《中國印章藝術史》曾以歷史分期為主要架構，該書首次提到有關「閒章」的篇目是〈明代──尚意思想的入印與流派的誕生〉中「明代私印」一節，以「詞句印」的條目出現：「詞句印有詩句、詞句、文句、成語、俚句等，是古璽、秦漢印章中的閒章發展而來」。〔註25〕詞語印的名稱缺失與《中國歷代璽印精品博覽》相同，而《中國印章藝術史》則於「詞語印」條目下分「寄情興」、「表志尚」、「傳詩境」三種特徵，卻是值得借鏡的──顯示閒章有文學傳統下的言志抒情功能性。不只一位專家體察到篆刻藝術中閒章作為文人言志抒情之文學載體的功能性：葉一葦《篆刻學》曾言及「篆刻藝術的言志抒情」；〔註26〕韓天衡在《中國閒章萃語綜匯》序言中亦言：「這些閒章，多未見鈐蓋於書畫，僅是以刀石托興寄情而已。」〔註27〕正因為閒章兼具「信」和「志」的特點，文人醉心其中，創作出數量繁多、藝術水準極高的精品。閒章印文抒情、言志、詠景物，清吳讓之（1799～1870）閒章「觀海者難為水」【圖 b1-11】的一語照見人情世故；趙之謙（1829～1884）「如今是雲散雪消花殘月闕」【圖 b1-12】的寄情思親、借古諷今，由於閒章能抒發自己的思想感情、述事記人、闡發議論，抑或自憐自誇自嘲自負，抑或直述胸臆，無論如何，皆藉由「印語」達成抒發。

〔註25〕　劉江：《中國印章藝術史》（上）（杭州：西泠印社出版，2000 年），頁 300。劉氏所言「詞句印是古璽、秦漢印章中的閒章發展而來」在該書中並無舉證，筆者認為劉氏語脈下的「古璽、秦漢印章中的閒章」是指該書〈春秋戰國──百家爭鳴與古璽的百花齊放〉中「春秋戰國私璽」下的「吉語璽」、「箴言璽」兩項；以及〈秦代──印章藝術在統一規範中發展〉中「秦代私印」下的「吉語印」、「訓誡、成語印」兩項。而這四種類型相似的璽印，雖可視為元朝以降文人篆刻中「閒章」一類的先聲，但由於當時仍強調其佩帶之功能性，因此應將其排於閒章的範疇之外。

〔註26〕　葉一葦：《篆刻學》（杭州：西泠印社，2003 年），頁 33。

〔註27〕　陸康編：《中國閒章萃語綜匯》（上海：上海書店出版社，2008 年），頁 1。

圖 b1-11

觀海者難爲水

圖 b1-12

如今是雲散雪消花殘月闕

因此可知,「閒章」是一塊開放性極高的場域,閒章印語既不似詩詞格律的嚴謹性,亦不設限辭章「文以載道」功能,能文言、能俚俗,能淺吟低唱,能批評謾罵,各種形式,只要合乎美的創造,都能令人欣然接受。因此,由閒章語境的研究可發現一個特點,即「人」身爲「語言」之守護的重要身份——對作者來說,印文的可讀與否,取決於自身意願;而觀賞者的如何詮釋,更是充滿想像空間——能不被語言宰控,語境才能發揮功用。因此,閒章「語境」之提出,除使印章更富深度,而非徒具字面意義之外,更是通向詩意想像的橋樑,藝術品深邃奧秘的隱晦處,更添「奇趣」的醍醐味,此令人延伸遐想,進入白日夢般的詩意空間,就是閒章印語的「詩意想像」的層次。茲以下文做細部論述。

第三節　印語之意象

從前述對「語境」之探索進一步推敲印語轉出意象的過程——讀者由印語表面文字的當下感知,進入文字背後意涵,讀者的認知(即文學、歷史、社會環境等情境)與作者的刻意雕琢(用典、隱藏話語、訴說故事)連結,作者與讀者的感通初次開啓。然而,即使讀者無法對作者的隱含意義達成判讀,越過此一程序,仍可感受到印文文字的美感——此即是本節所欲談論的印語「意象」所造成的想像活動。相對地,讀者具備與作者相同的背景知識、讀出語句中的暗藏玄機,卻不必然能把握作者的詩意美感,何以如此?在於作者給予讀者「想像空間」仍需藉助讀者自身感性之開啓,自我生命之鎔鑄,才能獲得充盈的詩意之美,茲以下列數點展開論述。

一、印語意象

　　本書〈導論：第一章〉曾舉明代何震（約 1530～1604）以《世說新語》之文句入印之例，坊間更有仿文彭（1498～1573）〈陋室銘〉、〈愛蓮說〉等套印，〔註28〕雖非眞蹟，但可知印章印語的徵引詩文傾向。篆刻家常信手拈來，將閒言閒語入印，例如陳鍊（1730～1775）〔註29〕閒章喜用古人詩詞，如「春星帶草堂」【圖 b1-13】一印摘自杜甫〈夜宴左氏莊〉：

　　　　風林纖月落，衣露淨琴張。暗水流花徑，春星帶草堂。檢書燒燭短，

　　　　看劍引杯長。詩罷聞吳詠，扁舟意不忘。〔註30〕

陳氏「林花掃更落，徑草蹋（同踏）還生」閒章【圖 b1-14】則摘自孟浩然〈春中喜王九相尋（一題作晚春）〉：

　　　　二月湖水清，家家春鳥鳴。林花掃更落，徑草踏還生。酒伴來相命，

　　　　開樽共解酲。當杯已入手，歌妓莫停聲。〔註31〕

二首頗具田園景致的詩作，卻隱隱吐露著蕭瑟之感。透過還原詩句，讀者當可略見篆刻家埋藏在印語背後的生命感懷。然而引用、變造的印語，只屬於前述的語境層次，尚不在本節的討論，文人（篆刻家）獨立創造的閒章印語，更能體現印章藝術的語言特色，在閒章之中，則能發現有人文的及自然的兩種意象經營向度。

　　文人將自身經歷之結合，或感時傷逝，或躊躇滿志，或彰顯才氣……，各種能引起觀賞者想像奔馳，皆可稱人文的意象經營。如明代歸昌世（1573～1645）「收拾雲煙幸有山」【圖 b1-15】、明代程邃（1607～1692）著名閒章：「一身詩酒債，千里水雲情」【圖 b1-16】，前者將詩喻畫，不但點出山嵐美景的實際畫面，更暗含山水畫作的旨趣；後者又以詩、酒和風景，與自身情懷

〔註28〕 「款題文彭的石印如『陋室銘』『愛蓮說』等，文句甚美，邊款亦精，惟從印篆、刀法判斷，可能屬於仿作。」游國慶：《印象深刻──院藏璽印展》（台北：國立故宮博物院，2007 年），頁 86。

〔註29〕 陳鍊字在專，號西菴（庵），福建人。篆刻初學朱簡（明萬曆時人，生卒年不詳），後得觀秦漢印章數千方而「於刀法篆法神會手追，遂深造入古（《廣印人傳》卷之五）」，留有《印說》、《印言》等論著。陳鍊治印不拘一格，惟因早逝，較少受人關注。

〔註30〕 〔清〕清聖祖御定：《全唐詩》（第四冊）卷 224（台北：文史哲，1987 年），頁 2395。

〔註31〕 〔清〕清聖祖御定：《全唐詩》（第四冊）卷 160（台北：文史哲，1987 年），頁 1651。

結合。又如清代林皋（1657～1726）「晴窗一日幾回看」【圖 b1-17】、「煙霞鑄瘦容」【圖 b1-18】閒章，前者畫面躍然紙上，彷彿親身經歷；後者則栩栩如生，究竟是描繪山勢受煙嵐削剪而成嶔崎磊落之姿態？亦或人受風霜侵襲，消瘦成銅像般的斧鑿痕跡？留給觀者無限的想像，均是篆刻家獨特的創意。

　　詩歌的寫作重在意象之經營，上述所舉印語之「詩」與「人」因意象而鏈結，作者的情感與觀賞者的自身經歷、當下感觸遙相應和，形成美妙的共鳴，正是藝術接受學的範式之一。〔註32〕將單獨意義組合成為意象，引發幽遠想望，是印語由意象通往意境的過程，品讀詩作亦是由評析表層的意象到探索深層的意象組合，繼而由表至裡，領悟詩人的思想感情。詩意之美在「意象」對「意境」的追求上，經由刻印者之情感投注引領想像，亦可由「自然景物」興發、想像空間更加自由遼闊。

圖 b1-13

春星帶草堂

圖 b1-14

林花掃更落徑草蹋還生

圖 b1-15

收拾雲煙幸有山

圖 b1-16

一身詩酒債千里水雲情

圖 b1-17

晴窗一日幾回看

圖 b1-18

煙霞鑄瘦容

中國文學對天地的模樣充滿遐想——盤古開天闢地，將世界一分為二；

〔註32〕沃坦恩格伯（Thomas E. Wartenberg）著，張淑君等譯：《論藝術本質：名家精選輯》導論（台北：五觀藝術管理出版，2003 年）。

夸父追日力盡而亡，肉身委地形成山川、湖泊——古人現實中遊覽於險譎多變的奇峰群巒，波瀾壯闊的三江五湖；精神上則暗戀桃花源，嚮往田園耕讀、山林隱逸……文人對地貌的觀察與西方科學的地理測量不同，是與自然萬物共在的親近契合，是道家體道不言自明的情趣，因而饒富詩意。觀察印章印語的創造也可獲得同樣旨趣：明代文彭、項元汴、汪泓等人皆有「桃花源裏人家」印【圖 b1-19、圖 b1-20】，即慕陶情懷化爲詩詞表現於印章的成果。

圖 b1-19　　　　　　　　　圖 b1-20

桃花源裏人家（文彭）　　　　桃花源裏人家（汪泓）

　　文人對自然的渴望隨處顯見：在詞賦文章的極盡描摹，在山水繪畫的心慕手追；在庭園建築的美感思維……清人孫三錫「家在鶯聲細雨中」一印【圖 b1-21】，印語可見唐代耿湋〈春日即事〉：「草色微風長，鶯聲細雨和。」，[註33] 這種將詩意轉化爲家園景致、生活週遭的跨越時空／身歷其境，反映著文人式的世界觀——著名聯句「滄海日，赤城霞，峨眉雪，巫峽雲，洞庭月，彭蠡煙，瀟湘雨，武夷峰，盧山瀑布」等「宇宙奇觀」不假外求，堪與「少陵詩，摩詰畫，左傳文，馬遷史，薛濤箋，右軍帖，南華經，相如賦，屈子離騷」等「古今絕藝」一併收編，前者「繪吾齋壁」，後者「置我山窗」——由「景」至「物」的聯想與質變在中國繪畫、園林美學中可一窺端倪。

　　清人吳咨（1813～1858）閒章「白雲深處是吾廬」【圖 b1-22】繼續將對「居所」契近自然的想望延伸：陶淵明「種豆南山下，草盛豆苗稀」的悠然自樂；「山中無曆日，寒盡不知年」的懶散放蕩，與賈島「只在此山中，雲深不知處」 [註34] 的神隱私祕……，都在煙雲裊繞的山林間，引發觀看者的想

〔註33〕〔清〕清聖祖御定：《全唐詩》（第四冊）卷 269（台北：文史哲，1987 年），頁 2994。
〔註34〕〔清〕清聖祖御定：《全唐詩》（第九冊）卷 574（台北：文史哲，1987 年），頁 6693。

像：究竟是白雲深處有吾廬，抑或吾廬深處有白雲呢？誠如清代趙之琛（1781～1852）「可意湖山留我住，斷腸煙水送君歸」【圖 b1-23】印語所示，湖山之可意，使人流連忘返，巴不得常駐久留。

吳昌碩「家住西小橋東東小橋西」印【圖 b1-24】的妙趣橫生，倏地將人從安居與流浪、世俗與超脫、人為與自然等辯證中拉拔而出：不諳方位、未設經緯，繞了一圈，吳昌碩的思維既幽默且逗趣，雖然有「家」，卻不「住」，甚至彷彿置身於江湖、放浪形骸之外，沒有長住久安的軀殼，既是東、又是西，來來去去，更增添一份智慧的啓迪。

圖 b1-21

家在鶯聲細雨中

圖 b1-22

白雲深處是吾廬

圖 b1-23

可意湖山留我住斷腸煙水送君歸

圖 b1-24

家住西小橋東東小橋西

二、閒章印語的獨特性

綜觀上述所舉印語意象之例，文人巧思與豐富的創作能量，在閒章創作中曖曖含光。回到閒章技藝的脈絡，閒章印語的「格言」性質已昭然若揭，誠如本書〈導論：第一章〉所述，古代或當代皆有以「箴言」、「雋語」稱呼閒章之例，顯示論者體察閒章短仄的語句，既不能以詩詞文章目之，則應以另外的形

式看待。然而「箴言」、「雋語」之功用性過於顯著，且易與先秦璽印之指稱混淆，〔註35〕因體察閒章「詩境」與一般詩文形式有所不同，故以「異化的詩境」稱之，以突顯閒章印語的特殊性。此「異化」詩境可由下列三點陳述：

（一）體式之異

閒章印語的語言形式，在體裁上即與一般詩文不同：閒章印語既非詩（絕句、律詩）詞（長短句、合於音韻），亦非駢（四六文）散（古文），也不是聯句（對仗），閒章印語往往言簡意賅，少則二三字，四、五、七言尤為常見，正因短促，則字斟句酌，以達「芥子納須彌」的深刻雋永——因此閒章印語將是全新的語言體式，若以其簡短的句式及語言之密度看來，更類似羅蘭・巴特的「格言（maxime）」或「警句」式書寫。〔註36〕格言／警句的意義，在能使意象瞬間映入觀者眼簾，並使之進入作者的「試圖述說」——此意圖的可讀性卻又存在「誤讀（misreading）」〔註37〕的可能，因而產生多重詮釋的況味。文人印語創造的面向值得深究，它有中國傳統「聯語」的況味，也有佛家禪悟的當頭棒喝，但更多是藝術家賦予的無窮深意，並由於閒章的公開性暨使然，則人人可賞可玩，達到藝術品的目的——使大眾得到美的愉悅。

從印章發展史與用印文化的脈絡上說，閒章在書畫作品上用於押角、引首以及與構圖相適配的補白，無須長篇累牘，要能一目了然，若鈐蓋於藏書、藏品上則有言志抒情的意味。若是純粹收藏賞玩，一則起到座右銘的作用、二則在人生不同的階段，欣賞印語的角度也隨之變遷，「格言」式的書寫，能引發更多的感懷與生命情調之滲透，此亦由意象產生想像，復通向意境之彰顯的審美進程。

〔註35〕先秦璽印中，「吉語印」、「箴言印」用於佩帶的情形普遍，先民以其語言的神聖力量，代替原本以獸骨、圖騰，作趨吉避凶之用，因此二者的工具性質強烈。詳見拙文：〈從趨吉避凶到安身立命：論先秦「佩帶印」〉，《書畫藝術學刊》第五輯（2008 年 12 月），頁 505～525。

〔註36〕格言／警句羅蘭・巴特（Roland Barthes）曾言及「格言」書寫是他所追求的寫作模式之一。詳見羅蘭・巴特，劉森堯譯：《羅蘭巴特論羅蘭巴特》（台北：桂冠，2002 年），頁 230～231。「警句」則是學者汪民安對羅蘭・巴特此種書寫模式的進一步詮釋。詳見汪民安：〈羅蘭・巴特的斷片、括號、警句、書籍和成名史〉，收入氏著：《身體、空間與後現代性》（南京：江蘇人民出版社，2006 年），頁 211。

〔註37〕「誤讀」理論引自安柏托・艾柯（Umberto Eco），可參閱氏著，張定綺譯：《誤讀》（台北：皇冠，2001 年）。

（二）創造之異

　　從本章析論「閒章語境」的脈絡可知，閒章印語有兩種模式：即「原創」與「（修改或引申前人語句的）再創造」。首先，印語「再創造」是將既有詩文錦句，抽換字詞或改變順序使用，此中興味正在「改變」的巧思上，在「令人耳目一新」或「令人產生聯想」的趣味。印語「再創造」揭示著對已成立之套語的解構，是「閒」的表現，篆刻家藉由語句「原意」轉向對同時空其它事件的指涉、或對不同時空相同處境之指涉，此手法企圖以「舊瓶」裝「新酒」，竟亦使「酒」同「酒瓶」一起更新了——此語言之遊戲來自文人遊戲的閒情逸致，亦是語言的魅力所在。如林霆（生卒年不詳）「從來多古意，可以賦新詩」閒章【圖 b1-25】將杜甫二首詩結合——「從來多古意」句出自杜甫〈登兗州城樓〉：

> 東郡趨庭日，南樓縱目初。浮雲連海岳，平野入青徐。孤嶂秦碑在，
> 荒城魯殿餘。從來多古意，臨眺獨躊躇。〔註38〕

「可以賦新詩」句出自〈巳上人茅齋〉：

> 巳公茅屋下，可以賦新詩。枕簟入林僻，茶瓜留客遲。江蓮搖白羽，
> 天棘夢青絲。空忝許詢輩，難酬支遁詞。〔註39〕

兩首五言律詩，皆為杜甫在唐玄宗開元二十五年遊齊、趙時所作。後人集此兩句成一聯，渾如一體，亦可謂貼切之極，而又擬古出新，堪稱印語「再創造」的代表。又如清許容（1637±2〜1693）「紅藕香殘玉簟秋」【圖 b1-26】，印語引自李清照（1084〜1155）〈一剪梅〉：

> 紅藕香殘玉簟秋。輕解羅裳，獨上蘭舟。雲中誰寄錦書來？雁字回
> 時，月滿西樓。花自飄零水自流。一種相思，兩處閒愁。此情無計
> 可消除，才下眉頭，卻上心頭。〔註40〕

李清照的詞作技巧高超，意境邈遠，然而篆刻家只摘取詞作首句的景物描摹，而將後文的抒情筆調統統遺忘，若是單就印面來看，「紅藕香殘玉簟秋」只能說是一般的詩句，然而閒章之逸趣即在針對文意背後想像的那道過程——按圖索驥，曲折蜿蜒，最終通向觀賞者的自我詮釋，詩的發揮空間被擴張至最大，短短數字，不斷迴繞在讀者心頭。如此一來，「紅藕香殘玉簟秋」句可說

〔註38〕〔清〕清聖祖御定：《全唐詩》（第四冊）卷 224（台北：文史哲，1987 年），頁 2392。

〔註39〕〔清〕清聖祖御定：《全唐詩》（第四冊）卷 224（台北：文史哲，1987 年），頁 2393。

〔註40〕高正一註譯：《唐宋名家詩詞欣賞》（台北：雷鼓出版社，1995 年），頁 150。

是「不屬於」李清照的了，它的意義也許不如原先扣合詞曲、以景喻情來得清晰，然而卻提供更多的想像，這種效果，只在閒章之中呈現。

其次論印語「原創」之作用。印語原創之契機出自藝術家的感悟、體驗、情緒抒發、生活週遭……，印章成為篆刻家言志抒情的文學載體，已非舊瓶新酒的「再創造」。由於印章幅面窄小、能置入之詞句短仄，篆刻家得選擇愈精鍊、愈能表情達意之字句，因而與絕句、律詩的創作向度不同——沒有「起承轉合」，更似「警句」或「格言」的鍛造。如明代汪泓（生卒年不詳）「贏得從容養病軀」閒章【圖 b1-27】即非由古詩文中摘句或以典故取勝，言簡意賅卻道盡印主的生命情調，在病體摧殘中仍能以「從容」的態度面對，正是文人精神超越的詩意抒發。創作嶄新的語句對文人、篆刻家等飽學之士尚不困難，難在作者體察印章短小幅面所能承載高密度語言之特性，以各種手法，增添情趣，提高了篆刻的層次，否則僅以抄寫古人詩文刻而成章，將停留在工藝品的層次。

圖 b1-25　　　　　圖 b1-26　　　　　圖 b1-27

從來多古意可以賦新詩　　　紅藕香殘玉簟秋　　　贏得從容養病軀

詩意的創造與再創造，是閒章藝術價值的關鍵之一。詩學傳統在文學發展史中業已臻化至極，明、清兩代，文類的多元化與世俗文化的引入，正標示著傳統詩學的革命與變遷。而閒章印語在此一契機下發展，得到良好的成就，許多文人甚至雅愛這些「雕蟲」小品所呈現的隻字片語更甚長篇累牘的文學經典，而閒章語句也能被應用在其它地方，甚至引入詩文書寫的對象。

（三）美感之異

承上所述，閒章印語藉由人文的、自然的意象經營，使作品獲得意境，意象是「物象」與「情意」的融和，具有意象的詩句，才能擁有意境，缺乏意境的詩，無法引起讀者共鳴。詩詞之所以在中國文學傳統中佔有如此屹立不搖的地位，即因其意境的渺遠，產生閱讀時的多重詮釋，得以歷久不衰。

並非所有詩句都能引發意境美感。意境是詩人的主觀情思與客觀景物相交融而創造出渾然一體的藝術境界，設若意象是對文字所描寫的物象之感受、體會，則意境是在意象烘托的氛圍中達到的一種境界，對觀賞者來說，則是一種身歷其境。由意象至意境是中國詩學傳統的概念，〔註41〕本書將二者之轉折，運用在閒章詩意語句的詮釋。行文至此，則需對普遍詩詞意境與閒章印語意境之相異處進行說解——若從葉維廉的觀點切入，則詩之「雄渾（sublime）」乃氣韻之高度展現，〔註42〕若以余蓮（François JULLIEN）的觀點，則「平淡（Fadeur／blandness）」才是文人追求的生命核心。〔註43〕二者對詩之意境的詮釋，在意境能激起解消萬物、與道合一的空無氣氛；「雄渾」或「平淡」，皆有其歷史脈絡與詮釋空間。

而閒章印語意境，卻在雄渾或平淡的辯證之外，另闢蹊徑，屬於一種閒／不閒的美學氣質——從印語的表面意圖觀察，閒章是遊戲的、裝飾的、陪襯的，因而「無關緊要」，是閒中作樂、信手拈來，如清錢楨（生卒年不詳）「潦倒親知笑」閒章【圖b1-28】的自我調侃。而文人又以閒章為言志抒情、寄託懷抱的文學載體，其用意深刻，鍛造精鍊，以「小道」體現氣度、展現才分，如明代佚名「息機非傲世」【圖 b1-29】則有自我警惕，並表明恬淡自適的生命情調意味。由是，意境的開顯乃依印語意圖的閒（無所謂）中顯出不閒（雖小道亦有可觀處），獲得程度各異的迴響，引發因人而異的感通。

圖 b1-28　　　　　　　　圖 b1-29

潦倒親知笑　　　　　　　　息機非傲世

〔註41〕 蒲震元：《中國藝術藝境論》（北京：北京大學出版，1999 年）。

〔註42〕 葉維廉：《比較詩學》（台北：東大，1983 年）。

〔註43〕 余蓮（François JULLIEN），卓立譯：《淡之頌：論中國思想與美學》（台北：桂冠，2006 年）。

正因篇幅簡短，閒章不強調如詩詞般營造「雄渾或平淡」的哲學層次，閒章印語意境的特殊處，在稍縱即逝，在一目了然，它的意境彷彿吉光片羽，既昂貴而珍稀，又如波濤洶湧，未及思索便已澎湃而至，震撼人心。言簡意賅，所以一字千金，然而過度雕琢，卻又失去閒章精簡美的質地。因此仍需由不閒（字斟句酌的語言鍛造）體現閒（直書胸臆的率性灑脫），才能開顯出符合閒章美的意境。〔註44〕

總此，閒章印語的意象與意境的創造非由作者個人完成，意象與意境需作者與讀者共同完成：作者營造出藝術氛圍，讀者以感官接受、心靈沉澱之，二者融合，意境即刻產生。至於閒章中的詩意境界，何者為優、何者為次？其創造／接受的過程又是如何？茲以下文展開對閒章印語意境之層次、構造過程的論述。

第四節　印語之境界

大陸印學家葉一葦最早對於篆刻「意境」進行闡釋的工作，氏著《篆刻學》中有言：「篆刻藝術的境界，有畫的境界，詩的境界，更多的是書法的境界。」〔註45〕是書並舉「氣韻」、「氣勢」、「虛實」、「殘整」、「邊款」五項為篆刻意境的構成基礎。其另外著作《中國篆刻的藝術與技巧》則指出：

> 篆刻藝術的境界是篆刻作者的審美情趣。在作品中創造出意象，情
> 趣和意象融而為一，就出現了藝術境界，這很像詩中講的「情」與
> 「景」，但詩是通過語言思想來體現情與景的，而篆刻除了有時也通
> 過語言思想外，更多的是借助於文字的形式，如線條與結構，通過
> 「四法」手段來創造意象的。〔註46〕

葉氏的洞見是值得借鏡的，然而從引文可知，其提出「篆刻的藝術境界」並以「詩」、「書」、「畫」三者分層陳述，卻未注意到此三者總和的整體氣氛，

〔註44〕「所謂美是自由的形式，首先指的是掌握或符合客觀規律的物質現實性的活動過程和活動力量。美作為自由的形式，首先是指這種合目的性（善）與合規律性（真）相統一的實踐活動和過程本身。它首先是能實現目的的客觀物質性的現實活動，然後是這種現實的成果、產品或痕記。」李澤厚：《美學四講》（台北：人間，1988年），頁62。
〔註45〕葉一葦：《篆刻學》（杭州：西泠印社，2003年），頁131。
〔註46〕葉一葦：《中國篆刻的藝術與技巧》（北京：中國青年出版社，2004年），頁169。所謂的四法是「字法」「篆法」「章法」「刀法」，並未包括印語經營。

才是篆刻藝術的「意境」美，而葉氏所言「情趣和意象融而爲一，就出現了藝術境界，這很像詩中講的『情』與『景』」，正與本章取印語詩意的概念作爲通向意境的路徑不謀而合。〔註47〕本節在前述三節對「語境」、「意象」之探討的基礎上，深入探問印語意境之特殊層次，並以道家語言觀回應閒章印語中「閒」概念的深層意義。

一、心靈解放

承本章第三節所論，印語意象之開啓，在於情境交融、物我互滲——情境交融則觀賞者之感性開啓，自身受情感包圍，身心俱是敞開的狀態，外在事物更能滲入感官、心靈，使人獲致美的愉悅。若從心靈解放的角度觀察，閒章所具有的美感特質，與人之想像活動密切相關，此經由意象以致心靈解放的活動依層次可分爲「無功用之心」，「有我」與「無我」等三種境界。〔註48〕

首先，閒章印語之意象獲得，與閒章的「遊戲」性質有關，本書〈導論：第一章〉曾梳理篆刻由「用」至「非用」的轉折，即含有文人遊戲的因素。在用印文化的脈絡下，詞語閒章被使用於書畫上，作落款鈐蓋與畫面裝飾，即「非用」的「被用」，是從用途上理解。而詞語閒章之無目的性（純粹賞玩），又成爲文人言志抒情的文學載體，反由原先的「無用」轉化至「大用」。

晚明以降，文人在印章上鑴刻詞句、成語、詩文，無非是一種消遣，一種遊戲，無關緊要的、也沒有優劣分別（觀察此一時期的印語經營可知，藝術層次較低），而清代以降，因印章「閒言閒語」化趨勢，「詩文入印」逐漸佔據主要位置，在審美條件嚴苛的情況下，印語的優與劣、雅與俗即成爲文人評判其價值之根據，兼以文人將閒章視爲「言志抒情」的文學載體，〔註49〕

〔註47〕 本書亦體察篆刻的意境開顯，無非經過三種技藝之操作：詩、書、畫，本節談「印語」意境即本書架構的一環，書法、繪畫與篆刻意境之關係由本書《上編》第二、三章論述；關於閒章如何以「情」、「景」結合產生意境，則在〈下編：第一章〉論述。

〔註48〕 「有我之境」與「無我之境」乃王國維於《人間詞話》中所提出之詩意象的兩種境界。詳見葉朗：《中國美學史》（台北：文津，1996 年），頁 327～332。

〔註49〕 此現象目前缺乏理論基礎，爲本書之創發。從印語之「意義」逐漸深化（用典、隱喻、修辭等）現象考察：最初的閒章印語，若非照抄古人詩詞，即不具「意有所指」的隨意爲之；而閒章發展越晚，則越貼近刻印者（或求印者）的「表達」需求。閒章從純粹的遊戲狀態，轉爲功能性質，此處所指功用性並非回到工具化的印鑑層次，仍是具有藝術靈光、成爲篆刻家（文人）創作

不斷對印語進行突破與創發，引領觀賞者進入篆刻家營造的想像世界，經由意象（情與景）轉出意境。因此印語意境即是文人解消固著心、工具理性而得到的自然美感。

　　承上所述，意境源於意象，意象則包容合情合理的虛構想像，在此基礎上，意境有實境、也有虛境，當意象聯繫，構成完整的藝術結構時，因相互牽制和作用，產生新的整體和內容，此即意境。賀鑄（1052～1125）的〈青玉案〉中最後幾句：「一川煙草，滿城風絮，梅子黃時雨。」〔註50〕這三個意象被組成「試問閒愁都幾許」的詩意結構時，此意象結構的審美效應已非三個意象的加總，而是由實到虛的意境昇華過程——詩人想起情人蹤跡杳無，像逝去的春日已不知飄泊何處，因而更加百感交集，愁緒萬千。此時此地此情此景，閒愁不由地像無邊無際的如煙青草，似狂飛亂舞的滿城飛絮，若淋漓不休的黃梅時雨，那般淒然與迷茫，集於眼前而不能排遣。

　　上述分析顯示，詩中意象的意蘊是重要的，要真正把握詩的意境，仔細分析詩中的意象組合是十分重要的。意象的結構組合巧妙，提供令人「想入非非」的意境，優秀的詩作，都有其或顯或隱的結構可尋。〔註51〕憑藉「無功用」心境所獲之意象，分「有我」與「無我」兩種層次。有我之境代表創作者的個人情感投射在詩句當中，其所呈現意象往往與作者的人生經歷、情感流露有關。此有我之境可從印語中體察：如前述所舉「可意湖山留我住」、「家在鶯聲細雨中」、「白雲深處是吾廬」、「一身詩酒債，千里水雲情」等皆為此例。無我之境首推清趙之琛（1781～1852）「水流心不競，雲在意俱遲」【圖 b1-30】一印，以無關乎自身的自然景物描寫，卻能同時透露篆刻家的雍容閒散——時間與空間不再束縛著心靈形軀，表面上印文以白雲流水激起意象，帶入「心」與「意」的不競與遲緩，頓時彷彿時間暫停。然而「人」在詩句的意境中卻是消失的，雖「心」、「意」皆人所持所生，但由於不與萬物爭鳴（不競）、能與萬物共遊（俱遲），使「人」的意味沖淡至極，彼此消融，將「無我」的道家思維體現無遺。

　　的土壤。

〔註50〕 高正一註譯：《唐宋名家詩詞欣賞》（台北：雷鼓出版社，1995 年），頁 130。
〔註51〕 對詩人來說，正是這種結構將一個個互不相關甚至矛盾對立的意象組合在一起，從而構成一個富有生命力的有機整體，以傳遞詩人的思想感情。就讀者來說，是通過剖析意象進而領悟詩人的思想感情。

圖 b1-30

水流心不競雲在意俱遲

從有我至無我，是意象層次的昇華，當人意識到自身渺茫於天地宇宙之間，所油然而生的虛無與失落，經常導向尋求與大自然的景（視覺）、物（觸覺）結合，藉此得到依歸之感。如「可意湖山留我住」、「家在鶯聲細雨中」、「白雲深處是吾廬」皆有此意。若不能體察物與我皆為氣化流行的不固著因素，則「人」的意念即對「自身」確立感到焦慮，此時「自然」乃淪為人的附庸與補足——承上所舉印文中「住」、「家」、「吾廬」等觀念，即可一窺端倪。文人藉由「佔有」達到自身的安定，因此，「有我」詩境尚未是最高境界。

當人之體悟到達另一種層次，自然萬物的美好，不時衝撞著文人強烈感受性的心靈，因此察覺「物與我皆無盡」，萬物無分別，既「無我」，也「無他」。此時的開闊之心境，恰可以本書閒章之「閒」深意回應：其與萬物共遊、放浪形骸的氣質，正是閒的特質——因閒適而隨處安居，不住亦不取；因為閒散而無所依恃，心遠地自偏——這些特質使人進入藝術創作／欣賞的心靈解放，讓世界的美浸潤滲透，隻字片語，即可散發閒章美的光暈。

二、無聲無語，諦聽天籟

本章漸次推衍，由印章印語的「語境」考察，繼由意象獲得意境，而有「有我、無我」之層次，已形成閒章「印語意境」的初步規模。而以此「意境」概念對閒章印語的最終關懷，是探求其意境彰顯的背後之深意。

當人的意識因「景」觸動「情」，或因「情」的繾綣而帶入目之所及的景物交雜，意象隨之產生。意象是意中之象，是客觀物象經詩人的感情活動而創造出來的獨特形象，賦予更多的主觀色彩、迥異於生活原態而能為人所感知的具體藝術形象。唐代詩評家司空圖（837～908）「縝密」條云：「意象欲出，造化

已奇。」〔註52〕胡應麟（1551～1602）也說：「古詩之妙，專求意象。」可見意象是中國詩歌的傳統，將此傳統創造性地加以發揚光大，則是文人自覺的審美追求。承本節前述論點，身心之敞開使印語由意象延伸爲意境——對篆刻家來說，將印章發展史、詩學傳統與社會文化等包袱暫且放下，以遊戲心境展開對詩意語彙的創造與再創造，在篆刻的形式規範（短仄體式、格言化書寫等）下，以「閒」之心境展開創作，對觀賞者而言，則同樣不受歷史宰制，以開放的眼光，通過閒賞、娛樂的閒暇心態，對篆刻達到感通，獲致美的韻味。因而印語「意境」將不僅是「有我」至「無我」的超然物外；不僅是人之心境層次的轉換，亦在闡明閒章之特殊語言具有解消物我對立之功用。

　　學者賴錫三認爲「閒暇」心境能使人意識到語言符碼的各種設限，〔註53〕進而以「對語言的懶惰」行爲，將符號世界的表象思維剝除——詩性的語言即是在此作用中解消人對語言的固著，而能有「言外之言」、「景外之景」等想像空間、詮釋活動，學者所謂「懶惰」正是包容各種歧異及可能性的「退一步」思維。回到本書脈絡，閒章的語言，正是以「格言警句」的形式，對長久以來因襲乾枯的符號意義進行遊戲性的破壞，對文人來說，詩學傳統到明代已相當成熟，文人如何在古人之高牆上取得創新，實爲困難。而閒章印語能以典故、故事內涵，自我抒發，創造出令人耳目一新的語彙，此其價值所在。從羅蘭‧巴特的角度說，「懶惰」意味著對事物的「退一步」思考，本章所舉印語如「水流心不競，雲在意俱遲」正有此般閒散、悠游的況味。〔註54〕

　　閒章既爲藝術品，則欲探求其美學全貌，必不能僅以視覺藝術目之。閒章之所以能「閒」，在於將常規打破、遊走於自我放逐的邊境，此一看似離經叛道的美感，卻建築在厚重的歷史文化氛圍之上，因此得以展現其「不閒」的奧妙。在本章對閒章印語的觀察中，總能不斷體現文人的各種「嘗試」、「實驗」創作，然而，中國語言的藝術早在先秦哲人那裡得到了充分的發揮與解釋，因此在解消物我對立、達成印語意境之彰顯背後，閒章的深意應能與道

〔註52〕〔唐〕司空圖：《二十四詩品》（台北：金楓出版社，1999 年），頁 83。
〔註53〕語言、符號的創造，即爲了將事物命名、框限，因而對世界產生了束縛作用。賴錫三：〈論道家的逍遙美學——與羅蘭‧巴特的「懶惰哲學」之對話〉，收入《臺大文史哲學報》第六十九期（2008 年 11 月）。
〔註54〕關於羅蘭‧巴特的懶惰哲學，詳見賴錫三：〈論道家的逍遙美學——與羅蘭‧巴特的「懶惰哲學」之對話〉，收入《臺大文史哲學報》第六十九期（2008 年 11 月）。

家語言觀遙相契合。

　　承上所言，文人或許察覺語言的固著，乃至以閒章進行詩意語彙（形式的）突破、境界的提升，不僅依於「閒」的態度，也能與道家思維取得連結。對道家來說，語言是事物受遮蔽的原因，事物的被命名、被限定，再無法回到「前語言」的美妙世界；因而道家的解蔽方式，即對語言進行「沉默」、「隱喻」與「遊戲」三種行爲。對應至閒章印語論之，則可依次陳述如下：

　　（1）沉默——不說之說：印章之目的即在表現文字以傳達意義，要沉默不語，顯然不易。閒章之所以特殊，在其身處篆刻藝術之林，因其「閒」而無所用心的特性，文人乃大膽突破，達到「無所不能」、無語不入印的地步。吳昌碩「園丁」【圖 b1-31】大破大立，雖二字而能見氣度，令人遙想其背後的意圖；來楚生（1904～1975）「處厚」【圖 b1-32】的格言式語句，區區二字，卻有「言而不說」的功效。沉默雖難，但以篆刻藝術來說，少字數的閒章更難，欣賞上述印例，二字簡短卻張力十足，更能開啓觀賞者想像，配合其線條姿態、空間佈局，則能有閒章整體意境的獲得。

圖 b1-31

圖 b1-32

園丁

處厚

　　（2）隱喻——欲言又止：「隱喻」在詩學領域中本就常見，以閒章爲例，吳讓之（1799～1870）「逃禪煮石之間」閒章【圖 b1-33】，「逃禪」指逃避時事，皈依佛法。唐杜甫〈飲中八仙歌〉：「蘇晉長齋繡佛前，醉中往往愛逃禪。」〔註55〕宋劉克莊《贈梅岩王相士詩》之二「和靖詩高千古瘦，逃禪墨妙一生貧。」「煮石」語出晉葛洪《神仙傳‧白石先生》：「（白石先生）常煮白石爲糧，因就白石山居，時人故號曰：『白石先生』。」《神仙傳》中又記「焦先常

_____

〔註55〕〔清〕清聖祖御定：《全唐詩》（第四冊）卷216（台北：文史哲，1987年），頁2259。

食白石，以分與人，熟煮如芋食之。」〔註56〕晉人尚玄學，好求長生不老之術，多有煮白石充饑的傳說。後來詩文中常借用煮石來引作道家修煉的典故，以喻不食人間煙火的道士修練生活。「逃禪煮石之間」閒章用典故鑲嵌，隱喻著嚮往田野之心境，在佛道之間悠然自樂，亦在生活中逍遙自在，不受人間事理約束，不落俗套、不同流合污的志向與人格。

（3）遊戲——正言若反：道家語言觀中，「遊戲」即在對「無法取消」的語言符碼進行有意識的擺脫束縛——由於「沉默」是消極對待語言「物我對立」的方法，隱喻所能達到的「破」與「立」程度有限，因此遊戲的意義更為重要——人在語言不斷遊戲的處境中，才能體察世事無常、宇宙氣化流行；並以充分的智慧對語言進行破解、重構、新的詮釋，活化語言，使語言充滿美感，成就開闊的人生。印語的遊戲亦為常見，如前述吳昌碩「家在西小橋東東小橋西」或袁枚（1716～1797）「錢唐蘇小是鄉親」閒章【圖b1-34】，即是幽默的印語代表。

圖b1-33　　　　　　　　　　圖b1-34

逃禪煮石之間　　　　　　　　錢唐蘇小是鄉親

承上所述，閒章印語充滿道家語言的智慧：首先，閒章作為印章文化中的項目，必須合乎印章短仄的語句、精鍊的表達，此其限制之一；閒章作為篆刻藝術，既不以俚俗言語作為素材，又有詩學傳統矗立其前，文人的創意與突破，具有相當的困難，此其限制之二。因此「閒章」之所以被稱為「閒」，即文人在種種桎梏下不斷反思、鎔鑄、超脫，並以生命情懷浸潤之，使閒章具有豐富立體的美感與歷史意義，不至浮泛；更因結合傳統中國文化，達到精練深沉的藝術高度。

〔註56〕〔晉〕葛洪：《神仙傳》收於《夷門廣牘》，《百部叢書集成》第六函（台北：藝文，1966年）。

第五節 結 語

陸康《中國閒章萃語綜匯》有言：

> 閒章，是印章的一脈，是區別於姓名字形大小章的一類。……宋以
> 後，尤其是明末之世，石章的引入，印泥製作的精良，使舞文弄墨
> 的文士成了拓展閒章的主力，使原屬支脈的『閒章』成為一個內容
> 包羅萬象、多姿多彩、足堪從文學及印藝上作雙重咀嚼的勃興品類。
> 產生於此際的《學山堂印譜》即彙集了文人學士及印人所鐫刻的『閒
> 章』，近乎千數，這些閒章，多未見鈐蓋於書畫，僅是以刀石托興寄
> 情而已。〔註57〕

所謂「托興寄情」的確是閒章的功能，然而經由本章對印語的研究可知，閒
章之所以能成為文人寄託、藝術表現，是有其歷史背景的，而閒章之所以能
有這樣的高度，有賴於詩意的語言所獲致的印語意境。

閒章既成為言志抒情的文學載體，它的言志、抒情、記事、娛樂等功能，
即會使閒章之「閒」的意義隱沒不顯；本章藉由「語境」、「詩意想像」、道家
語言觀等視野觀看，則能梳理出眾多閒章中，更能表現意境、展現文化深度
者。誠如《中國閒章萃語綜匯》所言：

> ……風氣轉盛，多向開拓，這對清代以來閒章的流行及在書畫上的
> 廣為採用，產生了推波助瀾的巨大影響。我們可以斷言，在有清一
> 代書畫家及「票友」的浩瀚隊伍裏，是無一家不備有閒章的，且是
> 不止三、五鈕的。而在書畫作品上，更是普遍鈐有閒章印記。書畫
> 與閒章，紅黑相映，畫印雙美，它為觀賞玩味清以來書畫作品，平
> 添了一道特別的風景。〔註58〕

書畫與閒章相互輝映，而閒章亦汲取書法、繪畫的養分，印章的印文、刀法、
章法等結合，才能成為「閒章意境」開顯的條件，而在本章之中已經凸顯了
印語研究的重要性，下兩章將針對書法與繪畫對於閒章的重要性論述。

〔註57〕陸康：《中國閒章萃語綜匯》（上海：上海書店，2008年），頁1。
〔註58〕陸康：《中國閒章萃語綜匯》（上海：上海書店，2008年），頁1。

第二章　「刀筆」

第一節　前　言

　　印章以文字表達意義，由印語研究切入，則能發掘閒章之美的底蘊。而印語的可讀性建立在合乎規範的文字結構，經由文字的辨識與接受，印章才具有意義，因此印面之線條造型、空間佈排等美感經營，是以文字規則為基礎所發展出的視覺藝術。在此視覺效果中，文字之線條造型、筆法姿態等技藝之追求，是閒章之藝術特色——斧鑿趣味的刀意、殘蝕剝損的金石氣，表現印章以「石刻」為本體的特質，﹝註1﹞若無此視覺效果之美感追求，即使印語意境高妙，仍難以成為一方佳作。

　　本書「閒章美學」之建構須由對技法之基礎認識才能窺其奧堂，而在篆刻技法中，「線條」為文字表現之本體，當代論者對「篆法」、「刀法」之討論即應歸納為「線條」技藝，本章即以閒章「線條」的特殊價值為論述核心。中國藝術博大精深，其中書法、繪畫經歷朝各代文人墨客的傾注智慧、窮畢生努力以參其奧堂，乃有今日的多姿多采、深刻雋永。而印章一藝雖遲至明代才逐漸萌

〔註1〕　本書聚焦篆刻藝術中「閒章」一項的深意探討及其(在篆刻藝術範疇中的)「閒」概念之探索，因此關於篆刻藝術的媒材特性（例如雕刻石材之刀法）、技術操作（文字結構、線條體勢、空間佈局）等面向均不做細部申論，如有需要，當以註文說明。需注意的是：「篆刻」是視覺的藝術，若以藝術品的處境研究「閒章」藝術，則「印面」之所以散發光暈、氣韻並能接受審美評判的，即在金石趣味之展現、刀工之冶煉、方寸之間的佈局巧思……而構成的美感氣氛，諸多面向，本書撰寫時皆已列入考量。

芽，但經文人的開發創造，僅晚明至清末區區數百年，已形成一龐大的流派行伍，印學理論亦取中國文學批評、詩論、書論、畫論之精髓，發展出頗具規模的理論體系。清代著名山水畫家石濤（1641～1718）有詩句云：「書畫圖章本一體，精雄老醜貴傳神。」〔註2〕充分體現書、畫、印同根同源的旨趣。因此，若欲論述篆刻中「線條」表現，則不能忽略中國書法傳統。〔註3〕

翻檢古典印論可知古人已注意到書法與篆刻之關係，元人吾丘衍（1268～1311）《三十五舉》中論及印章篆字法度與運用，明代印人何震（約1530～1604）《續三十五舉》對篆字分門別類闡述精闢，皆是古人關注印學中的文字、書寫向度而來。當代大陸學者陳振濂在其著作《篆刻形式美學的開展》中〈操作立場的檢討：篆與刻孰是？——與「書法」相混淆〉一文提出「篆刻家不見得能作書法家」、「學術認知上書法凌駕篆刻（學刻印先學篆）」、「政治體制上書法凌駕於篆刻（協會、獎賽）」等觀念，除映證篆刻與書法甚多相契之處外，卻也點出從近代以來，篆刻與書法孰高孰低、孰主孰從的辯證命題。〔註4〕而觀察篆刻「篆法」、「刀法」、「章法」三大項中，〔註5〕與書法密切相關者，惟「篆法」、「刀法」二項，因此本章欲探求閒章「線條美」，則當以此二者為焦點，茲展開問題意識如下列三點：

（一）篆法與刀法的統合

當代篆刻研究中，僅討論文字表現、造形藝術或「線條美」技法就有數種不同稱法——葉一葦《篆刻學》、《中國篆刻的藝術與技巧》列「字法」、「篆法」、「刀法」、「章法」四大技法，其中「字法」討論印文字體的選用、「篆法」討論篆書的結構、「刀法」討論印文之線條，是細緻的分法。〔註6〕王廷洽《中

〔註2〕 石濤：〈論印詩〉，引自黃惇：《中國古代印論史》（上海：上海書畫出版社，1994年），頁213。

〔註3〕 如大陸學者陳振濂認為篆刻藝術不能脫離古文字的書寫，篆書發展乃實用文字，其最初之用途是用於雕刻，因此其結體皆與雕刻之便利有關。然而篆字經由後代文人加以用筆書寫，則形成另一種文字風格。陳振濂：《篆刻形式美學的開展——大學篆刻藝術形式與技巧的專業訓練系統》（杭州：西泠印社，2005年），頁11。

〔註4〕 陳振濂：《篆刻形式美學的開展——大學篆刻藝術形式與技巧的專業訓練系統》（杭州：西泠印社，2005年），頁12。

〔註5〕 「篆法」、「刀法」有指稱上的問題，論述詳見後文，此處以方便閱讀故仍以「篆法」、「刀法」稱之。

〔註6〕 葉一葦：《中國篆刻的藝術與技巧》（北京：中國青年出版，2004年）。葉一葦：《篆刻學》（杭州：西泠印社，2003年）。

國古代印章史》稱此一對文字的經營爲「書法」，〔註7〕韓天衡、陳道義合著
之《點擊中國篆刻》則分「字法」、「刀法」討論篆刻文字的經營。〔註8〕陳振
濂《篆刻形式美學的開展——大學篆刻藝術形式與技巧的專業訓練系統》則
以「篆法」、「刀法」爲篆刻藝術的基本技術，〔註9〕《篆刻技法百講叢書》系
列則以《篆刻篆法百講》、《篆刻刀法百講》劃分此類對印文文字結構及線條
的討論。〔註10〕李剛田編《中國篆刻技法全書》中以「篆刻創作技法」下分
「篆書基礎」、「刀法與線條」二類；〔註11〕《篆刻技法入門》則分「印文」、
「刻法」二類。〔註12〕

　　從上述耙梳可知，「字法」、「篆法」、「刀法」、「書法」、「刻法」等指稱，
雖對篆刻研究的精密區分有所助益，卻無法生動地將「刻印」此一行動以總
括性、具體明確之指稱。本章冀能由梳理「篆法」「刀法」之古今意義，提煉
出既能涵蓋文字「結構」與「線條」經營，並能體察刻印時「書寫」與「鐫
刻」相互逾越、「刀」與「筆」斷裂性質之指稱，裨使閒章「線條美」彰顯其
特殊價值。以此總括性指稱，則能通向對閒章印面整體美的討論。

（二）刀筆逾越的特性

　　承前所述，閒章擺盪於篆與刻、筆與刀的辯證性質使然，若過度仰賴書
法、筆意而喪失「刀感」，遺忘「刻」的本質，將與閒章之美漸行漸遠；同樣
地，若完全將「書法」再現於「石」之材質，則成爲碑刻、書刻，〔註13〕而
非閒章藝術。因此，如何不讓「篆」凌駕於「刻」，是當代篆刻研究的課題，
思考如何以刀御筆（以「刻」之行動爲主），而非以筆御刀（以「寫」的行動
爲主），則是本章的關注焦點。

　　在此「刀」、「筆」相互辯證中，書法美學的引入，文人扮演重要角色，

〔註7〕 王廷洽：《中國古代印章史》（上海：上海人民出版，2006 年），頁 68。

〔註8〕 韓天衡、陳道義合著：《點擊中國篆刻》（上海：上海人民美術出版社，2006
　　　年）。

〔註9〕 陳振濂：《篆刻形式美學的開展——大學篆刻藝術形式與技巧的專業訓練系
　　　統》（杭州：西泠印社，2005 年）。

〔註10〕《篆刻技法百講叢書》系列以《篆刻篆法百講》、《篆刻刀法百講》二者爲專
　　　著出版，可見其分類導向。李剛田：《篆刻篆法百講》（鄭州：河南美術出版
　　　社，2006 年）、張華飆：《篆刻刀法百講》（鄭州：河南美術出版社，2006 年）。

〔註11〕李剛田主編：《中國篆刻技法全書》（鄭州：河南美術出版社，2008 年）。

〔註12〕符驥良等編：《篆刻技法入門》（上海：上海書畫出版，2007 年）。

〔註13〕侍少華：《中國書刻藝術》（杭州：榮寶齋出版社，2008 年）。

此一歷史與文化的轉折有待梳理——篆刻家如何藉由刀與筆的不間斷逾越，對文字結構、線條姿態進行活化與創造？如何在字體的搭配與佈排的巧思中，凸顯印章的獨特美感？進一步說，「刀筆」所營造之線條如何將作者之眞摯情感、當下情緒烙印在那一斧一鑿、一劈一削之中？〔註 14〕上述提問，即閒章之所以能以畫面產生意境、能與觀賞者產生共鳴的契機——由「線條」展演創作者的生命情調，展現藝術作品的高度。

（三）閒章整體美的微形式

本書之終極關懷在通過閒章「印語」、「刀筆」、「佈白」三項技藝形成之整體美，建構閒章美學體系，而本章討論之「刀筆」議題，即印章印文之單體結構的線條美學，屬於「局部美」，亦是閒章獲致整體美的基礎條件，而「佈白」即空間佈局，則屬於「整體美」。

印面乃由多個篆字組成，而單個篆字本身即具有抽象文字的「意象性」，此意象性與中國象形文字之「獨體爲文，合體爲字」特性有關——若閒章「佈白」之整體感、全局觀即山水繪畫的畫面，則印文之單體構造即是畫面中山勢、草木、流水、沙石甚至人物……，不但是構成畫面的主要因素，其元素本身亦具有獨立的構造、美感（例如山水繪畫中山勢、草木、流水皆可單獨目之）。因此可視「刀筆」之線條美爲閒章整體美的「微形式」，〔註 15〕即由

〔註14〕書法理論當中，「人書合一」是對書寫技藝的傳統認知——線條的種種姿態，如實地反映書寫者性格以及情緒的面貌，因而藉由工夫修養以提升書藝境界，就等同於人格境界的提升，所謂「人書俱老」觀念即出於此。

〔註15〕大陸學者邱振中相信作品「形式」與「精神性追求」之間存在必然的聯繫，即任何精神性的表現都會在作品的形式中留下蛛絲馬跡。邱氏創造了「微形式」此新概念。微形式「處在與原有形式類別不同的層面上」，「處於目前形式分析尚未離析出來的一個層面上，它包含的所有細節的統一、它與可視形式的統一，是獲得『神』的必要條件」。「微形式」此一連接作品形式與瞬間精神表現的關鍵性因素的提出，將向人們敞開另一扇更爲闊大的思想之門，把人們對於藝術的賞評、鑑別工作推進到一個引人遐想的天地。西方藝術史研究素來把形式上的創新當作衡量一位藝術家成就大小的重要標尺；傳統中國藝術則是重道輕技，往往過分地看重作品的神韻、氣息等等不易捕捉的東西，但邱振中謂：「僅有『格調』沒法打造一部根基牢固的藝術史」，微形式的提出使談論中國藝術、進行評價時必須遵守這樣的規則：「考察其在宏觀形式史上的位置的同時，必須考慮其在微形式及有關含蘊發展的歷史中所佔有的地位」，這樣，從最基本的執筆方法到最爲幽玄的神韻、氣息等方面，邱振中把分析的觸角盡力地延伸到它可能觸及到幾乎所有的藝術問題。由此，包括書法在內的幾乎所有的視覺藝術的研究工作將被挪到一個更具開拓性的歷

個體美的討論，通向本書《下編》三章的整體美、氣韻美（雄渾或平淡）乃至意境美的討論。

　　藉由上述命題，則本章對閒章線條美之討論，可作為通向〈下編：第三章〉閒章「佈白」論述之橋樑，經由微形式的導出，可領會印面依文字、線條如何構成整體美，引發視覺效果之過程，並由「個別」至「整體」、微觀至宏觀的考察中，體現閒章作為文人文化的豐富面向之一。

第二節　篆法／刀法與線條美

　　承上所述，若欲討論閒章「線條美」，〔註16〕則不能不觸及中國書法。基於當代印學研究者已體察「篆刻」與「書法」之共通性〔註17〕與斷裂性，〔註18〕則本節之討論，將建立在二者彼此互惠的歷史脈絡上——明代初期的文人篆刻雖無嚴格的筆法要求，但對篆字結構已有相當的認識，明代印人何震（約1530～1604）雖注意到六書、古文字的結構，但缺乏刻印時對線條美感之追求，如其「沽酒聽漁歌」印【圖b2-1】；至於清代浙派對「書寫」殊無嚮往而專擅漢印古樸印風【圖 b2-2】，然而業已注意篆刻筆意的特性。〔註19〕因此篆刻因文人

　　　　史平台之上。邱振中：《書法的形態與闡釋》（北京：中國人民大學出版社，2005年）。

〔註16〕本章「線條美」意義與中國書法美學有相當的關連性。然而為區別篆刻中線條技藝與純粹書法藝術中的書寫線條，及凸顯篆刻藝術中無論是篆法、刀法、字法皆可總以「線條」美稱呼之特性，故以「線條美」名詞指稱。

〔註17〕從印章發展史的角度考察，印章之濫觴早於書法，中國文字從甲骨文、金文發祥，其後乃有帛書、隸書等。文字最初在銅器、獸骨上以「鐫刻」的形式亮相，因而篆刻文字的結構與筆法，實與書法甚有淵源。

〔註18〕書法美學之技法、審美研究甚至「主體」研究，皆針對「線條」及書法家「書寫」行動而來。因此書法研究之視域，在字體（真、草、篆、隸）流變史及如何使書寫成為一種（視覺）美；相對而言，篆刻研究的承載字體較書法為窄，只從篆書、甲金文字（至寬可觸及隸書，但僅為少數例）入手。而在美感與藝術本質的討論中，篆刻與書法顯現相當程度的歧出：書法「線條美」與篆刻「金石美」相悖反；而書法家創作之工具：「筆」之柔軟亦迥異於篆刻家的工具：「刀」之堅硬，筆墨的一次完成性與刀工的修飾性質更加不同；筆墨所能獲致濃淡暈染等多元書寫風格，與刀工的光潔或殘破的斧鑿氣息形成強烈區別。因此，雖對書法美學之涉獵乃篆刻研究所不可或缺者，但須謹慎與洞察，不受書法審美特質誤導，更不能因此忽略篆刻自身的獨特價值。

〔註19〕然而不能忽略的，浙派印風在漢印篆朱文中帶有隸書的波折的效果，即已注

書法素養使然，在延續印章以「篆字」入印之傳統外，加入了「筆法」的美感基礎，至鄧石如（1743～1805）「印從書出」〔註20〕觀點蔚爲風尚，篆刻家更以筆意爲宗，開創出篆刻生動活潑的文字型態。

　　承上所言，從早期討論「篆法」到晚期引進「書法」的理論與實踐，閒章線條美與書法傳統關係密切。因此接引書法美學以增加閒章研究有其必要性，其背後隱含文人對文字造形、書寫行動的思維，顯示中國藝術同根同源的特性。茲由篆刻技法中篆法、刀法二者與線條表現之關係展演其內涵，並導向一總括性的名詞，以指稱此融合「篆法」、「刀法」的線條技藝。

圖 b2-1　　　　　　　　　　圖 b2-2

沽酒聽漁歌　　　　　　　茶熟香溫且自看（黃易）

一、「篆法」之於結構美

　　當代印學著述中，各家論者對篆刻「文字類型或結構的技法相關知識」有「字法」、「篆法」、「書法」等不同指稱，對此概括性的指稱，李剛田《篆刻篆法百講》可引爲示範：

> 這裡的篆法內容是比較寬泛的，泛指以篆書爲主要書體入印的各種文字，既包含入印文字的正誤，也包括入印文字的藝術性變化。……篆法的結構表現著空間之美，篆法中的筆法又展示著刀筆遞進之間的時序之美。〔註21〕

　　意到印刻線條美的向度。「漢印篆」使用最多用於白文，白文在刻製的方法上，不易獲致波折的效果。缺乏「文字造形美」雖並不影響篆刻身爲獨立藝術項目之價值，但相對卻與篆刻藝術之美漸行漸遠。因此欲研究篆刻美學，書法美學之向度不容忽視。

〔註20〕黃惇謂鄧石如「印從書出」觀乃乾嘉年間碑派書法思潮刺激下產生的印章美學觀。黃惇：《中國古代印論史》（上海：上海書畫出版，1994 年），頁 251。
〔註21〕李剛田：《篆刻篆法百講》（鄭州：河南美術出版社，2006 年）。

引文中謂「入印文字之正誤」與「結構空間之美」即是分屬葉一葦所列「字法」與「篆法」二項（引文中「筆法的時序之美」則屬刀法一項），[註22] 以下將以「篆法」爲統籌本書對閒章「入印文字的規則與結構」之指稱。「篆法」之鐵律在於字體與字體間切忌混淆，一方印的小篆與大篆不可同用、漢印篆與小篆不可並行（雖可「借用」，但須小心處理。若四字印中二爲漢印篆、二爲小篆，即是不可；若四字印中某字的某部首借用他例，則可接受），[註23] 因此字體之選擇將決定一方印的基本調性。以印藝傳統爲例，小篆最常被使用，且多適用朱文印，漢印篆次之，以白文印居多（浙派以漢印篆刻朱文例外），大篆再次、甲金文之例則更少。

若將上述用字情形對應至書法美學觀察，書法家如何決定書寫之字體（例如楷書或行書等），排除表現形式的因素（即文案的可讀性、精確性高，以楷書爲尚。藝術表現則行草爲佳，題碑匾額則以篆隸的氣勢取勝等），乃取決於書法家之「意」如何，與篆刻字體運用的來源相仿——篆字字體以小篆、大篆、漢印篆爲宗，兼添鳥蟲書、九疊篆、先秦六國文字等，篆刻家刻製閒章時以何種文字爲素材，皆在其意向如何。

中國文字之奧秘，在於同一體系中之文字（本書以篆體字爲例），可有多種不同寫法及不同的部首與偏旁搭配方式。文字系統中的字型取捨與搭配，有形符與聲符的搭配、表意與象形的抽換，如何取捨，是篆刻藝術在個別「字體」體系中求變求新的方式。茲以兩點舉例此一技術操作的突破行爲：

（1）簡省與增繁：吳昌碩（1844～1927）「一月安東令」【圖 b2-3】中「一」字用「壹」代替；徐三庚（1826～1890）「下官賣字自給」【圖 b2-4】閒章中「字」、「自」都有筆劃增繁的效果，使畫面不至於呆板。

（2）混搭與誤用：吳昌碩「從心所欲」閒章【圖 b2-5】中，「從」字之「从」偏旁筆畫皆用原本邊框限的空間，與另外四邊之邊框融爲一體；「所」

〔註22〕葉一葦：《中國篆刻的藝術與技巧》（北京：中國青年出版，2004 年）。

〔註23〕篆刻最常使用的字體是小篆，小篆的發展自有其筆意融入：從六國的某些文字系統，到秦李斯的小篆，即已具有筆法（相較之下有圓筆、轉筆、線條柔軟等特質）。然而篆刻藝術發展以來，以大篆入印被視爲是較具有困難度的，並且不容易獲致美感，於是較少出現在明清篆刻作品中。漢印篆與小篆並駕，同爲最常被使用的字體，浙派即以此爲大宗。元代押印以行書、楷書入印，從書法學的角度來看，唐代以來，對於篆書（大部分是小篆）的書寫已經開始注重筆法的經營，因此到了元代趙孟頫才會有製作元朱文的契機與基礎認知。

字「戶」偏旁與邊框相倚、水乳交融，相映成趣，此即文字與邊框的混搭趣味。又吳昌碩另一印「園丁」【圖 b2-6】中「丁」字使用丁之古字「⿱」，卻不將狀似傘形的橫畫刻出，亦非普遍丁字「丁」之形，反而留下大片殘損的頭部，遠看如蘑菇狀，「丁」即「誤用」之趣。〔註24〕

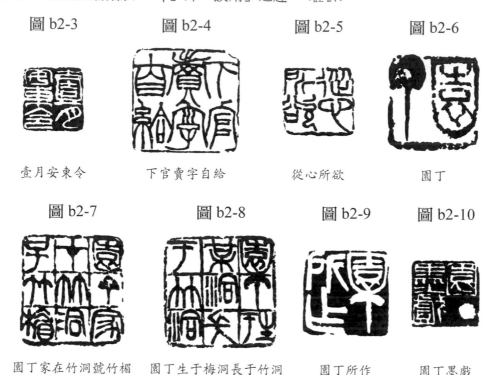

圖 b2-3	圖 b2-4	圖 b2-5	圖 b2-6
壹月安東令	下官賣字自給	從心所欲	園丁

圖 b2-7	圖 b2-8	圖 b2-9	圖 b2-10
園丁家在竹洞號竹楣	園丁生于梅洞長于竹洞	園丁所作	園丁墨戲

　　從文字美的角度觀察，每種篆字都有突破變化的可能，並未具有選擇的導向性質。而從篆刻藝術史的角度來看，文人由謹守秦、漢印篆法到接引元朱文，至「印從書出」、「印外求印」〔註25〕等理論的發揮，乃不斷將篆法形

〔註24〕「園丁」為吳昌碩為韓國人閔泳翔（字園丁）所治之印，雖本屬「字號印」範疇，但後人若以閒章目之，則有自然田園之趣，亦無不可。吳昌碩對「丁」字之變化煞費巧思，如「園丁家在竹洞號竹楣」【圖 b2-7】同用殘損之傘型「丁」字，「園丁生於梅洞長於竹洞」【圖 b2-8】、「園丁所作」【圖 b2-9】兩印「丁」字神似鉚釘之狀，「園丁墨戲」【圖 b2-10】則鑿以一圓點，正可說明篆字選用的多變之趣。

〔註25〕黃惇謂趙之謙「印外求印」論既有乾嘉年間碑派書法思潮之刺激，亦因清代出土文物日增所產生之觀念。黃惇：《中國古代印論史》（上海：上海書畫出版，1994年），頁251。

式打開、打破，不僅類似於書法史上「篆、隸、草、楷」循序漸進的突破，〔註26〕也顯出線條美學與篆法的相關性。

文字「結構」在閒章創作中相當重要，字體本身結構的完成度，將影響印面整體的美感呈現，因此本書〈下編：第一章〉討論閒章氣氛美（整體美）之可能，即依此微形式的單體結構——文字自身間的結構性，由線條組成，並具有造字原則的規範，其選字、結體得當，即能形成美感，文字結構美之產生，則印面整體才有可能臻至完善。因此，閒章結構美之追求是在造字規則上進行「突破」的行為，以「簡省與增繁」、「混搭與誤用」等概念，造成視覺效果之反差，產生美感，否則將停留在千篇一律的工匠製印，而非藝術。事實上，美之所以產生，即在固定形式中取得出人意表的創發，一旦形式化、僵化，則將喪失藝術之價值。總結篆法的意義，即是一種「同中求異」的行動，「同」即所謂「表意文字」的慣性規定，「異」即每個文字個體的不同差異性、個性化、創新化。

二、「刀法」之於造形美

「刀法」之於篆刻，有如「筆法」之於書法。古代論印者已意識到「刀工」的面向，如元吾丘衍（1272～1311）《三十五舉》有刀法論；明周應愿（生卒年不詳，約活動於隆慶及萬曆年間）《印說》則有「寫意」說。明甘暘（生卒年不詳）《印章集說》分述篆法、筆法、章法、刀法等；徐上達（生卒年不詳）《印法參同》論刀法有「中鋒偏鋒」、「順刻逆刻」、「工與寫」等角度。朱簡（生卒年不詳）《印經》云：

> 吾所謂刀法者，如字之有起有伏，有轉折、有輕重，各完筆意，不得孟浪，非雕鏤刻畫，以鈍為古，以碎為奇之刀也。
>
> 刀法者，所以傳筆法也。刀法渾融，無跡可尋，神品也；有筆無刀，妙品也；有刀無筆，能品也；刀筆之外而有別趣，逸品也。〔註27〕

在明代，刀法論尚停留在篆刻家對如何將「字體」（即前述篆法所言，表現文字及結構的面向）充分發揮之時期，刀法之千變萬化真正令人驚豔處，在清代以後。首先，浙派將漢篆的寫法引入，使用「切刀」法表現其波折的金石

〔註26〕 關於書法史中「書體」演變史此不贅述，詳見陳振濂：《線條的世界：中國書法文化史》（杭州：浙江大學出版社，2002年）。
〔註27〕 韓天衡：《歷代印學論文選》（杭州：西泠印社出版，1985年）。

趣；繼而鄧石如（1743～1805）以「印從書出」將碑派筆法帶入篆刻，呈現「以筆法爲尊」的篆刻線條表現。由上述印學發展史中刀法技藝的演變，可梳理出兩種轉向的脈絡：

篆刻最初並非強調拙趣，文人治印初期，僅要求將印刻好、刻出合乎規範之作品。因此「巧」是相對於「樸」而來，明代前期的印章是模仿秦漢印風而來，則到明代汪關（生卒年不詳）「子孫非我有委蛻而已矣」【圖 b2-11】、清代林皋（1657～1726）「晴窗一日幾回看」【圖 b2-12】，即是利用元朱文〔註28〕特性所做的嘗試。晚明文彭（1498～1573）某些印作已具有類似的表現（如其「七十二峰深處」【圖 b2-13】的線條爽俐），但此一時期之印人較未注意印刻與書法相關聯的面貌，幾乎只從印章傳統（秦漢印、元朱文）取法、創作。

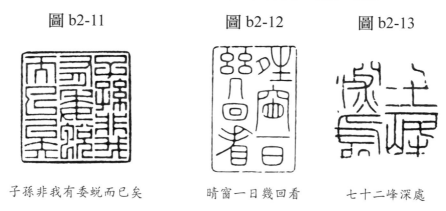

| 圖 b2-11 | 圖 b2-12 | 圖 b2-13 |
| 子孫非我有委蛻而已矣 | 晴窗一日幾回看 | 七十二峰深處 |

從篆刻發展的角度觀察，刀法「以刀刻石」性質最初是純粹素樸的，或說是模仿的，古人尚未跳脫中國「印刻傳統」（如碑刻、書刻、木刻等），印材的軟石質特性並未彰顯。對此一擬古印風進行突破者，屬線條爽俐的汪關一路，可稱之爲「巧」的刀法。於是由樸至巧，可以發現文人意識到刀法的作用。

然而須將篆刻刀法與石刻的刀法做一區分：從明代「文人篆印」伊始，得利於印材的軟石質性，文人「直接」地以刀刻石，此與工匠刻石不同，工匠不諳篆法、刀法，只能將文字書寫上石，再依其輪廓，完整地重現筆法的

〔註28〕 圓朱文又名「元朱文」，原意是元代的朱文印，指元代趙孟頫首倡以玉箸篆（李斯小篆）入印刻細朱文的一種印文字樣式，而「元」後來變爲「圓」，則是由於小篆圓轉、流利風格細朱文的秦漢印等，故而用特定的字體名稱專指此類印章。元朱文至元代吾丘衍、趙孟頫正式確立元朱文印的流派雛形，元朱文印佈置勻整、「直細宜工」、「雅靜秀潤」，清陳鍊《印說》云：「圓朱文，元趙松雪喜作此體，其文圓轉嫵媚，故曰『圓朱』。要風神流動，如春節舞風，轉雲出岫。」詳見了一：《圓朱文印精萃》（上海：上海書店出版社，2005 年）。

表達。印章是反面印出來的，文人刻印雖亦是將「反字」書寫、打稿上石，以便刻製；然而文人不要求要刻出與印稿文字完全相同的字（也由於未具有工匠般精熟的技術而無法達到），與工匠刻碑、刻書的精確度不同，篆刻發展初期的文人刻印乃「意在刀尖」之趣。

「意在刀尖」表示印章的線條未經過詳細的修繕，呈現一定程度的稚嫩，或是與原意不合的歧出之趣。此為藝術中難能可貴的創發，所謂「巧」正是文人由未諳刀工的「樸實」返回工匠式的精良技術，如汪關與林皋的印藝，因印刻的修飾性極高，只要稍加磨練，文人也能以足夠的書寫功力，演變成精良的刀下技藝。後代印風中，精巧嫻熟一路即以汪、林二家為圭臬，除民國陳巨來（1905～1984）〔註29〕以牙章【圖 b2-14】頗擅勝場外，再難超越其成就了。清代以來，朱文已經不是當初的「巧」能夠囊括的了——朱文開始講求筆意線條，除去浙派印風的純粹刀法傾向，沈鳳（1685～1755）「當中穌天，偕樂易友，吟自在詩，飲歡喜酒」【圖 b2-15】中小篆筆法雖然不夠成熟，但可見沈氏已逐漸跳脫印章篆刻文字的呆版，將書法筆法運用在刻製印章之上——此乃在刀工的「巧」之後，體察書法美與篆刻美的共通性所成就的「工」。

圖 b2-14 　　　　　　　　　　圖 b2-15

讀書養性積德延年

當中穌天，偕樂易友
吟自在詩，飲歡喜酒

〔註29〕陳斝（1905～1984），字巨來，後以字行，號塙齋，別署安持、安持老人；齋名安持精舍，浙江平湖人。十九歲起拜一代宗師趙叔孺先生為師。專攻元朱文，乃師趙叔孺（1874～1945）讚其「刻印醇厚，元朱文為近代第一」。當代書畫大家張大千、溥心畬、吳湖帆、葉恭綽、馮超然、張伯駒、謝稚柳等用印，多出自巨來之手。著有《古印舉式》、《安持精舍印存》、《安持精舍印存》。

　　相對於篆刻發展之初的「樸」與「巧」的未開發與其技術的生澀,「工」與「拙」的相對就是有意識的作為:以「拙」為例,「拙趣」是文人在篆刻上找到的發揮點,因為印章一旦過於工整、平板,就喪失趣味,清代初期的文人尚未意識到文字結構的解離或章法空間之瓦解(詳見本書〈上編:第三章〉),於是便從刀法的拙趣上著手經營。刀法之拙趣在於,書法所謂「拙」就是多「藏鋒」,而篆刻所謂「拙」即是對線條「修飾性」的降低,任其自然,或刻意作舊,則能獲得拙趣。由此可知,刀法的意識,事實上與篆刻藝術有緊密的關係,無需考索篆刻家使用何種「運刀」法而針對篆刻作品顯現之藝術效果,即可得知。

　　篆刻家依運刀方式的不同(衝刀、切刀),及其奏刀之層次有別(多次修繕、一次性刀法),所獲致的篆刻作品將是千差萬別的,無法詳究其種類。然而在無限差異的狀態下,篆刻家確有幾種共同的趨向,其一為筆意的追求——篆刻技術的最精微處,在以刀工模仿筆意。清代篆刻家意識到,若對印章的技術向上層追問,雕工的精細難以超越汪關、林皋所矗立之顛峰,難以更上層樓,觀察民國陳巨來的印例可知,陳氏刀工已臻超乎想像的精微境界,然而其印藝在印評家的眼中,並未超過黃牧甫、吳昌碩、齊白石等人,因此雖可謂大家,但在印藝的開創性及印章的「氣度」上仍略不足。書法筆法的變化多端、妙有涵藏,是文人追求印章昇華之途徑,是無可窮盡的技術探索。因此「異中求同」的概念即在說明,雖各家刀法略有不同,但對筆意的追求是共通的。

　　「異中求同」概念之提出,在此千差萬別的奏刀法門中,篆刻家無非對線條造型的追求——無論衝刀或切刀、仿漢切玉印或仿封泥印風、鳥蟲篆筆法或肖形印,篆刻本是線條藝術,線條的展現是為服膺文字,並展現篆刻家的生命風景。從書法美學上說,「異中求同」的美學在書法家筆下的人、事、時、地、精、氣、神……等,各種條件無限差異(difference)〔註30〕的情況下,無論何種狀態,皆在對「書寫」行動之線條與造形進行「美」之追尋。

　　總結上述,從「樸與巧」、「工與拙」的辯證中可知,刀法的解離固然與書法「印從書出」與「印外求印」的引入有關,然而就篆刻藝術本身的發展來說,筆法線條的刻意追求,終將走到盡頭,須以嶄新的態度及手段面對。

〔註30〕此處差異做動詞。參考汪民安編:《文化研究關鍵詞》(南京:江蘇人民出版社,2007年),頁 17~21。

三、統合篆法與刀法的「刀筆」技藝

　　承本章前言所述，當代論者對篆刻篆法、刀法的指稱命名、定義範圍並非明確，且多各持己見，因此本章採取總括性的策略，將篆刻對「線條美」經營的技術，統以「刀筆」稱之。一如本節所示，「篆法」相當於文字單體的結構美，「刀法」意味文字單體的造形美，此二者皆與「線條」的組成與型態相關。並在論述中發現，篆刻線條技藝，與中國書法對「書寫」行動之追求，有相應之處，因此將書法美學引入，加深討論的可塑性——在本質上，刀與筆既有重疊性，亦有差異性。如線條、筆畫、文字等視覺表現成果類似，但在操作工具材料、運用方式、創作媒材及審美特性上則明顯不同，主要聚焦在「刀」與「筆」的差異上。篆刻發展較晚，但早期書法卻有許多「刀刻」的成分，成為篆刻與書法相互溝通的最佳媒介，文人篆刻初期，印壇最先關注的是印文，但因篆書書寫的長期僵化而侷限於文字學問，當普遍以軟石治印之後，才逐漸重視「刀」的作用，開出篆刻獨特的路徑。

　　爾後因金石考據的影響，書法開始轉向碑學發展，首先是對漢隸的熱衷，清中期以後篆書跟著登場，並開始有碑帖融合的趨勢。反觀篆刻發展，前期以篆印為主，隨後步入對刀石特性的摸索和掌握，開始出現不同的風格流派，但清代兩大篆刻流派之興起卻有賴篆、隸書法的成熟。浙派的刀法特色即自隸書轉化而來，而皖派則是因為鄧石如（1743～1805）對小篆書寫改造的成功才有的成果。後來趙之謙（1829～1884）兼融二派並「印外求印」，不但開出篆刻的一片新天地，也促成碑帖學派之融合。

　　刀、筆辯證在古典印論中，因篆刻發展較晚，而印論多有借重書論的現象——元、明有復漢、魏之古的主張，並強調寫篆的重要。明周應愿《印說》已論及刀法和分品，而朱簡有強調「筆意」之論，具「文隨代遷」的發展理念。清前期，周亮工（1612～1672）重視「己意」，秦爨公（生卒年不詳）強調「氣」，許容（生卒年不詳）細分十三刀法，張在辛（1651～1738）注重鈐印效果等，仍略有發展。清中期印論多延續前人之說，並傾向考據式敘述，在理論上有遲滯現象。清晚期，鄧石如「印從書出」說，使書印關係浮出檯面，趙之謙「印外求印」，突破「印中求印」的侷限，他又有概括浙、皖二派的「巧拙之辯」，涉及藝術形式與內容的本質問題。〔註31〕整體而言，印論不如書論之龐大和集中，顯得較為零碎，然而隨著經驗的累積，仍可見其逐步

〔註31〕黃惇：《中國古代印論史》（上海：上海書畫出版，1994年）。

發展的歷程。

　　而作品方面，在浙、皖二派之前，大抵是各家多方摸索，軟石治印普遍以後，「使刀如筆」才逐步落實，清代金農（1687～1764）繼程邃、鄭簠、石濤之後，以筆法追刀法，其隸書尤爲突出。西泠八家亦多精隸書，其中實有浙派「引隸入印」之因素。皖派鄧石如「以篆入印」，有先於篆刻上試驗，隨後書法才逐漸成熟的現象，其晚年重墨意表現亦是如此。吳讓之發揚鄧氏印風，他擅用刀鋒，印文和邊款書體與其書法幾乎如出一轍。後以趙之謙「印外求印」能開新境，他以魏體書爲其書法之核心，溝通了碑、帖二學，並反應於邊款上。吳昌碩、黃牧甫皆循趙氏之路，分別以石鼓文和金文爲核心，追求雄渾之氣勢和雅潔的形式風格。綜觀鄧石如、趙之謙、吳昌碩、黃牧甫等大家，多於早年即習篆刻，且篆刻皆早熟於書法，可知篆刻對書法的突破具有一定的奠基和推進作用。

　　總結上述「刀」、「筆」關係史，可知二者相互含滲之密切程度，而正因本章將篆法、刀法統合而爲「刀筆」概念，才能有此清晰的脈絡耙梳。經由本節論述，更能體現「刀」與「筆」二者間存在著相互「逾越」的微妙關係。下節即以「刀」與「筆」相互逾越之過程，探究閒章線條美之創造及其意涵。

第三節　刀與筆相逾越

　　承前所述，古今線條表現之內容，即能在印章文字的「筆」與「刀」相互逾越（transgression）〔註32〕的過程中一覽無遺。刀與筆是閒章技藝的基礎性格，本節觀察閒章創作中二者相互逾越過程，並從中導出符合本書「閒章」創作的線條範式，能夠涵蓋自明清以來，面貌多變的篆刻線條表現。

一、刀筆逾越的二種面向

（一）鐫刻／書寫：操作之逾越

　　印論文獻中談刀法，常見者有衝刀、切刀和衝切並用三者，執刀如執

〔註32〕逾越（transgression）或中譯「越界」，是傅科（Michel Foucault）進行叛逆性創造活動的指導思想。從不停頓的創作和無所畏懼的逾越實踐，貫穿於他一生的創作、研究、講課、討論、談話、訪問與社會活動。他曾經說：「如果人們不逾越，怎能了解法律的不可見性？」他甚至由始至終的認爲，逾越（可解爲對界限的突破）是生活本身的基本需要；不逾越，生命將失去意義。

筆，左手握石右手拿刀。古人又所謂「單刀法」即一刀一筆而就，像寫一般毛筆字。「雙刀法」一個線條兩邊刻，像寫空心字。一般而言刻印不像寫書法一揮而就，必須再修正檢視一番，甚至用印泥鈐蓋出來，符合所要效果才停止用刀，當然也有一等高手，能揮刀如揮筆，行雲流水，瀟灑連貫。刀法或為個人習慣，或視場合使用，對印面視覺效果並無影響，然而由上述所列刀法項目之多樣性觀察，可知古人用刀有模仿書法用筆之傾向。就其理路，執刀與執筆，在本質上即有不同——執刀需花費較多氣力，在握法上應講求拿捏穩當；而書法執筆講求靈活翻滾（行書、草書）而不可拿捏過緊，此二者本質之差別。

　　觀察上述鐫刻過程的「執筆」傾向可知，占人意識到在篆刻線條之經營上，須以書法線條活化篆刻文字，以展現美感，因此逐漸將書法層出不窮的筆鋒、筆勢引入篆刻雕刻行動，此即「書寫」向「鐫刻」的逾越。基本功練到一定程度即可進行創作，無論繼承秦漢印或以明清大家為宗，刀法皆只是基礎功夫，能靈活運用，才是正確的刀筆法度。其次，鐫刻具有修飾性質，較易仿造、作偽，在文人篆刻發展之初，印章的仿作可以達到極精微的地步，然而文人發現，如此「仿古」恐怕「泥古」，因此即使是仿前人印作，也有加入個人風格，此即書法書寫中的「臨摹」向度。當篆刻家意識到此一「個人風格」的形成，即與「書寫」向「鐫刻」之逾越有關——書寫筆意的千差萬別，是印章風格形成的主要依據，閒章之所以能有千變萬化的面貌，亦可歸因於文人將「刻印」一藝視作展現個人風格、情懷的藝術載體，而能擺脫「千印一面，萬章雷同」的窘境，以「書寫」行動充滿個人意味的線條，取代「鐫刻」能被模仿、缺乏變化的質性，彰顯個人風格。

（二）刀意／筆意：表現之逾越

　　篆刻之目的在以文字表現意義。從印章發展史的脈絡溯源，中國文字最初是「刻」在龜甲、獸骨之上，繼而銘刻於銅器、玉器、石碑，最後才出現簡帛文獻上「書寫」而成之文字，即是具有筆意的中國文字肇始。因此印章藝術可說是一連串「再現」與「表現」的過程——從本章第二節所論「篆法的同中求異」與「刀法的異中求同」可知，藝術之創造，最核心的認知是「美」的表現，缺乏美，技法就應被反省、修正；沒有美的表達，作品就失去價值。

　　在晚期的中國書法、繪畫發展中,「金石氣」是重要的創作元素。〔註
33〕書法在明代的幾位書家如傅山(1607~1684)開始對柔媚的書風進行批
判,至清則有金農(1687~1764)、鄭燮(1693~1765)等書風,以線條粗
獷、結體奔放的嘗試,並援引古文字的書寫,可謂書法中之「金石氣」展
現;繪畫則以吳昌碩的「海派」畫風為主,畫家以強烈的筆觸、簡單的線
條反省中國傳統工細筆法的繪畫,得到廣大的迴響。或有論者認為,書法
/繪畫中「金石氣」的產生,與篆刻發展有密切之關聯——首先,清鄧石
如提出「印從書出」論後,篆刻家乃意識到僅就印章傳統:甲金、篆隸等
古文字線條入印,篆刻表現將落入古人習氣,因此書法線條乃作為活化「金
石」印風的功能,進入篆刻的視域——由鄧派印風以筆法為宗的追求發現,
篆刻不再是單調的篆文體式(即粗細徹頭徹尾統一的小篆法),而是具有書
寫意味,有起筆、轉筆、收筆等效果的線條創造,這在純粹石刻上是無法
獲得的。「印從書出」即以書寫為主,雕刻刀為輔。同時,此一篆刻手法引
起了書法書寫的震撼,因而仿效此「金石之趣」,成為書寫時的旨趣。有學
者論此時的書壇風格為之一新,形成碑學派與帖學派的爭鳴。

　　從書法的金石氣傾向以致「印從書出」觀,可發現「筆」向「刀」之
逾越:在清代篆刻流派中,「鐫刻」行動已不限於漢印篆、大小篆等由古代
銘刻中取法的樣貌,而轉向對文人書寫之篆、隸甚至古文字的書寫。正由
於書寫的金石趣追求而使篆、隸、古文字得到了雕刻以外的活化,即古文
字不再限於「被雕刻」的身分,轉以「被書寫」而發展出姿態萬千的面貌。

　　上述由筆意向刀意的逾越,是從書法藝術的視角觀看。若從篆刻發展
的角度觀看,「印從書出」伊始,書法的「線條美學」條件,即已悄悄凌駕
於篆刻刀法之上。而篆刻家亦發現,若過度專注在篆刻中「書法線條」的
表現而極盡追求,則不免落入碑刻、書刻的工匠化習氣——因為這僅僅是
在「石材」上表現書法而已,喪失了篆刻本為「金石」的意義——繼而拯
救此一習氣之方式,即是對「書法」有一定程度的疏離:不完全追求線條
的工整,改為強調書法字在印章上的一種金石趣味。如徐三庚(1826~1890)
「延陵季子之後」【圖 b2-16】刻意斷裂的線條即是一例:書法線條本是連

〔註33〕 「金石氣」是以書法、繪畫中的金石傾向而言。參考張清治〈書法中之金石
　　　　氣與美學原理〉,收入中華學術院:《美術論集》(台北:中華文化大學出版部,
　　　　1979年),頁513~531。

貫的，而篆刻線條可以在連貫之後，刻意切斷其聯結，造成破損的趣味。否則將徐三庚的印刻與書法作文字線條的對比，會發現相當程度的雷同；若無此一金石趣的作法，則其印作將只是其書法的「再現」而已。由此可見，篆刻家有意識地保持「刻」對於「寫」的疏離，在書法筆意中，尋求刀刻痕跡的趣味，這種「斧鑿痕」已非原初石刻碑刻所呈現的自然的刻痕，而是經過有意識的人爲行動。

　　回到「刀」「筆」逾越的脈絡，趙之謙（1829～1884）「印外求印」論之提出，亦在「筆意」與「刀意」的意識轉衍當中，有著關鍵地位。趙之謙在鄧石如的基礎上，認爲在固有的漢印規範下，應從其它素材取法，所能得到的金石趣味，將更具色彩。篆刻原本慣用小篆、大篆、印篆等文字，篆刻家僅就文字原先的寫法，增添上刀之趣味，這樣的創造，是趙之謙所欲批判的。舉例而言，浙派的印風，大抵使用漢印篆刻朱文、白文，此種創作在個別的篆刻家中，難以見其獨特。趙之謙將石刻本應具有斧鑿的特質加以強化，雖使用的仍是筆意濃厚的書寫線條，但其文字更能廣蒐博覽，使石刻的自然天眞得到彰顯，此作法正是由筆法向刀法的回歸，也是刀向筆的再次逾越。

　　閒章線條之「筆意」傾向，即因印刻傳統的限制使美感消逝，文人體察印章形式的流于俗套，從各種方面引入活水源頭，使篆字獲得活化。繼而文人以「刀筆」追求「表現」，在於以「刀」此一堅硬的雕刻工具，模擬如「筆」般柔軟的書寫工具，例如鄧石如的印章線條即與其書法線條相差無幾【圖 b2-17、圖 b2-18】。中國文字的奧妙就在其「抽象」（符號表意）與「具象」（符號的象形意義）相互交涉，形成既能表意，又能表象；既能有意涵，又能有形式的文字構造。從篆刻發展史的向度來看，印刻活動的主軸由刀至筆轉向是必然的現象，〔註34〕而刀意與筆意的彼此化用，即是「刀」「筆」相逾越的有利證據。

　　刀、筆不斷相互逾越的現象，此現象不僅形成今日篆刻藝術的豐富面貌，其展演歷程可令人窺知篆刻藝術的高度所在：經由不斷的突破、創新、再突破、再創新，才能達到今日的藝術高度。

〔註34〕因爲文人篆刻是對立於工匠印章而來，在這種脈絡下，唯有提出書法美學，才能使印章脫離工藝，達到藝術的層次。

圖 b2-18　　　　　　圖 b2-19　　　　　　　圖 b2-20

延陵季子之後　　　　江流有聲斷岸千尺　　　　鄧石如篆書軸（局部）

二、刀筆逾越的意義

　　從上述「鐫刻與書寫」、「刀意與筆意」的辯證中，本章體察篆刻藝術「線條技藝」不斷逾越的特殊性，因此，欲接引至下節以「閒」概念使閒章線條美獲得立體的詮釋，首先應將「刀筆逾越」的意義點出。

　　從本節第一點中運刀法則可知，刀法的最終技藝即在「率意用刀」，率意用刀的特性是無須遵循刀的入射角度、來回運刀的方背，甚或衝刀、切刀等用刀習慣，而是依照刻印當下的意念，率意而爲。此一認知，即與書法書寫中的技進於道頗爲類似：若已熟知所有入門筆法，亦能將之運用合宜，則「沒有法度」才是最高層次的書寫技巧。從篆刻藝術「以刀刻石」的本體論來說，書法用筆的介入不可或缺；然而刀刻的特性（殘損、金石趣）亦不能忽視。因此「刀筆逾越」之提出，乃在以書法書寫之「筆」意，契合於刀刻的運用上。

　　其次，由前述刀筆逾越的辯證當中可知，書法用「筆」的特性不斷在與

篆刻用「刀」的意義相融相滲，不但將書法線條帶入印刻文字當中，並提倡不只有傳統銘刻中的文字（即甲金文、漢篆等）可入印，其它具有（書寫）藝術特質的文字素材皆可入印。因此「刀筆逾越」所謂筆法，實際上含有多種層面：篆刻文字的結構法度、線條的美學向度、用刀的筆法傾向、篆刻「篆法」、「刀法」的討論⋯⋯等，是能夠涵蓋篆刻線條技藝的總括性指稱。

再次，「刀筆逾越」對於「刀」的「意在筆先」有一定程度的認識。在書法藝術創作中，其「線條」美學既非篆、隸、楷、行、草各種書體的相加；亦非其中兩、三種書體的相混，既不能完全靠近古人，也不能只有個人意識，而是傳統與個人兩極的碰撞、時空縱與橫的相交；是心與物的相合，是在古典與創新的中尋覓自我的開顯。書法是表現性的藝術。作爲創作主體的個人根據在實踐中形成的審美理想，選擇或創造一種物質形式，通過相應的感官知覺引起審美主體特定心理感受，這種主體感情抒發和觀照的過程，就是表現。這表現更強調自我感受和主觀意念；精神生產的藝術，更強調藝術品生產者的精神狀態，它又深刻反映時代精神，表現強烈的個性和精神體驗。藝術家的「藝術意志」〔註35〕即是其藝術作品的內部木質，是「藝術意志」的客觀化，而「藝術意志」就是書法藝術創作中「意在筆先」的「意」，即創作主體的慾望和構思。東晉王羲之在〈題衛夫人《筆陣圖》後〉云：

> 夫欲書者，先乾研墨，凝神靜思。預想書形大小，偃仰平直，振動
>
> 令筋脈相連，意在筆前，然後作書。〔註36〕

而由本節論述之「刀筆逾越」的過程與面貌觀察，篆刻家在創作印作時，究竟是書寫之「筆意」在前，抑或鐫刻的「刀意」在先？刀筆的辯證，確是篆刻藝術的獨特價值。因此，設若書法的本體是線條；而山水繪畫的本體則是皴法，則篆刻創作的本體即是「刀筆」相逾越的過程。而「刀筆逾越」則是指稱此一過程的概念性名詞。

總此，本節以凸顯篆刻「線條」技藝中「刀」與「筆」的相互逾越，展

〔註35〕德國藝術家沃林格（W.Worringer）認爲，制約所有藝術現象最根本的和最內在要素就是人所具有的「藝術意志」：「人們往往從這樣一種根深蒂固的樸素原則出發，即藝術意志，一種先於藝術品而產生的目的意識衝動。」〔德〕沃林格（W Worringer）著，王才勇譯：《抽象與移情——對藝術風格的心理學研究》（遼寧：遼寧人民出版社，1987年）。

〔註36〕上海書畫出版社編：《歷代書法論文選（上）》（上海：上海書畫出版社，1979年）。

示閒章線條美的種種可能性，茲以下文論述在此過程中閒章之「閒」如何作用，使篆刻線條美的意義更加完善。

第四節　刀筆之境界

閒章線條美的向度由篆法與刀法之統合，通向線條技藝之展開，而針對此線條技藝中「刀筆逾越」的現象觀察，目的在鑽探閒章線條美的發展與其深刻意涵，有別於當代印學專著中對「篆法」、「刀法」的表相思維與技術操作，企圖獲得閒章以線條美爲基礎，通向〈上編：第三章〉空間經營所導出的審美「意境」探討。在進入「空間」彰顯意境的討論前，需體察閒章的文字單體結構與線條經營，作爲閒章空間經營的基礎、前置作業，實具有「意境美」的微型式。此一微型式的導出，若以本書所論核心──閒章之美學視角觀看，則能使觀賞者對於篆刻線條能有更深層的認識。茲由下列展開論述：

一、文字解離

承本章第二節所論，篆刻線條技藝中「篆法」之同中求異與「刀法」之異中求同的創造行爲，目的在使印章突破印藝傳統之規範與前人作品之既有形式；此藝術創造效果在於對印面中單體文字的種種解離行動。首先，文字結構由「減省與增繁」、「混搭與誤用」等形式進行解離（詳見本章第二節）：文字單體結構的繁簡、破格、突兀、誇張，皆爲突破篆刻既有形式而來，且文字單體結構須配合整體印面之空間佈局，並非率意爲之，皆是經過計算演練，才能獲得高妙的藝術效果。此爲空間技藝的微型式之一。

其次，文字線條由「樸與巧」、「工與拙」的二元辯證中，取得「矛盾統一」〔註37〕的整體美感──何謂統一？藝術創作，最主要在美的表現，缺乏美，技術的操作就應該被反省；沒有美的表達，技術操作就是失敗。何謂矛盾？美的體現，非固定形式，需體察美的個別差異性──美的展現，雖有大原則的美感經驗，此一美感經驗，卻是最具有差異的，是同一中的差別，在差別中尋求統一──以獲致美。此爲空間的微型式之二。

「矛盾統一」是篆刻單體文字的美學基礎：由於篆刻藝術目的在表現文字，文字的「可讀性」是基本條件；文字的「造形美」是必要條件，文字的

〔註37〕參考方旭：《篆刻美學初探》（北京：人民美術出版社，2008年）。

整體造形依文字線條與結構組成，在此之中，篆刻家如何自由創作，有相當大的發揮空間，此即本章所反覆推敲篆刻線條之展演史的用意——由線條體勢、結體、造形、內涵的千變萬化，其排列組合能以多元面貌呈現，篆刻家除以自身人格／風格決定其面文字之表現模式之外，其不斷遊走在破與立、拆解與重組的「線條」世界，並以實驗、遊戲之心境看待閒章的文字構成，是所謂「閒」之於「文字解離」的演示結果。

二、技法解離

　　承上所述，篆刻家依於人格／風格所導向的閒章藝術構成，在「刻印」的過程當中，存在著「刀筆逾越」的反覆辯證，此一辯證，正是閒章能體現「技術解離」的面向。簡言之，篆刻刀法之所以變化層出不窮的原因，即在文人審美意識的多元化；除與書法美學引入的向度有關外，更是文人從「刀」之既有法度中，尋訪出深刻的操作方式，以致能獲得「技進於道」境界的過程。無論是由刀向筆的逾越、抑或由筆向刀的逾越，在在顯示著文人對創作方式的關注：若是專著於刀工的鍛鍊，則印章將失之俗氣；若固就筆意的率意為之，而忽略印章文字結構之法度，則將流於浮泛。再者，若一味模仿書法筆意而刻印，則與書刻、碑刻的工匠層級並無不同；但若僅守刀法之「金石斧鑿」而無法體味書法線條的深邃奧妙，則無法將印藝提升，更上層樓。

　　因此游離於樸與巧、工與拙的辯證是必要的；擺盪於刀與筆的意識變遷，也是閒章線條能否獲得生命力的關鍵。此一不間斷的游戲，在於篆刻家充分的意識，並進行技術操作的解離，才能以不斷的嘗試、錯誤，找尋美的方程式。誠如本書〈導論：第一章〉所述，「閒」之遊戲與閒章創造有密不可分之關聯；「閒」對心境之解離，亦是閒章能獲得一般印作所缺乏之高妙意境的主因。

　　對應至書法美學上，金農「漆書」就是一例：揮棄了毫尖的作用，使筆如用刷子、掃帚，然而收筆飄逸，更有凝重中帶有輕挑的況味，形成新的視覺效果。清代伊秉綬（1754～1815）隸書筆走中鋒，有別於一般碑派的硬挺波折，更有一種渾然之氣。刀與筆的逾越，將是永不間斷的。

　　其次，對於閒章「線條美」的構成模式中，「仿古」與「作舊」是普遍的作法。《篆刻刀法百講》中有言，篆刻中對線條的「裝飾」態度，是刀法外緣的延伸；觀察近代閒章作品可發現，篆刻線條能夠不斷解離，最終甚至

成為一種「裝飾藝術」，如來楚生（1903～1975）「處厚」印【圖 b2-19】、吳昌碩「鮮鮮霜中鞠」【圖 b2-20】之線條經營，皆已有「裝飾」之意味，顯見文人自篆刻創作的本體當中逃逸，尋求另外的境界。

圖 b2-19

處厚

圖 b2-20

鮮鮮霜中鞠

上述所引接為「線條美」刀、筆解離之可能。在中國藝術發展的長河中，技術操作的突破，是藝術精進的必然途徑；無論或筆或刀，或非筆非刀，皆是古人挑戰與突破。

三、意識解離

承上所述，經刀筆逾越的過程可知，閒章的線條創造，將會是一場無止盡的對話，此一對話，將是通向「技進於道」，或說是「沒有刀法」的藝術境界。《莊子》以「庖丁解牛」寓言云：

> 庖丁為文惠君解牛，手之所觸，肩之所倚，足之所履，膝之所倚，砉然響然，奏刀騞然。莫不中音，合於桑林之舞，乃中經首之會。文惠君曰：「嘻，善哉！技蓋至乎此乎？」庖丁釋刀對曰：「臣之所好者，道也，進乎技矣。始臣之解牛之時，所見無非牛者。三年之後，未嘗見全牛也。方今之時，臣以神遇，而不以目視。官知止而神欲行，依乎天理，批大卻，導大窾，因其固然。技經肯綮之未嘗，而況大軱乎？良庖歲更刀，割也。族庖月更刀，折也。今臣之刀，十九年矣，所解數千牛矣，而刀刃若新發於硎。彼節者有間，而刀刃者無厚，以無厚入有間，恢恢乎其於游刃必有餘地矣。是以十九年而刀刃若新發於硎。雖然，每至於族，吾見其難為，怵然為戒，視為止，行為遲，動刀甚微，謋然已解，如土委地，提刀而立，為之四顧，為之躊躇滿志，善刀而藏之。」文惠君曰：「善哉！吾聞庖

丁之言，得養生焉。」〔註38〕

若以「不見全牛」從篆刻藝術的角度觀察，雖篆刻線條能有書法與刀法、筆意與金石趣味的種種辯證，但融會貫通後的表現，應不是筆、亦不是刀；沒有筆、亦沒有刀，在創作的意念之間，無需顧慮技法的操作，才能在人格通向風格的路徑中，得到閒章意境的彰顯。（參看本書〈下編：第二章〉）道家「技進於道」美學正有此種意味：技術的窮迫，終究有其盡頭，因此，篆刻線條的審美，應是無所謂工拙、無所謂形式；而應在氣氛上取得整體的渾融，才能使閒章開顯最真的美。（參看本書〈上編：第三章〉）

在此「刀筆逾越」乃至「技進於道」的過程中，技術的束縛，是執著的表徵；然而脫離形式，卻又會喪失美感，因此最重要的還是閒章之「閒」的作用。首先，線條的不計工拙，代表篆刻家意識的不固著、不設限，因而能夠開顯出無所謂雕琢的自然之美，所謂「大巧不工」即在於此：工與拙需配合閒章意境而開展，是整體的項目，然而更不必在整體印面中講求工拙劃清界線，在相參互滲、在彼此呼應，才有美的意境。此即「閒」概念對篆刻線條經營的意識解離之一。

其次，刀筆逾越是不間斷的遊戲，需「閒」的作用以保障此一遊戲環境的完整，才有逾越之可能；因為若無閒章的無功用、無所謂之性質，「閒」的遊戲心態將會因為功用性而降低；更有可能因為印藝傳統對文字要求的囿限，使刻印變成「操弄」筆法、刀法，而顯得矯揉造作。更有甚者，創作者為求視覺上的突破，而不能體察此刀與筆的相互遊戲，而固執於某種體態的線條表現，則將落入無可自拔的俗套（大陸以「民間書法」入印傾向）。篆刻藝術是「以刀刻石」為本體的藝術項目，若完全以書法筆意為線條表現，將受筆法所宰控，則書法喧賓奪主、刀趣成為附屬，反而喪失篆刻美的本質。

總此，「閒」對線條經營的「意識解離」向度即在於，篆刻家必覺察於篆刻「石材」、「刀刻」的根源處境，並認識篆刻線條與書法美學之歷史關係，然後在線條技法的逾越與創造概念的遊戲之間，尋求個人生命迸發、情感奔流的交際點，才能揮發出淋漓盡致的閒章線條美感。更有甚者，「閒」之心境將刀與筆融合為一、解消至無，既不被刀法束縛，亦能展現筆意的人格／風格流露，便能以此意境的微型式（文字單體中的氣氛）通向閒章意境之開顯（空

〔註38〕〔清〕郭慶藩輯，王孝魚點校：《莊子集釋》（台北：頂淵文化事業有限公司），頁 117～124。

間經營所完成視覺效果之整體美）。〔註39〕

第五節　結　語

　　本章經由對篆刻篆法、刀法的指稱統合，得到篆刻「線條」技藝對「刀」、「筆」此二種工具的使用與認知，有所謂「逾越」的歷史過程及內容展演，仍應再次強調：此「逾越」非表面上印章藝術史的線性逾越（即後代對前代的革命式改變），而是內部的、深層的「越界」行徑，帶有篆刻家意識與印章流派之間的角力拔河，或是古今意識不同所造成的分庭抗禮。

　　本章所討論篆刻線條經營之面向，限於篇幅與論述核心之完整的書寫策略，對於古典印論文獻的分析與援引，數量上遠遠不及古代文獻與當代論述中的篇幅。但本章之用意在於：從篆刻印面文字的個體之間，導出差異與統合的可能性，並以此通向本書〈下編：第二章〉對篆刻創作主體之「人格／風格」辯證之探問，並能接引《上編》「技術追問」之總結性論述——〈上編：第三章〉的由「空間經營」至「閒章意境」的討論。因而本章之撰寫策略，是全書中的過渡階段，然而讀者不應將此過渡視為不重要的章節，而應體察書法美學與篆刻美學的正方興未艾的論辯；以及二者對中國藝術發展的影響能力。

　　同樣的，若以單篇論述閱讀此章，則能發現「在個別中尋求差異」的篆刻線條美向度：設若篆刻整體美的核心在空間經營（見本書〈上編：第三章〉），則文字與文字的空間之所以能有氣韻生動的彰顯，文字個別的經營不可或缺；而文字個體的經營，正與空間講求「合諧」的整體美相悖反——是一種追求個別差異的「個性美」。從本章「刀筆逾越」的率意性格、工拙不拘，以及意識解離的「技進於道」，在在追求一種自然天真、通向篆刻家「個人」身為世界中「無限差異」的一份子所凸顯的意義。篆刻線條美的活水源頭，就在此「個別之差異」中。

〔註39〕本章討論能與本書〈下編：第二章〉論閒章「創作活動」接軌。

第三章 「佈白」

第一節 前 言

　　經前述對閒章印語創造、線條技藝之追問，得知篆刻由工藝到躋身藝術品之可能，藉由「印語」與「刀筆」，提出閒章美學思維中的初步特徵。而篆刻技法中，「空間」表現即章法佈局、騰挪疏空、計黑當白等經營，在印語、線條技法基礎之上，展現文字「整體美」，最能體現閒章的特殊價值。

　　當代印學論著中純屬技術操作的視野下，空間經營即印章「章法」技巧。如《篆刻技法入門》分列「印文篇」、「章法篇」、「刻法篇」；〔註1〕《中國篆刻技法全書》於「篆刻創作技法」中列「篆刻的用篆」、「刀法與線條」、「章法」。〔註2〕觀察當代印學專著中論及章法之篇幅可知，章法絕對是能否成就一方佳印的關鍵；章法亦是篆刻技巧中最深奧、困難的項目。章法講究整體感：是融字體造形、筆畫刀工、邊框設計於一爐的整合性技藝；因此翻檢古代談藝論印之文獻，發現鑑賞者（文人）慣用之「氣韻」、「神采」等詞彙對篆刻「整體」表現進行審美評判，在此一脈絡下，追求「氣韻生動」、並有「神、妙、能、逸」等品類層次，〔註3〕皆與「章法」表現有關。

〔註1〕 符驥良等編：《篆刻技法入門》（上海：上海書畫出版社，2008年）。按：「印文」與「刻法」即本書脈絡中「篆法」、「刀法」二項。

〔註2〕 李剛田主編：《中國篆刻技法全書》（鄭州：河南美術出版社，2008年）。

〔註3〕 古典書論、畫論中「神、妙、能、逸」等藝術境界的品評，亦被印學理論加以借用。此一承襲傳統文藝批評（詩文、繪畫、書法皆有之）的審美思維，在中國藝術批評中佔有重要地位。

　　承上所言，設若古代印論中「氣韻」系統乃對篆刻整體美的觀看而來，則本章對篆刻「空間」技藝之討論，亦將由篆刻「氣氛」〔註4〕作為核心命題。茲將問題意識開展如下：

（一）章法與氣氛

　　本章首先梳理印學論著中雜然枝蔓的「氣」的審美脈絡，目的在導出篆刻技法中「章法」一項所涵蓋之穿插、挪移、借位、疏密……等技巧的觀看視野。本書《明清閒章美學》之關懷在於，由篆刻技法的實踐展演，討論篆刻「意境」如何獲得，並藉此意境之開顯，探問篆刻藝術美的本質；本章作為論述中繼——技術追問——的總結性視野，得以在前二章（上編第一、二章分別就「印語」、「刀筆」進行檢視）的基礎下，展開對篆刻整體美的細緻論述。

　　誠如本節開篇所言，篆刻「整體美」既與古人之印章品鑑系統密不可分，則有必要梳理「氣」在中國文藝批評中的概念；而「氣」論批評所引發「雄渾或平淡」的論證，則因能與篆刻藝術相應，亦引入本章，用以觀看篆刻美的各種型態。並思索：閒章如何呈現「氣韻」？此審美批評的「技術移植」（取法山水畫論、書法理論）是否有其斷裂與變質之處？

（二）閒章之「空間」

　　承上所言，設若古人將「氣韻生動」的美學體系套用在篆刻審美批評上，而考察「氣氛」審美史料，發現此一體系可溯源自古典山水的畫論文獻——「山水」乃中國傳統藝術中足具代表性的藝術項目，其「多點透視」的抽象繪畫思維常被用來與西方「單點透視」的具象理念對比：中國山水中的哲學意涵輒引起各界學者著迷，山水「意境」取勝堪稱中國視覺藝術的最高殿堂。

　　因此，本書率先提出以「山水美學」對篆刻藝術進行觀看，即以中國古代畫論中的「氣氛」審美體系開始考察：山水之所以呈現雄偉、壯闊、邈遠、恬靜……等氣圍，被觀賞者感知，必與其畫面呈現之視覺刺激有關；此與篆

〔註4〕　「氣氛」一詞引自伯梅（Gernot Boehme）：「氣氛美學」一詞，「氣氛美學」由梅洛‧龐蒂（Maurice Merleau-Ponty）美學思維下發展，針對藝術品如何散發一股無形的「靈光」震顫觀賞者；及藝術品與觀賞者間如何透過「氣」的流動交換，達到審美的過程與目的。詳見以下著作：（1）伯梅（Gernot Boehme）著，谷心鵬、翟江月、何乏筆譯〈氣氛美學作為新美學的基本概念〉收錄於《當代》188期，2003年，頁10～33。（2）何乏筆：〈氣氛美學的新視野——評介伯美〈氣氛美學作為新美學的基本概念〉〉，收錄於《當代》188期，2003年，頁34～43。（3）賴錫三：〈道家的靈光與氣氛美學——從身體與空間談起〉。

刻藝術能於「印面空白處」呈現文字造形、組成意象、引發意境，二者間必有相契的脈絡可循。

其次，在中國繪畫領域中引人注目的「留白」〔註5〕技法，在篆刻作品中亦能找到相應的展現：篆刻藝術的本體即在石材上以黑、白（若鈐蓋出來則是朱、白）二色表現「疏與密」、「剛與柔」、「虛與實」等對比，引發視覺饗宴；〔註6〕印刻術語中所謂「分朱布白」即在於此。設若「白」乃最初渾沌的空無一物，而「黑」乃藝術家遺留下的「蹤跡（trace）」，〔註7〕則篆刻藝術中漢印印風即以工整規矩的「黑」凌駕印面；清代以來的篆刻家察覺此印風已成「習氣」，始以空間的變化打破「字與字」間的束縛，成就今日閒章的多元面貌。因此「留白」在襯托文字表現中作用關鍵。本章之命題即在：將山水「留白」的形上意義，藉由對章法技術之追問，引入閒章作品的觀看中，能否有適當的彰顯？又篆刻家如何以「章法」操作之技術，獲致「留白」的藝術效果？

承上所言，「留白」作為篆刻空間經營的形式之一，缺乏「留白」並不導致篆刻作品失去通向意境美的可能性。因此本章聚焦「留白」在閒章作品通向意境美學層次的過程與意義，乃立基於本書《明清閒章美學》的書寫策略上，本書亟欲探求閒章之「閒」的本質，而「留白」作為意境開顯的形式之一，與閒章之「閒」的意義最能相應，「閒」概念必以「留白」彰顯。因此，本章仍以空間技藝與「閒」之關聯作結，探問：閒章之美學深意如何由空間經營開顯？

第二節 章法與「氣氛審美」

本書〈上編：第二章〉曾對篆刻「文字」單體的線條美進行析論，而篆刻章法講究的整體美，即在印章是由「多數的」文字組成，非單一文字造形。

〔註5〕 在筆者閱讀古今篆刻理論的過程中，未見有解釋篆刻藝術中「大面積的留空」現象的專有名詞，因此借用中國古典山水畫中常見之技法——「留白」一詞，權作本書論述核心之概念符號。事實上「大面積留空」現象要至晚清吳昌碩、清末齊白石才有大量的闡發，因此當代印論未能觸及此一面向，是可以理解的。

〔註6〕 由於篆刻藝術中有「陰刻」「陽刻」之別，此處統一以印文文字表現者稱「黑」，以文字表現以外者稱「白」，特出註說明，避免混淆。

〔註7〕 〔註8〕 「蹤跡（trace）」一詞引自德希達（Jacques Derrida）概念。詳見汪民安編：《文化研究關鍵詞》（南京：江蘇人民出版社，2007 年），頁 513～517。

文字（篆字）之單一結構是章法表現的基本條件，亦是必要條件；文字結體、用筆、線條缺乏經營，則印面所能展現的美感層次將會降低；即使章法循然有術，作品之氣韻也未必突出。因此在線條美之基礎上，章法佈局由文字造形的搭配與巧思，呈現具有意味的視覺效果。此視覺效果的意義在古典印論文獻中常以「氣」、「氣勢」、「氣韻」等辭彙說解，理解篆刻章法與「氣」審美之關係與脈絡，即能認識古人對篆刻整體美的關照。茲以下列數點陳述：

一、從「氣」到「氣氛」〔註8〕

　　「氣」向為古人賴以品評文學、藝術的標誌，從文學批評到書論、畫論，評論者雖以不同詞彙描述著藝術創作展現，但「氣韻生動」、「靈氣」、「秀氣」……等詞羅織成具有深厚形上概念的評論體系，是後人在瞭解、判別文學藝術作品風格與流派時的依據。以下將耙梳中國古代印論中對「氣」的闡發，釐清古人的思維，以接引當代印論對「氣勢」美之探討。〔註9〕

（一）一體感：古代印論中的「氣」觀

　　徐復觀《中國藝術精神》論及中國美學中的「氣」從「玄學的推演」至「由人倫鑑識轉向繪畫」，解釋山水畫中的「精神」、「風氣」、「神氣」等用語；徐氏「氣韻生動」之「氣」，雖未必能與篆刻藝術接軌（注意徐氏在著作中曾說：「我國的書與畫，完全屬於兩種不同的系統。」）〔註10〕然而印章可謂結合「書法之筆法造形」與「繪畫的構圖空間」之藝術，且本書所討論的「留白」即著重在章法與空間上，因此徐氏的觀點畢竟能夠有所啟發。相較之下，

〔註8〕　劉江《篆刻美學》中以「氣勢」、「氣韻」統攝印章創造的技術展演，與本章脈絡下對「以『氣』論印」之考察恐有名詞上的混淆，因此借用伯梅（Gernot Boehme）「氣氛美學」中「氣氛」概念。本章脈絡下，「氣氛」較劉江所言「氣勢」、「氣韻」層級更高（若以古典印論來看，即「氣」的總括性審美概念），「氣氛」審美表示以「感官體驗」兼「情感滲入」對藝術品達到美的感知，並能具體陳述如雄渾、平淡等概念的美的認識，無論古今，皆可套用。

〔註9〕　古今論「氣」、「氣論」之著述相當豐富，從文論、詩論、書論、畫論當中皆有篇章可循，本章企圖梳理「印論」中之「氣」、「氣韻」、「氣勢」概念，以探求閒章意境的審美構成；而限於篇幅與文脈聚焦性，本章將不復援引解說古、今氣論，以（1）〔日〕小野澤精一、福永光司、山井湧編，李慶譯：《氣的思想——中國自然觀與人的觀念的發展》（上海：上海人民出版社，2007年）、（2）楊儒賓主編：《中國古代思想中的氣論及身體觀》（台北：巨流圖書公司，1997年）等專著為理論參考。

〔註10〕徐復觀：《中國藝術精神》（台北：臺灣學生，1966年），頁147。

晚明興起的印學理論中雖亦不乏以「氣」一詞作為印風品評者，但眾說紛紜，呈現各自表述的光景。明代周應愿（生卒年不詳，約活動於隆慶及萬曆年間）《印說》最早提及印章章法上的呼應與關照：

> 婉轉綿密，繁則減除，簡則添續，終不復始，死而復生，首尾貫通，
> 無斧鑿痕，如元氣周流一身者，章法也。〔註11〕

黃惇《中國古代印論史》曾謂：「一方面是周公謹總結了嘉靖以來文人篆刻家的實踐經驗，另一方面則是因為周公謹本人即是一位有豐富實踐經驗的文人篆刻家。」〔註12〕可見「如元氣周流一身者」當是周應愿對印章創作之體驗。印章章法常講究疏密、虛實等技法，周應愿此處卻強調「無斧鑿痕」的自然渾化。所謂「繁則減除，簡則添續，終不復始，死而復生，首尾貫通」恰服膺了《老子》：「有無相生，難易相成，長短相形，高下相傾，音聲相和，前後相隨。」不分判而能使萬物「生而不有，為而不恃」的自然無為，〔註13〕乃至周氏「無斧鑿痕，如元氣周流一身者」的印章「一體感」呈現。〔註14〕

周應愿「元氣」一詞雖是目前可見論印文獻中較早使用「氣」字者，但其標榜的自然天機與後之論者所謂「氣勢」美不同。萬曆印人楊士修（生卒年不詳）《印母》有言：

> ⋯⋯刀筆崚嶒曰高古，氣味瀟灑曰清古，絕少俗筆曰古雅，絕少常
> 態曰古怪。〔註15〕

他從「印如其人」的角度，直陳印章「古意」的來源要從印人身上生發。然而此較接近徐復觀《中國藝術精神》中「氣」作為「人倫鑑識」功能的指涉，非針對印章本身散發的氣象而言。清初秦爨公（生卒年不詳）《印指》則較具體地陳述了「氣」的各方面特徵，也是歷來談藝論印者時常徵引的文獻：

> 洪德潤⋯⋯鐘鼎刀法時有奇氣，道中人也。〔註16〕
>
> 朱簡⋯⋯別立門戶，自成一家，雖未必百發百中，一種豪邁過人之

〔註11〕 蕭高洪：《方寸之間——中國篆刻藝術史》（高雄：汶采，2002年），頁160。
〔註12〕 黃惇：《中國古代印論史》（上海：上海書畫出版，1994年），頁42。
〔註13〕 〔魏〕王弼等著：《老子四種》（台北：大安出版社，1999年），頁2。
〔註14〕 黃惇認為此「元氣周流一身」是針對創作者「審美主體」開展而論。本書則認為周應愿受道家氣論影響，將印章導向一自成天地的「整體」。周氏的另一段話也可佐證本書的觀點：「勢斜反直，體疏反密，洞吾天機，而莫知所以然。」
〔註15〕 黃惇：《中國古代印論史》（上海：上海書畫出版，1994年），頁82。
〔註16〕 黃惇：《中國古代印論史》（上海：上海書畫出版，1994年），頁181。

氣不可磨滅，奇不離乎正，印章之一變也，敬服。〔註17〕

「奇氣」、「豪邁之氣」乃針對印章而論，已非楊士修以人論印之範疇；

> 司馬□夫純正古樸，而爽秀之氣露而不露，不露而露，有蘊藉、有
> 涵養，絕不作近代縴巧觀，大家也。其刀法有一種沉厚之氣，令人
> 反覆玩之不厭。〔註18〕

「蘊藉」、「涵養」所獲致的「沉厚之氣」看似與「爽秀之氣」相悖，但黃惇
謂其「以『露而不露』、『不露而露』將兩個側面的風格特徵揉合起來，所謂
剛中有柔、拙中見清是也，所以才『令人反覆玩之不厭』。」，〔註 19〕見解精
闢。秦爨公論章法曰：「一氣貫串而不悖，自然而然，始盡其善。」這其中「一
氣貫串」、「自然而然」等即可呼應周應愿之「無斧鑿痕」、「天機」。顯然無論
是明人或清人論印，皆注重章法上的一體感；這種一體感是自然而成，無需
造作。於是可知，古代印論中「氣」是種統合的一體氣氛觀念，而當代印論
受西方美學理論架構的影響，將「氣」細分為「氣勢」、「氣質」、「氣韻」、「神
氣」……等概念，作為篆刻審美的分判依據，會否與古人的初衷相去甚遠？
以下將就劉江《篆刻美學》、谷松章《篆刻章法百講》等當代篆刻理論申論之。

（二）章法論：作品與作者分離的「氣」觀

劉江《篆刻美學》是當代最早也最具規模的「篆刻美學」專著，是書分
上、中、下三編，下編〈論氣──篆刻藝術的生命與品性〉開宗明義說道：「從
篆刻藝術總的審美觀來看，『氣』可說是其總體精神，是統帥全局的東西。」
〔註 20〕劉江對古代印論的認識與本章略同，而劉氏意識到，光就總體的氣氛
說難以精確對印章作品進行品評，因此提到：

> ……人是藝術品中「氣」之創造者、體現者。氣的內涵，有時也或
> 多或少體現在印文詞句的涵義中，蘊藏在全印之章法、字法、筆法、
> 刀法和全印氣氛中。〔註21〕

他藉由體察印章作品流露的風格與印人生命底蘊的密不可分，而將「氣」二
分為「氣勢」、「氣韻」與「氣質」對舉。「氣勢」、「氣韻」針對作品本身之視

〔註17〕黃惇：《中國古代印論史》（上海：上海書畫出版，1994 年），頁 181。
〔註18〕黃惇：《中國古代印論史》（上海：上海書畫出版，1994 年），頁 180。
〔註19〕黃惇：《中國古代印論史》（上海：上海書畫出版，1994 年），頁 181。
〔註20〕劉江：《篆刻美學》（杭州：中國美術學院出版社，1994 年），頁 281。
〔註21〕劉江：《篆刻美學》（杭州：中國美術學院出版社，1994 年），頁 281。

覺表現而論：

> 如果說「氣」是篆刻藝術的內在生命，那麼「勢」則是氣的外在表
> 現的動態。〔註22〕

> 氣與韻的關係，可以這樣認為：氣是韻之內在力量生命，韻是氣之
> 外表的一種美的表現；氣是宇宙萬物之元氣，而韻是宇宙間事物運
> 動的規律和節奏感。〔註23〕

「氣勢」分體勢、刀勢、總勢三者，對線條的斜、曲、正、背等「姿勢」進行說解；「氣韻」分韻律、韻味、韻致三者，對印面章法的佈排運用、交替重複、工拙虛實等字與字間的「律動」，或說是整體視覺效果所呈現的「動感之趣」說解。在古代印論之脈絡下，「氣」的一體概念即包含上述兩種思維，二者孰輕孰重並不重要，主在一以貫之，呈現印章豐富的生命情趣。

劉江所謂「氣質」則針對印章作者而論：

> 氣質，是氣勢和氣韻的內在本質。如果說氣勢和氣韻是氣的外在表
> 現形式，其表現格調之高低，則取決於內在氣質的高低。〔註24〕

顯然標榜印章是以創作者的內涵為主體。總此，劉江在「氣」觀中標舉「氣勢」、「氣韻」即針對印章的章法、線條而言。谷松章《篆刻章法百講》作了更加具體的示範，並在〈緒論：篆刻章法概述〉中點出：「如果說刀法的研究應更多關注技 形而下的話，那麼章法在此基礎上則更應該關注道，帶有形而上的色彩。」〔註25〕確是真知灼見，惜該書通篇散論，未能形成具體的系統；講述篆刻章法，也多停留在佈局策劃的表面功夫。

從上述引論可知，針對古人文獻對「氣」的運用與詮釋，當代篆刻理論家逐漸走向以「氣」作為章法、技法的形式表現——從劉江把「氣勢」從「氣」中析離出開始，「氣勢」終將被格式化、表面化，成為可以被認知並區別（如劉江在〈體勢〉一節中將印章的單體結構分為縱勢、橫勢、斜勢、曲勢等類）的項目。雖有助於篆刻學習者、研究者討論篆刻透過「技法」所能獲致的藝術高度（這種分類的鑽研甚至還可更精密），〔註26〕但在追求篆刻藝術整體的

〔註22〕劉江：《篆刻美學》（杭州：中國美術學院出版社，1994年），頁282。
〔註23〕劉江：《篆刻美學》（杭州：中國美術學院出版社，1994年），頁299。
〔註24〕劉江：《篆刻美學》（杭州：中國美術學院出版社，1994年），頁281。
〔註25〕谷松章：《篆刻章法百講》（鄭州：河南美術出版社，2006年），頁7。
〔註26〕日本《墨》雜誌曾列舉二十多種篆刻章法，大體分為三類：一、文字運用：「增減法」、「屈伸法」、「文字部位移動法」、「輕重法」、「歪斜法」、「印文大小法」、

精神價值而言，卻是較無助益的。

二、雄渾或平淡：氣氛的具體呈現

　　承上所述，「氣」的批評應用，是古人在文學、藝術的欣賞過程中啓發之形上思維。「氣」基本上是無法觀察的，是無形無狀、無蹤無跡的；古人論印強調作品的自然天機、一體渾化，訴說人們觀賞篆刻作品感受到風格、情調、層次各異其趣時的當下氛圍。而篆刻美學中「氣」的審美觀經當代詮釋開展出的項目，導向章法論的當代印學「氣勢」、「氣韻」觀，使印章藝術史中那些引起觀賞者共鳴、由衷讚歎的閒章名作，得到更精確的層次化歸類、剖析。在中國山水畫論中，「雄渾（sublime）」與「平淡（Fadeur／blandness）」〔註27〕誠可謂氣氛表現的兩種路徑，此二種境界在論者的多重詮釋下，跨越時空，形成水與火般的隔空喊話，相當有趣。〔註28〕本節既以山水畫論作爲考察篆刻「氣氛審美」體系之材料，則亦將此二項氣氛美之具體呈現引入，觀察閒章作品的美感實踐：

（一）雄渾感：篆刻「金石」本體的氣氛表現

劉江《篆刻美學》謂：

> 壯美的意境，是矛盾極化的表現。如雄壯、悲壯、強壯等，常在線
> 條和結構上以大刀闊斧和力量相結合。有時也在突出的質或量上突
> 破形式美的一般規律。（如對稱、均衡、對比等）給人以堅實、莊嚴、
> 厚重、剛健和雄強之美感。〔註29〕

「筆劃長短法」、「變化字形法」。二、空間運用：「均布法」、「挪讓法」、「疏密法」、「穿插避讓法」、「留空呼應法」、「空間強調法」、「俯仰、向背法」、「離合法」、「肥畫法」、「印文合併法」、「借換法」、「界格法」、「印文排列法」。三、其他：「朱白相間法」、「方圓法」、「重文省略法」、「印邊處理法」、「殘欠法」。《墨》雜誌四月特別刊：《篆刻の鑑賞と實踐》（東京：藝術新聞社，1995年），頁74～85。

〔註27〕余蓮（François JULLIEN），卓立譯：《淡之頌：論中國思想與美學》（台北：桂冠，2006年）。

〔註28〕「平淡」美學的產生，當推余蓮（François JULLIEN）於氏著《淡之頌：論中國思想與美學》的闡發。徐復觀《中國藝術精神》（1966年）已出現「平淡」一詞；而余蓮「平淡」一詞之概念創發於葉維廉《比較詩學》、王建元《現象詮釋學與中西雄渾觀》中所論「雄渾」觀之後，頗有對話之意。本書體察「雄渾」與「平淡」二者最能代表中國藝術、文化之精髓處，特將二者引入論述中。

〔註29〕劉江：《篆刻美學》（杭州：中國美術學院出版社，1994年），頁67。

觀察諸如「江流有聲斷岸千尺」【圖 b3-1】、「鮮鮮霜中鞠」【圖 b3-2】等閒章
印作之所以予人壯闊、豪放的意象，其原因有二：一為篆字筆法的運用——
徐復觀在《中國藝術精神》中謂「氣韻」之「氣」乃與「骨」有關，而筆法
正是表現「骨格」的首要關鍵。〔註30〕因此筆法乃表現「氣勢」的因素之一，
吳昌碩（1844～1927）的以石鼓文入印、齊白石（1864～1957）參酌〈三公
山碑〉筆意，皆是他們印風樸拙、豪邁的因素。〔註31〕

圖 b3-1　　　　　　　　　　　圖 b3-2

江流有聲斷岸千尺　　　　　　　　　　鮮鮮霜中鞠

　　其二為「空白」空間之運用。王建元在《現象詮釋學與中西雄渾觀》中
將西方「雄渾美學（the sublime）」與中國的詩意、畫境連結：從是書中可見
西方「自然雄偉」與東方文學中的「崇高」、「氣盛」與山水畫「致遠」的無
限感遙相呼應，篆刻藝術中藉筆法與章法表現之豪邁與壯闊，亦可奠基於王
氏對「雄渾」一詞的延伸與轉化：〔註32〕王氏對山水畫空間概念的深入透析，
點出山水之「雄渾」為古人於山水構圖時，將垻象界（真實世界）的山水風
光，轉譯為一種哲學型態的符碼（山之邈遠、水之寧靜致遠、山嵐雲霧的含

〔註30〕徐復觀：《中國藝術精神》（台北：臺灣學生，1966 年），頁 165～168。
〔註31〕印文的雄渾、平淡與否，亦影響印章整體氣氛的接受，而本章聚焦閒章空間
　　　　所營造的氣氛，至於由「語言」、「線條」、「空間」三者產生之整體氣氛則於
　　　　〈下編：第一章〉論述。
〔註32〕王氏所引西方「自然雄渾」觀乃人們在大自然的浩瀚感侵襲下所生發的情感
　　　　波動，而是書則針對中國詩、畫、文學中的具體意象，深入陳述中國式的「雄
　　　　渾」如何藉由文字、圖像體現道家永恆、無限的意涵。參考王建元：《現象詮
　　　　釋學與中西雄渾觀》（台北：東大圖書，1992 年），頁 39～74。

藏萬有、林中蹊徑的引人入勝……），〔註33〕將此一「空間」的深入詮釋與觀看置入本章所論之閒章藝術中討論，則人們在欣賞閒章印作當下、直接感受到的壯美與豪情，與欣賞山水畫時體味的遼闊與無限——雖不是西方面對大自然的巍峨，陡生敬畏與虔誠那般——但「雄渾感」是能夠同調的。

　　若以劉江的脈絡說，則「氣勢」美的眞正高度將體現在篆刻筆法與印面空間的結合，而最典型的氣勢美將會是「雄渾感」的體現。究其緣由，篆刻之本體即「以刀刻石」，「刀趣」是最普遍的美感，此篆刻又有「金石」學別稱的原因：以刀刻石與書法、繪畫使用毛筆的柔軟筆觸，存在著本質上的差別；「金石氣」往往以雄渾樸拙、蒼勁老辣取勝，因此篆刻雄渾感，在氣氛審美的脈絡下，成爲較容易發揮、且易（受觀賞者肯定）獲得成果的美感向度。

（二）平淡美的闕如？空間角度的詮釋

　　余蓮（François JULLIEN）謂平淡之美「被視爲一種價值，尤有甚者，它被看作是品質，『中』之質，『本』之質。」〔註34〕「淡」在中國美學中被視爲通向深邃、體會無垠的意識，道家美學的純眞素樸，亦能透過「平淡」彰顯。在《淡之頌》中，山水繪畫依佈局之稀疏、景物之簡筆及意境之延伸，呈現出「淡」的特質；「平淡」並在此素樸的精神當中，引人嗅出「味外之味、景外之景」。〔註35〕

　　由對「平淡」之質的簡述，可見其含有閒章藝術的部份特質：劉江《篆刻美學》云：

> 優美的意境，則指優美的社會生活和自然事物以及印文等，是篆刻
> 家思想、情感和技巧結合的產品，常以清致、優雅、和諧、細柔等
> 形態表現出來，給人以輕鬆、愉快、自由、柔和之美感。這些特點
> 給人以靜態的美，以均衡、統一和諧爲其主要特徵。〔註36〕

劉江以意境之優美和諧，試圖詮釋在篆刻作品中，屬於靈巧秀美的一派印風。然而承前所述，篆刻乃「以刀刻石」的金石趣味爲本體，因此在明清以來眾多

〔註33〕 王建元：〈現象學美學與中國山水畫的雄渾美感〉，見氏著：《現象詮釋學與中西雄渾觀》（台北：東大圖書，1992 年），頁 39～74。

〔註34〕 余蓮（François JULLIEN），卓立譯：《淡之頌：論中國思想與美學》（台北：桂冠，2006 年），頁 2。

〔註35〕 余蓮（François JULLIEN），卓立譯：《淡之頌：論中國思想與美學》（台北：桂冠，2006 年），頁 94。

〔註36〕 劉江：《篆刻美學》（杭州：中國美術學院出版社，1994 年），頁 67。

流派印風中，一般以爲「平淡美」是較缺乏的——例如浙派印風、吳昌碩、齊白石印作予人豪邁古拙、大刀闊斧的刻版印象（恰巧這些大師在篆刻史中又有舉足輕重的地位）——然而誠如「雄渾」非僅止於視覺批評上的氣勢雄壯、筆意豪邁，而亦能從印文詩句、空間造化中體現道家渾沌、含藏萬有的意義一般，余蓮「平淡」美學亦能回應此類「意境優美」、線條柔和、造形均衡的閒章風格。

如清林皋（1657～1726）「晴窗一日幾回看」閒章【圖 b3-3】，線條洗練，畫面協調；疏密開闔的空間全不擁擠，反有開闊空靈的意味。清巴慰祖（1744～1793）「下里巴人」閒章【圖 b3-4】字數較少，亦有這樣的意味。因此從本章「氣氛」審美的角度觀察，平淡之美在閒章中之所以能夠體現，除線條「去金石氣」的操作外，大抵與獲致雄渾美感的方式相同——即字與字的對話、印面「空間」之敞開。

圖 b3-3

晴窗一日幾回看

圖 b3-4

下里巴人

由上述「氣」的印學史脈絡及氣勢、氣韻與篆刻章法關係之追索，通向雄渾或平淡的氣氛審美，此一循序漸進的鋪陳，顯示古今篆刻「整體美」的思維體系。篆刻整體美，建立在線條經營（本書〈上編：第二章〉）之上，開啓空間技藝的視野，經由篆刻家對印面空間的巧思，獲致可比擬山水繪畫的雄渾／平淡氣氛，此氣氛流動於閒章作品與觀賞者之間，依於感官知覺、心領神會，使人進入閒章藝術的深刻意境。

從前述章節對氣氛審美境界之申論中，可發現篆刻章法之精髓，即在「空間」之運用，而此空間運用，又以「分朱布白」中的「布白」最引人入勝。進一步說，篆刻章法的技術操作千變萬化、層出不窮，但凡穿插挪讓、傾斜借用等技法，皆是局部的、未能以全局觀的整體造化，獲致如「雄渾」的字

宙浩瀚感（immensity）〔註 37〕或「平淡」的寧靜祥和。有鑑於此，本章提出「留白」爲篆刻「章法」技術操作之指標，並經由以下論述，彰顯「留白」在閒章藝術中的意義，通向閒章意境開顯的可能性。

第三節　空間技藝之核心

承上所述，篆刻「佈白」是章法運用的技巧指稱，「留白」則是山水繪畫常見技法——蔣勳曾談及宋代山水，謂「空白」：「是一切，是初發，也是終了」、「不是沒有，而是更大的可能」、「正是想把我們帶領進這樣一個『尚未命名』的世界」，〔註38〕點出山水畫藉「空白」而能在畫作的有限視野中，獲致現實山水景觀的無限感。王建元則謂：

> 「早春」中的空白變成了具物質性的意符、指標，作主題性的回指本身的存有……它表徵著自身那包容萬物的「鴻蒙」特徵。而最重要的，就是萬象化機與任何「存有的總體」都得憑藉這鴻蒙才能呈露、湧現。〔註39〕

將「空白」提升至道家「無」的本體境界，直指其含藏萬物、化育萬有的功能。由是，我們瞭解「空白」在中國山水畫傳統中的形上意涵——若試將印章之邊框喻爲山水畫之畫框，則發現篆刻之「章法」即山水之畫面空間，構圖與表現產生視覺的激盪，此畫、印原理相通而稍異於書法者也。〔註40〕

論及山水「留白」的定義，便需回溯宋代山水畫中「空白」構圖的範式——觀察郭熙〈早春圖〉、馬遠〈踏歌圖〉、夏珪〈溪山清遠圖〉等著名的作品，發現「空白」的面積之大，幾佔畫面的三分之一、四分之一。因此，對照北宋山水經典的遼闊與空靈，印章作品中的雄渾之氣，亦可藉由大面積的留白產生。究其理路，篆刻「印面」如同山水畫的捲軸或絹帛，文字如同水墨畫的山勢、流水。山勢有重巒疊嶂，印文能疏密開闊；流水有曲折蜿蜒，印文能交錯借用……

〔註37〕詳見「私密的浩瀚感」。加斯東・巴舍拉（Gaston Bachelard），龔卓軍、王靜慧譯：《空間詩學》（台北：張老師，2003 年）。

〔註38〕蔣勳：《美的沉思——中國藝術思想芻論》（台北：雄獅圖書，1987），頁 109～110。

〔註39〕王建元：《現象詮釋學與中西雄渾觀》（台北：東大圖書，1992），頁 73。

〔註40〕書法中的空間表現，從篆、隸乃至於行、草，少見以大面積留空作爲美感訴求者；且書論中亦無「留白」的思維，以此與畫、印的著重「畫面整體性」區分，強調三者雖同源、互涉，卻亦須謹慎於其藝術本質之差異。

山水畫中的「空白」使「遠」、「近」相參互易，視野被擴大、被延伸，展現宇宙無限浩瀚感；而印面中的「留白」則在字與字之間製造了喘息的空閒，使印作不再因盈滿而產生令人窒息的壓迫感，同時在字與字的疏離空間中，線條相互吸引、凝聚，使空白處襯托了篆字的渾厚與力度，呈現具體的氣氛美。茲以下列論述開展閒章空間技藝如何呈現「留白」意境。

一、「章法」規範的突破

古典印論中對章法法度之規範不乏篇章——元吾丘衍（1268～1311）《三十五舉》云：

> 白文印，必逼於邊也，不可有空，空便不古。
>
> 朱文印，不可逼邊，須當以字中空白得中處為相去，庶免印出與邊
> 相倚無意思耳。〔註41〕

所謂「逼邊」即印文文字與邊框之間距接近者。晚明徐上達（生卒年不詳）《印法參同》則對「空地」一詞有所陳述：

> 諸印下亦有空而宜懸之者，不可妄意伸開，與加屈曲，以求填滿。
> 〔註42〕

「有空而宜懸之，不可妄意伸開」是謂印文文字的收筆忌屈伸填滿，應懸吊而底部留空。晚明陳澧（1810～1882）在《摹印述》中的觀點與上述略同：

> 印字有自然空缺，懸之最佳是也。又當之有一空處，必更有一二空
> 處配之。〔註43〕

至於清代袁三俊（生卒年不詳）《篆刻十三略》也對「空」有具體的形容：

> 字無論多少，配無論方圓，總以規模擴大，體態安閒為要，不使疏
> 者嫌其空，密者嫌其實，則思過半矣。〔註44〕

劉江《篆刻美學》對上述印論中「空白」的陳述有以下觀點：

> 如對章法中之字與字間和印邊的留「空」法則……不僅印中的空白，
> 應求之「自然」，所謂「聽其自空」、「去字太闊」、「不可妄意伸開，
> 與加屈曲，以求填滿」、「不使疏者嫌其空，密者嫌其實」，而且注意
> 到「呼應」，即「知有一空處，必更有一二空處配之」。並具有以求

〔註41〕韓天衡：《歷代印學論文選》（杭州：西泠印社出版，1985年）。
〔註42〕韓天衡：《歷代印學論文選》（杭州：西泠印社出版，1985年）。
〔註43〕韓天衡：《歷代印學論文選》（杭州：西泠印社出版，1985年）。
〔註44〕韓天衡：《歷代印學論文選》（杭州：西泠印社出版，1985年）。

其印面生動,「以規模擴大,體態安閒為要」的美學原則了。同時還注意到因對象條件大、小、方、圓等不同,而處置法也各異的辯證觀點……〔註45〕

由此可知,古人早意識到空白的重要性。觀察晚明以來的漢印典範可知,線條的均勻與界格的整齊,兼以印面的盈滿,是漢白文印的特徵,「漢保塞烏桓率眾長」【圖b3-5】即為此例。這種特色在清代浙派印風中得到高度詮釋,朱文印「雷溪舊廬」【圖b3-6】的安穩即是一例。然而就篆刻藝術史的展演而言,這兩種謹守規矩的印風終將流於習氣,最初的仿古作品使人驚艷,但經流派印人大量複製而欠缺創新之後,其生命力就逐漸消逝。

以空間的挪移、製造空白等手段在這種基礎上進行改進的,如陳鍊(1730～1778)朱文印「潤花小雨斑斑」【圖b3-7】中「小」字大量留空、重複字「斑」以省文符號表示,並將省文符號置於左下角,使得空間更加疏廣。然而,這種空間運用只是在印文文字之間進行位置、筆畫的改變,並非本書所欲探求的「留白」示範。本書所謂「留白」,應是以整體印面為考量,打破格局疆界的積極意義。

圖 b3-5　　　　　　　圖 b3-6　　　　　　　圖 b3-7

漢保塞烏桓率眾長

雷溪舊廬

潤花小雨斑斑

欲從印章藝術史中發掘「留白」之實例,則須先回溯印章藝術發祥之初——先秦璽印考察。先秦小璽多以大篆、籀文入印,因此線條較漢銅印奔放活潑,然而如「日庚都萃車馬」【圖b3-8】這般大小的印作確不多見。且其印文呈「U」字排列,這在先秦璽印當中,要算一個異數。此種「U」型排列的用意為何,我們不得而知,然而其中間的留白給予兩行文字充分自我展現之空間,底部的「都」、「馬」二字不著痕跡地銜接,穩定了全印的走勢。若說

〔註45〕劉江:《篆刻美學》(杭州:中國美術學院出版社,1994年),頁67。

晚清印人對留白空間的開創取法「日庚都萃車馬」一印，可能性應是很高的。

不同於先秦璽印的渾然天成（因當時尚不具有篆刻的審美意識），文人篆刻以石材爲媒介，所有精心設計皆需配合印石形狀，因此被總稱爲「方寸之間」或「雕蟲」的精緻藝術，若要達到「日庚都萃車馬」所流露出未經矯揉造作的雄渾感，便需從對印章格局的「破壞」開始。篆刻發展到清中葉，在乾嘉年間碑派書法的影響刺激下，鄧石如（1743～1805）率先實踐「印從書出」〔註46〕觀，他的登高一呼激起後代名家吳熙載（1799～1870）、徐三庚（1826～1890）、趙之謙（1829～1844）、吳昌碩（1844～1927）、黃士陵（1849～1908）、齊白石（1863～1957）等人的遙相呼應，這些印人皆擅以書法入印，成就清代印壇不朽的高度。從鄧石如「意與古會」【圖 b3-9】一印即可看出它與漢印法度的大相逕庭：融合刀法與筆意後，線條自由伸展所呈現的趣味。

圖 b3-8 　　　　　　 圖 b3-9

日庚都萃車馬　　　　　　　意與古會

接著「印從書出」論調，趙之謙提出了「印外求印」觀念，更彰顯了篆刻藝術包羅萬象、恣意變化之特色——憑藉作者對古文字的修養、於金石考古上的獲得；或對書法筆意之體會、章法形構之創意，皆能置入印章中。對「古意」或「新意」的詮釋，皆在「印外求印論」發展後的百年間，得到充分的展現。此種融會貫通以顯現篆刻家生命底蘊的特質，正是中國藝術的深邃之處。

自「印從書出」到「印外求印」，無疑地顯示了篆刻藝術在形制、風格上的轉變與突破，使得印章能夠脫離「精緻」、「實用」的最初目的，〔註47〕達

〔註46〕鄧石如本身並未提出「印從書出」理論，後人從他印作中「以書法入印」的傾向，發展一套「書從印入，印從書出」的觀念。參考黃惇，《中國古代印論史》（上海：上海書畫出版，1994 年），頁 251～262。

〔註47〕印章從先秦發展以來，一直被人們以生活中「取信驗證」的工具看待，屬於工藝品之流。先秦璽印的小巧精緻、漢銅印的便於攜帶皆是強調其實用的表

到與書法、繪畫並駕的藝術高度。篆刻「文字」的線條、筆法若停留在漢印或先秦璽印，可謂食古不化；然而若改刻以楷書、行草，也未必能顯現其金石逸趣的美感。因此如何參酌古代文字的字形、構成並且「以刀代筆」將之刻畫在方寸之間的印面上，則需仰賴「印面空間」的經營。在本書的論述中，「空間」是討論的核心問題。〔註48〕

二、解消「章法」

承上所述，由批判印風習氣「規矩」、「法度」的思維，能一掃印章「方寸之間」藝術載體的侷限性：將字與字的間隔打破、線條與線條的束縛解消，呈現出活躍的生命力。在此之後，篆刻家更力求突破，使用更積極的手段，甚至解消章法、拋棄虛實、挪讓、呼應、界格……竟得到更大的成功，本章意義下之「留白」藉此將閒章藝術帶向意境深刻的更高境界。茲以二點陳述：

（一）支離、斷裂：解構的空間

從篆刻文字與空間的崩解與破壞著手，民初印人來楚生（1904～1975）「處厚」【圖 b3-10】作了很好的示範：線條凝重，且多斷裂，「厚」字下方留白，「處」字則下盤穩當；「厚」字「厂」撇緊貼著故意破壞的左邊框，似要融為一體，「處」字則適當地與結實的右邊框疏離，形成相互呼應的態勢。明末書法家傅山（1607～1684）〈作字示兒孫〉云：「寧拙毋巧，寧醜毋媚，寧支離毋輕滑，寧直率毋安排。」，〔註49〕傅山用「支離」對舉「輕滑」的用意——若在字體的波折處，圓筆帶過；在字體首尾（「首」：點、按一類的起始筆劃，「尾」：勾、勒一類的收尾筆劃）處不加留意，將呈現一種缺乏骨幹的書寫風格，傅山對「輕率浮滑」的人格是不齒的，他標榜作字應要先做人，人格上的消極狀態會在書法的表現上得到顯現，因此要避免輕滑的書風，需有骨氣、不輕易妥協。「處厚」一印對篆字的「支離」感有著相當成功的營造。

再看「支離」所呈現的審美特質：傅山認為顏真卿（709～785，唐代書

微。

〔註48〕 本章的討論雖以「空間」為核心論題，但仍屢次提到篆字筆法在構成「整體美」時的重要性，是由於刀筆的古拙、老辣往往加強人們閱讀印作時感受到的豪邁、雄渾之氣；而刀筆的工整、秀美亦能引起人們觀看時的淡然平靜。篆刻藝術作為一美學課題的討論，「刀」、「筆」、「章法」、「印材」、「詩文」往往相互牽引，難以忽略，因此本書在導論當中只略述其發展歷程，聊備一格，以免失去本書論述之圓滿性。

〔註49〕 〔明〕傅山：《傅山全書》第一冊（太原：山西人民出版社，1991年），頁50。

法家）的書法具有支離的特質，〔註50〕並在自己的作品中拆解、錯置文字的部首、筆劃，是其親身對理念的實踐。《莊子》一書屢次以形軀殘疾、不合時宜之人作爲「無用而大用」的表徵，〔註51〕而篆刻「空間」中的斷裂與支離，儼然流露出高古的氣魄。吳昌碩「泰山殘石樓」【圖b3-11】亦有相同的情調：「殘」、字看似逸筆草草、「樓」字筆劃斷續而彷彿與邊框相連，似要衝破既有框限；然而留白空間充分將「石」字的「厂」與「口」拆解，化解了擁擠閉塞的危機。

圖 b3-10

處厚

圖 b3-11

泰山殘石樓

「支離」代表文字空間的崩解，「斷裂」代表文字線條的解消，這種作爲使印章不再受規範，印面空間終成一自由空間，讓字與字在其間悠遊、嬉戲。空則妙有、白則戲黑，這些在印章印面裡形成的空間藝術，是「留白」之所以獲得氣氛美的要素。

（二）從印裡到印外：延伸的空間

經由對印面「內部空間」進行論述，「留白」技藝也往往伴隨著對印章邊框的解消。「邊框」自古就是印章不可或缺的一環，傳統邊框有圓有方、能粗能細，亦有菱形、錢幣形、「亞」字型邊框……而清代文人則意識到從邊框的舊化、破損技巧，能獲致氣象雄渾的印風。來楚生「一氣所搏」【圖 b3-12】即是一例，此種破壞邊框的範式從古代「封泥」拓印得到靈感，是「印外求印」論的實踐

〔註50〕白謙慎，《傅山的世界》（北京：三聯書店，2006年），頁141。
〔註51〕如《莊子・人間世》中所謂支離疏者：「支離疏者，頤隱於臍，肩高於頂，會撮指天，五管在上，兩髀爲脇，挫鍼治繲，足以餬口。鼓筴播精，足食十人。上徵武士，則支離攘臂而游於其間。上有大役，則支離以有常疾不受功。上與病者粟，則受三鍾與十束薪。夫支離其形者，猶足以養其身，終其天年，又況支離其德者乎！」〔清〕郭慶藩輯，王孝魚點校：《莊子集釋》（臺北：頂淵文化事業有限公司，2001年），頁180。

者，而他運用文字的疏空與突出「框」架之外（如「搏」字筆劃已延伸出框外），致使其印風渾厚，雖破損而不惹髒亂，則是空間延展的成就。打破邊框的閒章印作清中葉以來即多，來楚生「換了人間」【圖 b3-13】亦是一例。

　　「從印裡到印外」是篆刻藝術空間設計的不朽成就。它打破了既有的藩籬，誠如中國山水在有限的畫布上虛擬無限的山水景緻一般，對邊框進行有意識的崩毀，讓「字」能夠逍遙於「印」的框架之外，這無疑是晚清印風之所以雄渾豪邁的重要因素。

圖 b3-12　　　　　　　　　　圖 b3-13

一氣所搏　　　　　　　　　　換了人間

三、「留白」的意義

　　當本章以解消章法、揚棄章法之觀點看待「留白」技藝時，將遭遇篆刻形式主義論者的一種批判：普遍認為，任何（本書脈絡下的）空間創造，都能藉由所謂「章法的技術」歸類之，如《印章章法分類》〔註 52〕等技法書籍所示。然而技法上的科層分類將造成藝術死亡，區分愈是細緻，愈容易失去美之眞諦，並存在有分類之混淆、重複等問題（見本書〈導論：第一章〉及〈上編：第一章〉羅列當代印學專著之分類問題即知）。

　　空間的運用是極難的技藝。尤以閒章需同時兼顧畫面均衡與文意的解讀，〔註 53〕從兩字印、四字印到多字印，如何運用空間將所欲呈現的文字內

〔註52〕王本興：《印章章法分類（修訂本）》（天津：天津人民美術出版社，2006 年）。該書以「虛實」、「印文」、「點畫」三項劃分印章章法，計有五十種名目，諸如「歪斜法」、「重疊法」、「留空法」等。

〔註53〕在印章傳統中，兩字印皆「由右至左」解讀；四字印的印文順序通常爲 $\begin{smallmatrix}3&1\\4&2\end{smallmatrix}$，但也有 $\begin{smallmatrix}2&1\\3&4\end{smallmatrix}$ 的例子。多字印則通常「由上到下」「由右至左」解讀，這使篆刻家在考慮印章空間佈排的同時，還得遷就文意與順序。

容安插合宜，顯得相當重要。從前述回溯先秦璽印的範式到文字的解離、邊
框的毀壞，可以發現這些印作的共通點——欲獲致雄渾感、遼闊感甚至平淡
的深邃美，「大範圍留空」不可或缺。此大量留空的表現，即本章所提出之「留
白」技藝。中國畫論中「留白」乃山水之所以顯出意境、之所以與人雄渾、
平淡感受之關鍵，因繪畫構圖最終即在以視覺效果刺激人類感官，達到審美
之可能。而「留白」之於篆刻則有不同的旨趣：首先，山水畫論中「空間」
經營仍以山勢、水流、松石、雲靄等構造的經營為主，「留白」尚居其次；郭
熙（約 1023～約 1085）〈林泉高致〉云：

> 山以水為血脈，以草木為毛髮，以煙雲為神采。故山得水而活，得
> 草木而華，得煙雲而秀媚。水以山為面，以亭榭為眉目，以漁釣為
> 精神，故水得山而媚，得亭榭而明快，得漁釣而曠落。此山水之佈
> 置也。〔註54〕

因而山水「留白」可說是繪畫理論的精神面貌，當代論者體察山水氣韻之彰
顯，有賴「空白」給予生機，而非西方風景繪畫的填滿法。中國水墨的特色
即在黑白二色的相互拉扯，而印章藝術更是如此：在印材的凹與凸、陰與陽
之間；在硃砂與白紙的相互輝映間，因為有白（非表現文字的區域），才有黑，
印面空間千變萬化，既能從「字裡」到「字外」，亦能從「印裡」到「印外」，
有此「空間」的不斷變換，閒章才能在印章的固有模式中開顯出深刻的意境，
此一功勞，非「留白」莫屬。然而從印章流變史的脈絡看來，此「留白」手
段之創發非一蹴可幾，而是經篆刻家不斷突破與創新所獲得的成就。

　　因此，本節目的在通過本章第二節「氣氛審美」對篆刻章法的深層內涵
及其流變史作一梳理，提煉出閒章章法技術的本質意義——此一由「布白」
到「留白」的空間技藝所獲致的閒章意境，與「閒」的關係詮釋。以下將由
閒章「空間」經營中「留白」技藝為核心，探討閒章之「閒」的深意。

第四節　空間經營之境界

　　承上所述，「留白」既能在篆刻「氣氛審美」的觀看下，以空間的經營，
獲得藝術品的深刻意境，其背後的根源性意義，須透過本書《閒章美學》中
提出之「閒」深意將之立體化，而非僅止於視覺表象、技術操作的表面論述。

〔註54〕俞崑編著：《中國畫論類編（上）》（台北：華正，1984 年），頁 638。

本節之命題在於：篆刻家從印章發展史中，體察「習氣」之不可取，進而以各種空間技法突破印面的「方寸之間」格局，而能有今日閒章的高度藝術成就。在此突破的過程中，篆刻家所依恃的是何種理論基礎？當印面空間被解放之後，「留白」的意義如何能被感知而不流於俗套？茲以兩點論述：

一、大巧若拙

中國藝術的深邃之處，乃在其於技巧層面的不斷提升之外，尚具有追求與道家自然或佛家禪意契合的精神意涵。書法理論中，古人在技巧臻至高超的「神品」之上標舉個人特色濃厚的「逸品」即是此類氛圍使然。沈野（生卒年不詳，約活動於萬曆年間）的「自然天趣說」就是在老莊思維的影響下，創發出對印章自然之美的關照：

> 牆壁破損處，往往有絕類畫、類書者，即良工不易及也。只以其出之天然，不用人力耳。故古人作書，求之鳥跡。然人力不盡，鮮獲天然。王長公謂：詩雕琢極處，亦自天然。〔註55〕

黃惇《中國古代印論史》對此下了極佳的註腳：「前者是自然界故有的天然，後者天然則是藝術家通過藝術創作的手段獲得的第二天然。」〔註56〕此即呼應《莊子》中「既雕既琢，復歸於樸」〔註57〕的自然天真。道家思維肯定人為的藝術品也能達到「渾然天成」的高度：《莊子》講人「體道」的要以「工夫」，而有「心齋」和「坐忘」；以《莊子·達生》篇描述工匠「梓慶」在創作鬼斧神工的藝術品前，一連串的齋戒行為為例，闡明心智清明對藝術的重要性。〔註58〕工匠「梓慶」的齋戒工夫，是瞭解到耳目的知覺和理智的邏輯思考只能把握有限的事物，去除知覺、了無限制，才能有對事物超乎表象的審美觀。「坐忘」的工夫在脫去生命的困擾，才能回到美最初的形式。「忘」

〔註55〕黃惇：《中國古代印論史》（上海：上海書畫出版，1994 年），頁 78。

〔註56〕黃惇：《中國古代印論史》（上海：上海書畫出版，1994 年），頁 78。

〔註57〕〔清〕郭慶藩輯，王孝魚點校：《莊子集釋》（臺北：頂淵文化事業有限公司，2001 年），頁 677。

〔註58〕《莊子·達生》：「梓慶削木為鐻，鐻成，見者驚猶鬼神。魯侯見而問焉，曰：『子何術以為焉？』對曰：『臣工人，何術之有！雖然，有一焉：臣將為鐻，未嘗敢以耗氣也，必齊以靜心。齊三日，而不敢懷慶賞爵祿；齊五日，不敢懷非譽巧拙；齊七日，輒然忘吾有四枝形體也。當是時也，無公朝，其巧專而外骨消，然後入山林，觀天性形軀，至矣，然後成見鐻，然後加手焉，不然則已。則以天合天，器之所以疑神者，其是與！』」〔清〕郭慶藩輯，王孝魚點校：《莊子集釋》（臺北：頂淵文化事業有限公司，2001 年），頁 658。

即經驗知識的消解，如果能忘卻執著之自我，而僅以最真誠的直覺體驗，則內心就得以自在悠遊，得到美的靈光。

　　《中國古代印論史》記載沈野此種創作過程之實踐：「每作一印，不即動手，以章法、字法往復躊躇，至眉間隱隱見之，宛然是一古印，然後乘興下刀……」、「對几案，默坐三四日得一印」，﹝註59﹞正是道家的應對方式。沈野在其著作《印談》中更進一步說：

　　　　嚐之無味，至味出焉，聽之無音，元音存焉，此印章之有詩者也。
　　﹝註60﹞

「道」之自然本真，在「無味」與「無音」中體現。不僅要「離形」、「墮肢體」，且要「去知」、「黜聰明」，要「外於心知」，擺脫物象的蒙蔽，超越事物表象實用、功利的目的，直達內心的自然、「道」的精髓。沈野的「自然天趣說」，提供了人們「美」的形上觀——美感無所不在——在最簡單、最直接的創作當中，反而更能見其美。

　　吳昌碩「平平凡凡」【圖 b3-14】一印，引人對沈野的自然天趣理念咀嚼再三。「平」、「凡」二字筆意樸實，端無矯飾，上邊框若隱若現，幾乎煙消雲散；下邊框反而厚實，如地基般承載全局。印面中大量的留白正是體現這種質樸不可或缺的一環，除了省文符號左右點綴之外，再無他物，線條各自舒展而簡略，流露出深遠的視覺效果，彷彿穿透紙背，令觀賞者之思緒直達縹緲虛無的彼端。齊白石自用印「煮石」【圖 b3-15】是其著名作品之一。同樣沒有任何裝飾，「石」與「煮」交錯互滲，不偏不倚，不蔓不枝；印面中多處大面積空白受筆畫區隔，自成天地，像休耕時的水田，寧靜而與世無爭，一派祥和而素樸。

圖 b3-14　　　　　　　　　　圖 b3-15

平平凡凡　　　　　　　　　　煮石

﹝註59﹞黃惇：《中國古代印論史》（上海：上海書畫出版，1994 年），頁 79。
﹝註60﹞黃惇：《中國古代印論史》（上海：上海書畫出版，1994 年），頁 77。

「平平凡凡」、「煮石」所呈現不伎不求的素樸氛圍,與本書脈絡下閒章的無功用心有相應之處──「閒」既無所爭、亦無所取;心胸開闊,能納萬物,或云心境一片清明,所以能簡能樸──印章一藝本表示文字、取信驗證之用,閒章則反其道而行,既不為表示文字意義,也不受取信驗證的功能性宰控,篆刻家能「直書胸臆」,各種各樣的字句、奇形怪狀的線條、歪斜疏密的空間皆能入印,這種歷史氛圍,才使上述兩方少字數、多留白的印作的出現,使印章有如此素樸的面貌,以及閒章藝術契近自然的可能。回顧本章第二節所述「雄渾或平淡」的氣氛美感,此「留白」既能造成印章「氣勢」的具體雄渾、豪邁與高古氣象,亦能引起寧靜致遠的平淡氛圍,此印作能在窄小之幅面,引起人們想像、引發意境,則「留白」居功厥偉。

「留白」的疏懶與素樸,是閒章之「閒」所相應的:「閒」既有精神上的素樸意義(無所為),亦有藝術實踐上的素樸意義(任其自然),經上述引論,此「閒」意味亦與道家的自然天趣能有所呼應,此現象屬中國傳統藝術的特質──畫面的素樸、意義的邈遠,回歸天然本真,此在書法、繪畫經典作品及書論畫論中亦能見得蛛絲馬跡。

二、從有限到無限

閒章之畫面素樸,是篆刻家能從「空白」中體出韻味的結果。而此種清明潔淨的氣氛,是在印面「有限」空間內(即邊框之內)所獲致的境界;回顧本章第三節所論「從印裡到印外:延伸的空間」所舉的若干例證可知:藉由突破邊框的限制,能使閒章達到更顯著的氣氛;雄渾或平淡皆可從中開顯。此一從「有限到無限」的轉化所含藏的意義與閒章之「閒」的相應處──山水畫的困難處是「佈局」。王維〈山水論〉中多觸及佈局之重要:

> 觀者先看氣象,後辨清濁。定賓主之朝揖,列群峰之威儀,多則亂,
>
> 少則慢,不多不少,要分遠近。〔註61〕

其中「觀者先看氣象」意味著山水畫「縱觀全局」的整體美,閒章藝術亦如是,「空白」的彰顯,是觀賞者「退一步」遠觀才能得見;若是過度要求線條之工拙、章法之勻稱,豈能注意空白之處?

又,古人論山水創作曾有「閒來寫得青山慢」一句,值得細加品味:青山、流水、草木、蟲鳥是不間斷地存在著,在生生不息的宇宙中,它不逃離,

---

〔註61〕俞崑編著:《中國畫論類編(上)》(台北:華正,1984年)。

也不變化，也就沒有「抓不住」的危機。現代人以相機拍攝自然時，會以爲景物能被捕捉；〔註62〕然而畫家藉筆墨「寫生」，難道只在描繪山水的表象面貌？應該說，愈是憑藉「視覺」擷取景觀而成畫，則愈與山水之精神漸行漸遠。由是，「閒來寫得青山慢」的「閒」字就更形重要：時間的拉長、空間的流徙，使畫作中山水的面貌，充滿變異性，而能更接近道家所稱「氣化流行」的「自然」。

閒章「留白」現象予人的啓示，亦在此「萬物流變」當中見得：印章畫面本爲「線條」構成，設若「線條」乃山水繪畫之山勢，則線條是千變萬化、放蕩不羈的，要將之收攝於畫面（印面）之中，需篆刻家體察「空間」技藝的任其生長，才能使線條綻放出自由美妙的光采。莫要認爲篆刻空間乃平面的、固定僵化的、死寂的，只因其不像書法般具有奔放的線條，或如山水繪畫般有廣大的幅面得以悠游其間；事實上，空間的流動在閒章中能有相當的呈現。

空間的流動需篆刻家以自身生命去體味氣化流行之感；「留白」因作爲印面印文的「襯托」力量不爲人所覺察，卻能使整體美散發韻味。中國藝術創作較不似西方，西方藝術是種高峰經驗，是當下靈光的迸發，是生命力量的歌唱，如梵谷與印象派在光影中捕捉雲那間閃逝的真實；而中國人講養生，主氣韻，是實踐型的藝術生命，重在於工夫修養。西方藝術家燃燒自我，企求藝術的真諦，詰問事物的本源；中國人則更像個旁觀者，與萬物同遊，與宇宙共在，但不苛求、不佔有，因而有了距離的美。此即閒章之「閒」因具有「距離的美感」而能使篆刻藝術具有深度的原因。

承上所述，詳參本章第三節所舉印例（吳昌碩「泰山殘石樓」、來楚生「換了人間」）可知，本章脈絡下篆刻的「意識型態」——章法技法等固有的陳規、限制，即因「留白」的打破界格、放逐邊界，而使印面線條得到生機與活力，在意識解離的狀態下，篆刻家乃「技進於道」，獲得高妙的境界。

總此，本節由「素樸」以至「從有限到無限」，闡述閒章由「留白」經由氣氛之「整體美」獲得意境的內在意涵。論述中接引道家美學與西方美學觀，正是以多重詮釋的視角，「退一步」觀看空間技藝的所有「可能性」，實踐品鑑者將自我抽身於品鑑行列之外，不會被世俗的紛亂，遮蔽了藝術美好的行動。郭熙〈林泉高致〉云：「山水大物也，人之看者須遠而觀之，方見得一障

〔註62〕華特‧班雅明（Walter Benjamin），許綺玲譯：《迎向靈光消逝的年代》（台北：台灣攝影，1998年），頁96。

山川之形勢氣象。」〔註63〕美的靈光，需從整體去關照。閒章「空間」技藝亦如是，是整體、是氣氛流露。郭熙〈林泉高致〉不但從技法上談山水格局，也從觀賞者的角度體現「美感」與「人」渾然一體的概念。

第五節　結　語

　　隨著本章之論述告終，本書《上編》的繁複工程亦告一段落。鑑於古人論印往往接引文論、書論、畫論之傳統，今人在閱讀、整理印學理論時不免出現混淆與錯誤理解，導致論述的歧出與缺漏，因而《上編》的目的即在對當前印學書籍的篆刻理論作補強。〈上編：第一章〉針對印語研究的空乏；〈上編：第二章〉針對「刀筆逾越」的概念鑽探；〈上編：第三章〉提出「留白」現象，對當代篆刻美學如劉江《篆刻美學》中「氣勢」美感進行辯證與批判、探究篆刻「氣」一詞的深層意涵；並企圖一窺篆刻家以「留白」對道家雄渾宇宙觀予人的「無限」意義之追求活動，導向古代印論中篆刻「意境」開顯之可能。

　　經由「印語」、「刀筆」、「佈白」三項篆刻藝術的組成元素之論述，則可繼續進行本書《下編》之探討：由閒章印語之意境、線條展現之風格、空間經營之留白哲學，可對〈下編：第一章〉「作品」論探問篆刻「意境」的本質與形式；能對〈下編：第二章〉「創作主體」進行作者如何引發創造的本源性探索；最終對〈下編：第三章〉「審美主體」——觀賞者與作品、作者三者鏈結的美學體系之建構，完成本書重構篆刻美學之目的。

　　《上編》各章之尾段皆以閒章之「閒」的深層探問作為討論之終極關懷，目的在導出作品、作者、觀賞者在「篆刻」領域中依「閒」概念而形成的特殊文化，亦將在《下編》中以綜觀全局的方式整合、提煉出其美學意義。

〔註63〕俞崑編：《中國畫論類編》（台北：華正，1984年）。

下編：閒章之審美論

引　言

　　承《上編》所進行之「技法探索」成果，可看出篆刻確實具有從技藝昇華而契近於「道」之可能性，經技術追問而引發閒章意境的導出，為本書之終極關懷——閒章美學體系之建立——打下堅實的論述基礎。蒲震元《中國藝術藝境論》云：「意境就是特定的藝術形象（符號）和它所表現的藝術情趣、藝術氣氛以及它們可能觸發的豐富的藝術聯想與幻想的總和。」〔註1〕設若蒲氏所謂「特定的藝術形象」即本書脈絡下閒章的視覺藝術、文學意涵所構成，則其藝術情趣、美感氛圍將藉由閒章之「意境」獲得彰顯。〔註2〕

　　然而，閒章作為篆刻之菁華體式，觀察其作品、作者、觀賞者間的關係，是本書的最終目的：閒章作品之意境與宇宙萬物的關聯為何？閒章的創造過程中，作者與作品的關係為何？觀賞者如何面對閒章作品，進入閒章之美？回溯〈導論：第一章〉「用」至「非用」的文化轉折，可知印章經文人之手，既去其私屬性、又泯其目的性，從不被認可的「閒雜」到遊戲心態的「閒散」，是從邊緣向中心的轉移，此一轉變，與文人的美學思維有關。正因無所追求、無所抱持，視印章為「雕蟲小技」的「閒散」態度，閒章才從「正統（姓名印）之歧出」的「閒雜」，轉向去目的性的「閒散」，使印章能自由發展，躋

〔註1〕　蒲震元：《中國藝術藝境論》（北京：北京大學出版，1999年），頁1。
〔註2〕　「意境美學」的深層意涵，是探究藝術項目之本質、本體及藝術真理的途徑。從本書一脈相承的論述中，閒章的本體與本質已呼之欲出——閒章之境界的獲得與修養，首先須體察印章發展史的文化脈絡，才能在美的基本條件中，追求更高的境界開展；其次要有充分的技法冶鍊、素養薰陶，才能獲得超凡出眾的藝術層次；最終仍需藉富有創造力及感知能力的心靈與身體，才能使藝術品散發靈光。（詳見宗白華《美學與意境》、賴賢宗《意境美學與詮釋學》）

身藝術殿堂，復而追求美感、典雅、風格、氣韻的「閒逸」境界。〔註3〕在此
內涵的開展流變過程中，存在著作品（閒章）、作者（篆刻家／文人）及接受
者（鑑賞家／文人）的美學串聯，因此《下編》中即以此宏觀且漸次推演之
論述視角，分別進行「作品」、「創作活動」、「審美活動」三方面的鑽探與創
造性詮釋，期能尋得其「美」之眞諦。

〔註3〕 「閒逸」一詞詳見後文論述。

第一章　閒章之作品

第一節　前　言

　　承《上編》所展演篆刻語言、線條、空間之技法，可觀察不同層次的作品有不同的呈現，本章將藉其研究成果，探問閒章「意境」〔註1〕的詮釋可能，並以此建立「閒章美學」關於「作品」的面向。古人品鑑篆刻藝術層次時重視「品格」、「品質」，是在作品技術層面（即篆法、刀法、章法等審美規範）、視覺效果以外的整體關照。〔註2〕如周應愿（生卒年不詳）《印說》云：

> ……畫有品，印亦有品……法由我出，不由法出，信于拈來，頭頭是道，如天仙人偶游下界者，逸品也。體備各法，錯宗變化，莫可端倪，如生龍活虎，捉摸不定者，神品也。非法不行，奇正迭運，斐然成文，如萬花春谷，絢爛奪目者，妙品也。去短集長，力追古法，自足專家，如范金琢玉，各成良器者，能品也。〔註3〕

然而諸如神、妙、能、逸等「品」的審美，即含有評論者個人好惡及其審美傾向的問題。如同「氣」之審美一樣（詳見本書〈上編：第三章〉），此一判準雖與鑑賞者個人感知活動相關，但作品如何獲得上述品格，在作品的印面經營中，亦能窺得蛛絲馬跡。當代篆刻理論即缺乏此品格層次的檢討與深究。

〔註1〕　賴賢宗：《意境美學與詮釋學》（台北：史博館，2003年）。
〔註2〕　「四品」研究參考毛文芳〈試論中國繪畫品目的建立與發展〉，《漢學研究》第十三卷第一期（1995年6月），頁299～327。
〔註3〕　劉江：《篆刻美學》（杭州：中國美術學院出版社，1994年），頁35。

葉一葦《中國篆刻的藝術與技巧》即已察覺：

> 但很奇怪，篆刻的欣賞很少談境界，從事創作的人也很少談境界，
> 到目前為止，出版的篆刻藝術叢書，也避而不談，或者淺嚐輒止，
> 沒有形成一種風氣。〔註4〕

閒章作品之境界的獲得，是建立在印章發展史的文化脈絡下，以美的基本形
式，追求更高的境界開展，此開展要求充分的技法冶鍊、素養薰陶，才能獲
得超凡出眾的藝術層次，因此，本章由「作品」的視角出發，探問閒章之美
學意義。茲由下列展開問題意識：

（一）文化脈絡中的閒章作品

在明、清篆刻發展的脈絡中，文人是否意識到篆刻能有意境的顯出？在
明清篆刻發展的歷史中，從印章到篆刻的藝術化過程，繼而篆刻至閒章的概
念轉演，閒章一直游離在閒與不閒的辯證中，篆刻家亦同時進行著閒章與非
閒章的產出，文人追求閒章藝術層次的企圖心處處可見。需注意的是，閒章
在文人文化中的角色，即與一般印章不同，承〈導論：第一章〉所示，閒章
雖同屬明清文人、篆刻家的創作載體之一，在創作動機、過程、目的上即與
「非閒章」有微妙的差異。

因此如何定位文化脈絡中閒章作品，及其如何傳播，是本章首要觀察重
點。經由觀察閒章作品的文化處境，對本章後文針對閒章之意境及作品境界
論述的基礎認識──閒章作品所具有「作品內部」與「作品外部」的不同脈
絡，將引導讀者對閒章美感的理論基礎有更明確的認識。

（二）閒章作品意境

本書《上編》分別以閒章「印語」、「刀筆」、「佈白」等技藝項目進行鑽
探，目的在導出閒章作品的高度美感層次：由語言討論印語之意境展現，由
線條造形中「刀筆逾越」現象探討意境的微形式，並由印面整體空間討論閒
章諸如雄渾或平淡等美感的各種面貌，通向對閒章意境的討論。本書的撰寫
策略即依賴一假設性命題──即閒章意境最終樣貌，應是此語言、線條、空
間三位一體的。

首先，印語承襲自文人抒情傳統，其藝術境界的判準，建立在既有的詩
學理論基礎上，承本書〈上編：第一章〉所言，印語語彙是「異化詩境」，是

〔註4〕葉一葦：《中國篆刻的藝術與技巧》（北京：中國青年出版社，2004年）。

經轉化變質的格言式書寫，是自成格局的斷片文學。因此閒章印語乍看援引古人詩詞，實際上已非詩學傳統所能規範，屬於新的形式。其次，閒章線條表面上與書法筆意密切相關，亦常以書法美學作為評斷技術層次之判準，而事實上閒章線條乃融合「鐫刻」之刀趣與「書寫」之筆意，並在其不斷逾越當中，取得獨特美感，因此既不能僅以雕刻技法視之，亦不能純以書法線條美的範式套用，而需體察其融會貫通之中帶有差異（difference）〔註5〕的精神內涵。

最後，「空間」經營在印語、線條的基礎上，最契近意境的獲得。〈上編：第三章〉提出之氣氛審美，即點出閒章空間經營與山水繪畫傳統之斷裂與相契處，並以「留白」為其核心，企圖追索意境的可能性。從「留白」一詞的借用可知，閒章空間佈局含有山水美學之思維，本書〈上編：第三章〉已提出其與「山水留白」之區別，因此閒章「佈白」除了是各項藝術的結晶外，也是「印」之所以能與「書」、「畫」鼎立的獨特價值——印章「方寸之間」的幅面侷限正給予了其技藝融合與體現差異的契機，缺乏此空間侷限，閒章亦無法達到「芥子納須彌」高度。閒章融合各項技藝，並在其中尋得自身完成的形式，因而意境必定從融合與差異的過程中取得。

（三）閒章作品的美學意涵

承上所述，閒章意境依於篆刻技藝的融合與差異，此融合與差異的過程中，「閒」概念的美學意義佔有關鍵地位。因此本章作為《下編》由「作品」、「作者」、「觀賞者」詮釋篆刻美學之目的，亦將由「閒」概念之視角切入，探討閒章意境與「閒」的深層關係。鑑於當代研究的視域整合趨勢，本章亦由西方藝術理論及道家思維的觀看，使閒章「意境美學」得系統化，使「閒」概念能在文人文化論述中更加立體、鮮明，並突顯閒章之美學意涵在中國藝術中獨特的價值。

「閒章美學」為瞭解閒章作品之面貌及其審美判準的核心價值，本章由「意境」之命題開啟討論，藉篆刻各項技法之特殊審美規範下，檢視較一般印章作品更能突顯此獨特價值的藝術創造，並深入論析。本章作品論述之成立有賴《上編》之研究成果的匯通與相互詮釋，期能使閒章獨特意義獲得彰顯。

〔註5〕 此處差異做動詞。參考汪民安編：《文化研究關鍵詞》（南京：江蘇人民出版社，2007年），頁17～21。

第二節　閒章的文化網絡

本書〈導論：第一章〉曾論閒章之定義與範疇，有「私人到公開」、「實用至賞玩」等「用」至「非用」的過程，此過渡性質是由印章發展史的脈絡觀察。而探討閒章作品的展演歷史，則需進入明清文人藉由篆刻所連接成的「文化空間」〔註6〕網絡進行考察。

篆刻的文化空間是印刻作品、審美思維的交換與互滲之間，由篆刻家、文人組成的創作／品鑑行伍，是具備基本認知與技藝，以美感追求所形成的無形的「圈」。〔註7〕此文化空間基本上是沒有邊界（boundary）的，容忍各式各樣的喧嘩與介入，同時因為多重的介入，激盪出具有綜合特質（即本章前言所述之「融合與差異」特性）的藝術創造。然而此文化空間卻非只迎不拒的，它從眾多嘗試與歧出中，淘選出優秀的範式——以文人文化為主軸，雅化、深層化，並接受文人個人之生命情調浸潤，開展出各家爭鳴的美感思維——此範式既具有篆刻藝術共通之審美條件，亦含有藝術中個別差異的美感精神。因此重新梳理篆刻藝術的「文化空間」向度以通向閒章意境，有其必要性。本節討論明清篆刻之文化空間，提出以作品（即本書脈絡下的閒章作品）的內部網絡及外部網絡觀看此一交流互滲的文化場域。茲以下列數點鋪陳：

一、內部的網絡

對閒章作品而言，作品的內部對話意指「完成刻製的一方石印」與其它作者之作品間，經由臨摹、仿作所構成的關係網絡。此一「臨摹」行為之印作在中國藝術中佔有相當份量，因此有脈絡可循。由於古代篆刻刊刻成譜之慣例，作品內部的對話在另一層面則意指相同的印刻在不同媒介上的意義。

（一）作品的歧出

篆刻作品的特性之一，即在其能「鈐蓋」的實用功能，而閒章本作收藏賞玩用，其鈐蓋性質雖被降低，但用於書畫、尺牘落款的鈐蓋，仍隨處可見。

〔註6〕　鄭毓瑜：《文本風景——自我與空間的相互定義》對文學系統所產生之「空間」有獨特的闡發；本章脈絡下的「文化空間」即是借用鄭氏的詮釋策略，所創造的以篆刻藝術之文化背景為概念化指稱。參考鄭毓瑜：《文本風景——自我與空間的相互定義》（台北：麥田，2005年）。

〔註7〕　此「圈」的意義即含有權力關係、政治體系意味的空間、場域，如「演藝圈」、「政治圈」等。傅柯（Michel Foucault），劉北成譯：《規訓與懲罰》（台北：桂冠，1992年）。

但最能表現閒章鈐印意義的，是古人所輯個人印譜或名家印譜。從版本學的角度考察，〔註8〕印章一旦鈐蓋，則將失去其本來面貌，〔註9〕「印拓（即印章鈐蓋出來的痕跡）」得以獨立呈現於觀賞者的面前。因而「印拓」是篆刻流通、傳播的關鍵媒介，閒章因此可以被觀看、可以被品評，而收藏家更會因爲嚮往於親近藝術品的眞實面貌，興起藏印的風潮。

　　篆刻作品的「眞」並不在印作本身（即石材）之上。因石材上的印面是無法觀看的，其文字全以反向雕刻，印面本身並無可讀、可觀的視覺效果可言，它既無法同雕刻藝術一樣經由視覺直觀欣賞，在印章鈐蓋後的印拓表現上，又可能有印泥的色彩、濃淡、質地粗細，以及鈐蓋技術、印拓的媒材（如紙本或絹本的拓印效果即有差異）……等各種問題。如此兩難的情況下，作品的眞實性存在著一種懸而未解的模糊狀態——它既隸屬於石材的印刻表現，又不能脫離鈐蓋後的媒材（紙張、封泥或絹類等絲綢品）而觀賞。因此在篆刻文化空間的作品內部關係中，存在著作品與其自身歧出的不斷對話——每當印作被鈐蓋一次，它就獲得了一次新生，這並非複製羊（cloned lamb）般原封不動的細胞搬移，而是雙胞分裂的本質性差異——隨著鈐蓋次數的多寡，印章磨損、殘蝕程度與日俱增，作品雖不可能以原貌重現，卻可能在歲月刻痕的鬼斧神工之後，獲得藝術極致的展現。〔註10〕此處所要說明的是，當代觀看篆刻藝術中作品之視野，必須體察此一特性，才能不致迷失在求「眞」辨「僞」的二律悖反；並能從中體味篆刻藝術的獨特價值——不斷從「軌跡（trace）」〔註11〕之中否定自我，同時完成自我的意義。

（一）作品與作品之間
　　上述從篆刻作品的「自身」觀察，得到印譜發達以來，明清印章版本較

〔註8〕當代大陸以版本學研究印譜之刊刻，諸如「拓鈐本」、「鈐拓本」等名詞皆由此展開。

〔註9〕古代不如現代有照相、影印、掃描、數位等方式重現擬眞的藝術品面貌，因此拓印技術將導致印拓與石印母體的歧出性格。

〔註10〕若從班雅明（Walter Benjamin）的角度講，「相片」事實上對「靈光的當下呈現」有一定的功效，而在此處的脈絡中，每一次的拓印行爲皆是一次對「當下靈光」的捕捉——石材印面在物理法則下，每一次的鈐蓋，其結果皆不可能與前一次相同；亦不可能與下一次相同，因而每次皆可謂「當下靈光（按：此處爲印章作品自身的靈光，而非班雅明所說的自然、或人文的靈光）」。

〔註11〕「蹤跡（Trace）」一詞引自德希達（Jacques Derrida）概念。詳見汪民安編：《文化研究關鍵詞》（南京：江蘇人民出版社，2007年），頁513～517。

爲人忽略的面向。而從作品表面（若前述「反字」的石材印面爲不可讀的藝術品「本尊」，則此處的作品表面意味著鈐蓋成爲印拓後，可讀可觀的「分身」）觀察篆刻文化空間的關係網絡，可發現承襲自古代藝術傳統的「臨摹」、「仿作」體系，如「金石癖」、「曾經滄海」等印作之模仿、重現即爲此例【圖 c1-1、圖 c1-2】。

圖 c1-1　金石癖

| 奚岡 | 孫三錫 | 吳隱 | 黃易 |

圖 c1-2　曾經滄海

| 趙之琛 | 徐三庚 | 錢松 | 董洵 | 胡震 |

除上述對印語字句的襲用外，流派印風亦是篆刻技術襲用例證：從晚明文彭首開文人治印風氣以來，對於刻印手段的承襲，在篆刻藝術中形成一股強大力量——印人習得基本刻印法門後，欲從眾多的風格基調中取法，以發展個人風格。如早期的三橋派（文彭）、雪漁派（何震）、泗水派（蘇宣）、婁東派（汪關），及清代浙派、皖派等皆爲篆刻家取法的對象，久而久之形成一創作行伍——在技術之承襲及審美思維之繼承中，作品所呈現的某種共同追求、藝術傾向，即是作品與作品間的鏈結關係。

在篆刻此一技藝承襲與語言轉引的過程中，作品與作品在被創造的過程中進行著辯證：以奚岡、孫三錫、吳隱所作「金石癖」爲例，相同的佈排方式以不同之文字篆法排寫，配合篆刻家個人的刀法風範，形成從技法上看只有些微差距，卻風格各異的三方印作。亦如「曾經滄海」的五種表現形式所呈現之不同意趣，彷彿具有某種親戚般的連帶關係，例如趙之琛、錢松在「曾經滄海」

中篆法、章法中可見其一脈相承的現象；卻又各自疏離彷若撇清關係，如董洵、胡震同刻「曾經滄海」卻選擇彼此迥異的漢印滿白刻法（董）與漢摹印篆、小篆兼用的元朱文印風（胡），其辯證性格之強烈，由此可以得見。

二、外部的網絡

　　承上所述，作品內部的連結性與辯證性，是篆刻文化空間的內部網絡，即篆刻藝術本身依文化背景所形成的傳播、流通、模擬、創造⋯⋯之場域。關於作品外部的文化交流，可從印論之著述與印譜序跋兩種面向觀察──路易士・海德（Lewis Hyde）《禮物的美學》中有言：「眞正的藝術往來是一種禮物交換，在那些交流能夠以自身的方式進行的地方，我們會繼承禮物交換的果實。」〔註12〕《禮物的美學》試圖解釋藝術品與作者之間經由天賦（gift）所構成的經濟關係，在於生產、交流與回饋──對應至篆刻藝術的文化空間中，印藝之提升與印文化之傳播，前者有賴印論的提出，後者則依於印譜的刊刻，篆刻作品及其藝術理念，藉此二者而曝光、接受批評，並依此形成不斷衍伸進化的藝術體系。

　　印譜序跋在篆刻藝術研究中佔有重要地位，其中無論是印學思想的反映、篆刻家藝術境界的層次評斷、印學史、印文化等資訊，皆可從中獲得；相較古典書論、畫論之發達，印論文獻中來自印譜序跋者比例甚高。從篆刻序跋文獻中，可發現一種外在於篆刻作品的文化空間網絡：鑑賞者（可能是文人、篆刻家、收藏家）在針對不同印譜、不同印人之作品進行品評、介紹時，不僅將自身之審美意識納入書寫的字裡行間，在序跋與序跋之間，亦進行著不斷的對話與辯證──下文茲以王穉登（1535～1612）序跋爲例──王穉登字百谷、百穀、伯穀，錢謙益（1582～1664）《列朝詩集》云：「吳門自文待詔（文徵明）歿後，風雅之道未有所歸，伯穀振華啓秀，噓枯吹生，擅詞翰之席者三十餘年。」〔註13〕可見王穉登才華出眾，頗有呼風喚雨之勢，何震「聽鸝深處」邊款「王百穀兄索篆贈湘蘭仙史」就留有他贈閒章予名妓馬守眞（1548～1604，號湘蘭），搏取美人芳心的事蹟。

　　王穉登嘗自謂「少有印癖（見《金一甫印譜》序）」，故對印學多有沙獵。

〔註12〕 路易士・海德（Lewis Hyde），吳佳綺譯：《禮物的美學》（台北：商周，2008年），頁238。

〔註13〕 〔清〕錢謙益：《列朝詩集》收於《續修四庫全書・集部・總集類》，卷1623（上海：上海古籍出版社，2002年）。

他四十歲曾爲顧從德（生卒年不詳，明嘉靖至萬曆時人）《集古印譜》更名《印藪》，該書在當時可謂「熱銷」；王穉登正值聲望鼎盛的壯年，即以駢文寫成一篇洋洋灑灑的序，雖不乏逞能炫技的意味，但「文壇領袖」瞵視昂藏的氣象業已展露無疑。萬曆廿二（1594）年，將屆耳順之年的王穉登爲金光先（生卒年不詳）《金一甫印譜》作序，開頭即以《印藪》爲引：

> 《印藪》未出，而刻者拘今；《印藪》既出，而刻者泥古。拘今之病
> 病俗；泥古之病病滯。蓋印章之技，自文壽承博士而後，不家雞即
> 野狐耳，……〔註14〕

文中非但未大肆褒揚《印藪》，反而對《印藪》暢銷導致當時印人囿於秦漢印風、食古不化的陋習加以批判。萬曆卅年，程遠（生卒年不詳）《古今印則》刊行，赫見董其昌、陳繼儒、屠隆等名士序跋，王穉登當時已高齡六十七，依然不減興致，作一短跋云：

> 《印藪》未出，壞於俗法；《印藪》既出，壞於古法。徇俗雖陋；泥
> 古亦拘。非俗非陋，不徇不拘，惟文壽承一人。畫沙切玉，此道寥
> 寥，野狐輩紛然四出，不謂如來衣缽乃入吾程君（程遠）手中也。
> 〔註15〕

隻字片語間，諸如「泥古」「野狐」等詞之因襲、對文彭（1498～1573，字壽承）的推崇，竟和他爲《金一甫印譜》所作序文如出一轍。萬曆卅七年，年逾古稀的王穉登又在蘇宣（1553～1627，字爾宣）《蘇氏印略》重施故技：

> 《印藪》未出，刻者草昧，不知有漢、魏之高古；《印藪》既出，刻
> 者拘泥，不能爲近代之清疏。爾宣上下今古，獨臻妙境。蓋將與復
> 甫、壽承、祿之諸公接軫齊驅，非泥古徇俗之輩所得夢見也。〔註16〕

相隔三十餘年，王穉登念茲在茲的還是《印藪》；魂牽夢縈的仍是「泥古之病」，無怪大陸學者黃惇在《中國古代印論史》說這是「反擬古主義的大旗」。

　　明季文人題跋印譜可謂司空見慣，其中不乏相互吹捧的應酬之作。乍看王穉登晚年三則序跋的篇幅短仄、流於樣板，與他壯年爲《印藪》作序時的躊躇滿志相較，或有虛應故事之嫌，然而仔細推敲，三則序跋開頭夢囈般的重覆播放，顯然並非巧合——而是王穉登有意無意間，自我贖罪的象徵——

〔註14〕韓天衡編：《歷代印學論文選》（杭州：西泠印社出版，1985年）。

〔註15〕韓天衡編：《歷代印學論文選》（杭州：西泠印社出版，1985年）。

〔註16〕韓天衡編：《歷代印學論文選》（杭州：西泠印社出版，1985年）。

顧從德《集古印譜》問世時王穉登早負盛名，睥睨當世，受人委託爲暢銷書「代言」難免沾沾自喜，筆快手滑；未料《印藪》導致秦漢印風盛行後，篆刻藝術逐漸被逼入「擬古」的死胡同。並且文壇正醞釀著由公安三袁主導之「反復古」氛圍，陸續有文人、印人受感染而撻伐《印藪》──此時王穉登的尷尬處境可想而知──他試圖用「《印藪》未出，則印風淪於俗鄙」爲自己解套，無奈明末印壇「反擬古」勢力龐大，他只能在一次次的「《印藪》未出……」之後，直陳泥古之弊、坦言《印藪》之失。

承上所引王穉登序跋文獻可知，個人之序跋與序跋間，存在著文人與時下風氣、歷史氛圍相應的對話網絡，無論是自我膨脹或自我反省；針砭時弊或與俗同流，皆能窺見其中的關聯性質。相對的，文人與文人間亦存在相互稱揚、批判的對話空間：藉由序跋之書寫，可從中體察印學思維的交流特徵。

三、小　結

總結前述所論作品內部與外部的文化關係，可勾連出一交織錯綜的網絡：閒章既是「物品」，對文人來說，兼具審美與實用之價值；而印章作爲文人創作表現之媒材，石印的磨耗性質使篆刻「作品」以兩種面貌呈現，其一即石材本身的鏤刻痕跡；其二爲鈐蓋並刊刻的印譜，二者存在著孰爲「眞」的辯證（而本書以爲，二者皆爲獨一無二的藝術構成，二者皆「眞」也）。而作品處於篆刻家相互模仿、借用的文化空間中，形成一作品與作品間的鏈結／歧出性格──設若藝術品的定義即在「原創」，則「金石癖」、「曾經滄海」等印作如何能顯其意義？

將作品的內部網絡向外延展，因印譜刊刻使「序跋」成爲印論闡發之園地，而因印譜風行使鑑賞家得以廣收博探，以此邁向藝術批評所需的遼闊視野。印論之著述更能代表此一網絡的交互對話性格：文人經由印論搭起之橋樑，從批評、論證中通向篆刻技藝的更高境界。正因此多重對話（序跋、著述）的脈絡交織而成篆刻「文化空間」，才能使「認同」成爲創作、賞鑑之基礎，〔註17〕導向閒章意境經由技術操作、注入生命而彰顯。

本節提出篆刻作品面向之文化背景，試圖使其複雜的脈絡形成一有效的

〔註17〕「……原本『疆域──認同』的紐帶，此時轉爲『典律──認同』所取代……『地方』（按：即本章脈絡下的「文化空間」），就是古今同情共感的所在；『認同』就在彼此共享文體語碼中……」鄭毓瑜：《文本風景──自我與空間的相互定義》（台北：麥田，2005年），頁19。

網際繫連，而經由此網絡提供的論述平台，始能將本書《上編》中語言、線條、空間三項技藝，用以討論閒章作品的境界層次。茲以下文展開論述。

第三節　閒章的意境

　　承本書〈上編：第三章〉所論「留白」作爲印章「氣氛」美感之要素，在篆刻美學之範疇中，仍停留在審美功能的階段——將篆刻作品所傳達出的氣氛化約爲「氣勢」、「氣質」、「神氣」等名詞，並非本書最終的目標。誠如徐復觀《中國藝術精神》所言：

> 繪畫必窮盡到對象的氣韻，亦是要窮盡到對象所以存在之理之性。而對象的氣韻，又實出自經過一番修養功夫，脫盡塵濁的作者的心源；這實使作者與對象，在與神相遇中，而「共成一天」。這是物我精神，同時得到大自由，大解放的境界。……由氣韻生動一語，也可以窮中國藝術精神的極詣。〔註18〕

「共成一天」，取自郭象注《莊子‧齊物論》時對天籟的理解，徐氏經由對中國藝術「氣韻」一詞的詮釋，最終得到物我解放、自由的眞諦，可謂發人深省。深入剖析《中國藝術精神》的觀點，徐氏所考察山水畫中的「氣」與「韻」實源自「人」的主觀判斷，此時「作品」、「作者」、「自然山水」三者是疏離的；〔註19〕而「作者」經工夫修養並與「自然」契同，則「與神相遇」、物我一同，將這種精神具體表現，即是山水畫的高度所在。

　　回溯本書〈上編：第一章〉、〈上編：第二章〉展演古人的技術操作後可知：印語的境界高妙若無印面畫面予人的遐想，則未能發揮詩意的極致功效，而徒具線條之雄渾豪邁或平淡靈秀，仍未必能引人產生浩瀚之感，甚或使觀賞者透過畫面，與自然合而爲一的體道境界。因此仍須回到〈上編：第三章〉中論「空間經營」所留下之餘韻：「留白」賦予篆刻藝術的深層意涵。若說「氣氛」一詞是印章整體氣氛之表現，則「留白」的空間運用除了有助於氣氛美感的提升外，能否如徐復觀所示，將印章帶入更高的境界——體現物我同一的天籟合唱？

〔註18〕徐復觀，《中國藝術精神》（台北：臺灣學生，1966），頁 214～215。

〔註19〕此處「作者」「作品」「自然山水」乃筆者就徐文中的指涉引申而來。徐復觀所謂「對象」，即山水景色的本來面貌，用海德格的話語來講即「存有物的存有自身」。「作品」在文中並未提及。換言之，若從篆刻藝術上來看，「作者」即是篆刻家、「作品」就是印章；而「對象」則是文字與文字之內容。

一、情景交融

「情」即詩意想像所賦予的感性氣氛；「景」則是印章印面的視覺美感營造出有如身歷其境的具體物象。篆刻藝術的特徵即在於此：由於中國文字的象形特性，因而「文字」本身除了其「表意」功能外，更能有「表象」功能。文字的表象功能若與詩意想像結合，即能成為篆刻藝術的「意境」效果。陳鍊「潤花小雨斑斑」【c1-3】閒章語出黃庭堅〈子瞻繼和復答二首〉之二：「迎燕溫風旋旋，潤花小雨斑斑。一炷煙中得意，九衢塵裡偷閒。」元人李致遠〈天淨沙〉亦用此句：「敲風修竹珊珊，潤花小雨斑斑，有恨心情懶懶。一聲長歎，臨鸞不畫眉山（或作「彎」）。」文字營造的畫面提供豐富意象——細雨斑駁，朦朧視界；滴聲瀝瀝，直沁心頭。花卓靜靜承受潤澤；濡濕的葉瓣，蘸染著詩人的閒適、挑逗出詞人的慵懶……讀者恍如置身畫境，任憑想像引領，步入自築的桃花源中。

圖 c1-3

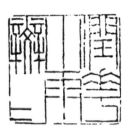

潤花小雨斑斑

一方匠心獨運的印作，不僅追求印語的意境高妙，印面之妥善經營更使此章饒富趣味：「潤花小雨斑斑」採漢印篆法，兼以朱文細刻，字與字之間乍看界格清晰，實則穿插延展、相互揖讓；筆劃亦非一味橫平豎直，而在規矩中照見靈動——「花」、「小」、「雨」字各有留白；疊字「斑斑」刻以重文符號，[註20] 並挪置左下角，霎時印面豁然開朗、處處生機，頗有《莊子》：「虛室生白，吉祥止止」之妙。陳鍊在《印說》中亦云：「筆底雖貴勁挺，又最忌怒筆，要知銀鉤鐵劃，實從虛和中得來，非狂怪怒張也。」[註21] 可見其佈

〔註20〕印文中「斑」刻作「辬」。許慎《說文解字》云：「辬，駁文也……斑者辬之俗，今斑行而辬廢矣。」〔漢〕許慎：《說文解字》（台北：黎明文化，1996年）。

〔註21〕韓天衡編：《歷代印學論文選》（杭州：西泠印社出版，1985年）。

局擘畫的技藝已非「走馬透風」的粗淺認知，達到更高的境界。

此印熔篆法、章法、刀法之經營於一爐，以空間之「預留」衝破方寸格局；以文字之「瘦硬」使其高古挺拔，完成一方疏廣而不鬆散、均佈卻不受限的佳作。然而，更因徵引情、境俱美的詩詞摘句，「潤花小雨斑斑」閒章亦能當成一幅「水墨寫生」來欣賞──刀筆之斑駁如同雨景之迷濛，「花」、「雨」二字彷彿亭台樓閣，供人倚佇，「斑」字像草木滋長之狀，而重文符號如曠野中的歇腳石，緘默靜定，涵泳萬物，「小」字一豎猶似乍現之天光、亦如傲然挺立的篆刻家，即使風雨飄搖，前景幽闃，仍能以閒適、諧謔的態度自處……情景交融的想像產生，在於作者、觀賞者皆不把一方印章作為工具性的「物」看待，以「閒」的心境賞玩，才能讓詩意、畫境馳騁著想像，賦予讀者無限遐思。

情景交融是意象的初步展開，意象組合是指客觀事物的現象或映象觸發了作者的靈感，作者捕捉到了主要意象，在此基礎上，進一步地調動生活的積累，「神與物遊」地展開想像、聯想，使主觀的思想感情與客觀生活中的多種物象相交相融，相契相合，逐步地臻於統一，在勾畫出整體畫面的同時，創造出「意與象」的藝術境界。意象組合必須著眼於詩美意境的創造，並於圖像美的勾引產生意境。作品通過意象組合所描繪出的生活圖景，與作者主體審美情感融合為一而產生的一種藝術境界，是情景交融能誘聯和開拓出豐富的審美想像空間。換言之，意境是意象的高級形態，也是文學典型化原則在詩歌創作中具體運用的審美結晶，它能使讀者在品味中經過想像和聯想獲得更為廣闊的藝術天地。

情景交融能使「景中生情，情中含景」。如李白的《送孟浩然之廣陵》：「故人西辭黃鶴樓，煙花三月下揚洲。孤帆遠影碧空盡，惟見長江天際流。」〔註22〕這首詩有一系列單個的意象，黃鶴樓、煙花、孤帆、長江等，這些意象組合起來，便成了一幅藏情于景的逼真畫面，雖不言情，但情藏景中，往往更顯情深意濃。而「潤花小雨斑斑」的意境亦可同樣體味。

由以上例證可知，本書脈絡下之「意境」與詩的「情」、「景」交融之境界相類：篆刻則以「印面圖像」的視覺效果取代詩之意境中所謂「景」；並以印面文字意涵取代所謂「情」，從而獲得此獨特之「情景交融」層次。印面圖像配合印文文句，即構成本章意義下「意境」之先導形式。

〔註22〕〔清〕清聖祖御定：《全唐詩》（第三冊）卷174（台北：文史哲，1987年），頁 1785。

二、虛實相生

　　承上所述，設若情景交融乃篆刻意境之基礎條件，則技法之「虛實相生」
應是篆刻意境之獲得的關鍵作為。蒲震元《中國藝術藝境論》謂中國藝術意
境之構成，乃是實境與虛境相合而成的美學特徵，〔註23〕蒲氏的脈絡中，「實
境」即現實事物之表象呈現，「虛境」即人類思維想像的無中生有。學者賴
賢宗提出「意境美學」則謂「象外之象」是藝術形象的虛實妙有觸發而成。
〔註24〕本章既以意境美學討論閒章，則無不體察印章之於中國傳統藝術之共
通性：閒章由語言、線條、空間的虛實互滲，乃得在情景交融的基礎上，藉
由人文化成，體現意境。〔註25〕

　　篆刻單一字體的「意」與「象」相渾，是為虛實相生。〔註26〕承本書〈上
編：第二章〉論篆刻線條時所言，篆刻單一文字之象形體式，兼具符號與象
形的意義——在中國文字中，線條（依特定的結構規律）組成之「字」，可
視為一語言符碼，以吳昌碩「明月前身」閒章【圖 c1-4】為例，「月」字既
可被判讀為「月亮」、「月光」之義，又可以其象月之形狀，而被視覺上接受，
此即單一字體的象外之象。將視野擴大至印章整體面貌觀察，印章的「方寸
之間」亦可被視為統一的個別符碼，如來楚生「安處」　印【圖 c1-5】配合
圓印形制，將印文佈排不分彼此，有如　體成形，此時印章印面即成為獨立
的符碼，同時又是能被拆解結構的圖像構成，一體之兩面，在於印章文字之
「實」的明確意指、符號編碼經由篆刻家線條之逾越、空間之解離而成「虛」
設、隱沒在整體的氛圍當中，一此虛實互滲之結果，獲致獨特的「象外之象」
意涵。

〔註23〕蒲震元：《中國藝術藝境論》（北京：北京大學出版，1999 年）。

〔註24〕「『象外之象』的詮釋特別強調詮釋者和讀者的主體的參與和主體內的意義創
生。如果讀者和鑑賞者只能理解文字和畫面的具體的物象，而不能創生出『象
外之象』的第二個象所說的純粹的心象，那麼，『象外之象』的作品的意義也
是無法揭顯的。『象外之象』的藝術作品特別強調由具體的物象向純粹心象的
昇華過程，所以如果欣賞者不能由物象的媒介而創生這種純粹的心象，那麼
『象外之象』的藝術作品就無法被鑑賞，因此，『象外之象』的鑑賞論特別強
調欣賞者的境界再生的詮釋能力，這必須以堅實深厚的生活體驗為基礎。」
賴賢宗：《意境美學與詮釋學》（台北：史博館，2003 年）。

〔註25〕此處之「虛」「實」非篆刻技法中刀筆之虛實抑或空間之虛實，而是意會與境
界的相參互滲所獲得「象外之象」的想像飄移，構成意境。

〔註26〕賴賢宗：《意境美學與詮釋學》（台北：史博館，2003 年）。

圖 c1-4   圖 c1-5

明月前身   安處

　　復以吳昌碩「明月前身」爲例，當單體象形文字的姿態，配合空間經營，則可獲得由符號之「虛」轉爲圖像之「實」的意義——吳昌碩此印的來由爲紀念亡妻之夢中身影，因此觀察「身」字的文字結構，以及其在整體印作中的處境，可體味到「身」有如一人物圖像，其身首清晰、姿態婀娜，在印作左下方的界格當中，既不偏亦不倚，而空白之處正能烘托其煢煢獨立的身影，這正是印章「虛實」之表現：結合印語意境（思念亡妻）、線條構造（小篆、石鼓文的靈活書寫、刀法的不求造作）及空間的疏廣（界格法區分出四個區塊，然而各區塊與區塊間穿插挪用，相互探尋，而「身」字不填滿空間的作法，能更顯奇趣）所獲致的圖像觀看，正能契合意境中體現「象外之象」的成果。

　　承本書《上編》所論印語語句抒情性格的擴充，線條書寫的生命力迸發所獲致的個人風格，及個人生命廣度的涵詠以致展演於空間經營之上……，種種現象顯示，閒章能獲得意境，在於藝術家的生命鎔鑄。換句話說，閒章的價值彰顯於篆刻家賦予印章作品的生命充盈。在此之中，篆刻不僅僅是技術操作的生產品，而是具有獨立生命的藝術結晶，閒章之實在實存，有賴印章功用性意圖的退位：符號、圖像作爲展演作品之附屬，讓作品自我完成，獲得實在的藝術處境。

　　閒章應是無目的、無功用性，意圖明顯則印章返回其工具的處境，藝術的靈光將從而消逝。其次，意圖的虛化在技術操作的過程中展露無疑，本書《上編》對此皆有詳盡的論述，即在藝術精進的當下，必須忘卻規範的束縛；泯除創作時有爲造作之心，才能展現不見雕琢卻散發光釆的純粹藝術。再次，閒章的「意圖訴說」也在此「虛」化狀態下，得到適度的發揮——承本書〈上編：第一章〉所言，意圖訴說並非閒章之忌病，文人本藉由閒章作爲言志抒情之文學載體，表述個人情懷；而此處所言，對於閒章意境中「象外之象」的引發，

亦在此「意圖訴說」的淡化下，得到更大的彰顯。亦即，窺見象外之象的深層意義在「象」之廣度——經由想像，人之意識可翻山越嶺，漂流到無垠無涯的宇宙之外，而閒章意境能引發如此渺遠的「象」，仍在篆刻家從篆刻表現中退位，留給作品自生自長的空間。如此，才能使象外之象更具影響力。

　　總此，閒章「虛」與「實」之間的意境美學，必是如同本書〈上編：第一章〉所提出「異化詩境」一般，充滿著創造與再創造的「格言式」辯證，亦如〈上編：第二章〉中刀筆不間斷逾越的對話過程；更是〈上編：第三章〉所示空間「留白」的破與立相輔相成。經由此綜合性的對比，「意境」從而彰顯。

　　虛實相生所引發象外之象的討論，在於二律悖反的衝突美學：從本書論述的發軔伊始，即不斷地由各種矛盾的辯證當中，萃取閒章藝術之眞諦。這並非篆刻藝術獨有的藝術境界，而應是中國傳統藝術的共同價值。需注意的是，此意境具有人文介入之傾向，因本節所謂「意」與「境」皆爲人文構成，是經由技術操作展現的藝術層次。以下將由意境與自然之關係論述。

三、反璞歸眞

　　承上所述，虛實相生是閒章意境的人爲向度，而在藝術創發的過程與結果中，皆含有作品與宇宙自然相應的面向。學者賴賢宗《意境美學與詮釋學》中對抽象與意境、道家意境美學有具體的詮釋，賴氏以三種境界「渾然一體」、「反虛入渾」、「渾然天成」作爲道家藝術境界的層次，〔註27〕本節前述已經由「情景交融」、「虛實相生」討論意境的過程與狀態，最後則接引賴氏所言道家意境美學中的最高境界「渾然天成」討論閒章意境的意涵。

　　（1）語言之自然：承本書〈上編：第一章〉所示，閒章印語之鍛造乃顯出境之條件，此處將印語的語言性格更向上推一步：凡語言無不經由人文構成，此處自然之語言乃在於道家質樸的語言面向去說，而有「沉默」、「隱喻」、「遊戲」等面向（詳見〈上編：第三章〉），在於體察語言之固著與意圖指向，會造成事物自然本眞之喪失；以及藝術天眞的遮蔽。從閒章意境的脈

〔註27〕「吾人可以區分『渾』之三層意義：……三義都是對道體和體道狀況的描繪，首先，它表現爲互攝互入的混同的整體，亦即，渾然一體；其次，這個整體是一種自我虛無化的大全，亦即，反虛入渾；最後，這個混同在虛無化中達到究極的眞實，亦即，渾然天成。此處所說的渾之三層意義：（1）渾然一體，（2）反虛入渾，（3）渾然天成是分別相應於意境說的三個美學特徵，亦即，相應於（1）意與境渾，（2）象外之象，（3）自然之美。」賴賢宗：《意境美學與詮釋學》（台北：史博館，2003年）。

絡去說，自然質樸的語言即是不斷遊戲與自我破除，甚至簡單的幾字，亦能獲得莫大迴響，此即道家自然語言觀的意義。

（2）書寫之自然：承本書〈上編：第二章〉所論，閒章線條的刀筆不斷逾越當中，能顯現出篆刻家個人生命質地，以及書寫行動的本質意義：亦即，書寫本身雖以人為操控中心，然而讓「書寫」之動作主導書寫行為，才是道家自然美學的某種意義。「自然」在道家美學當中是通過「虛無」而得到其體證和表現的。因此，在藝術形象的表現的問題上，要想「同自然之妙有」，要想「妙造自然」，就要重視「虛」，並在「我書意造本無法」的精髓上。

（3）氣氛之自然：承本書〈上編：第三章〉所論，空間經營是閒章藝術最能獲得意境的主因，而其中「留白」依於種種因素，乃成為作品體現「道」之自然渾化的關鍵作用。《老子》有言：「人法地、地法天、天法道、道法自然」，「自然」是道家哲學的最高範疇，「自然」表現道家對真理的最高階段理解，空間「留白」在篆刻藝術史的脈絡中，也是最不易達成的境界，其原因為篆刻藝術的本質，即在表現文字、以刀刻石，文人能意識到將此「方寸之間」作為山水畫幅而能有疏空任意的作為，實屬不易。此難度也展現了歷代遺存之「留白」印作例證有如靈光乍現，數量鳳毛麟角的處境上。

從上述三項條件中取法，則意境美學於閒章之運用呼之欲出：在強調素樸、與自然同調的意識下，篆刻是用文字以表其內涵的藝術，而不像繪畫，是純粹的圖像藝術。因此以本書〈上編：第三章〉所提煉出之「留白」概念，即可作為契近「渾然天成」境界的示範——講究少字數、少筆劃，日本篆刻家保多孝三（1908～1985）的「町」【圖 c1-6】在極少字數印語、質樸的筆觸及疏廣的空間中，為本書脈絡下的渾然天成的閒章意境作一示範；〔註 28〕而來楚生「田田」【圖 c1-7】亦有相仿的意味。

日本篆刻巨匠小林斗盦（1916～2007）印作「抱一」【圖 c1-8】亦以少數文字表意之深度涵養與「留白」空間運用結合，契近於本書所言契近於「道」的藝術高度，是合乎「文字與空間結合」理想的示範。「抱一」語出《老子》：

〔註28〕 本書研究之文本範疇乃以明清之文人閒章印例為主。然而誠如前文所述，明清篆刻印例中，堪作為本書意義下「留白」範式的作品過於稀少，因此本書乃斟酌採納日本篆刻家作為閒章意境的示範。（事實上，日人保多孝三（1908～1985）的活動時期與清末民初印人來楚生（1903～1975）相仿，其印作風格與歷史傳承或多或少受中國印藝傳統影響）。

「載營魄抱一，能無離乎？」〔註29〕是道家精髓的詞語，微言大義。而「抱」字疏密有致，筆力雄渾，「一」字與「抱」相連，錯落得恰到好處，造成上下大量空白；邊框殘損崩壞若有似無的環抱，使文字既在框內，又與框外連成一氣，正是本書數種「留白」特徵範例的集大成。誠如賴賢宗所言：

> 藝術活動當中的「渾然天成」指的是自然之美。……「自然」是道家哲學的最高範疇，王國維的意境美學也強調「古今之大文學，無不以自然勝」，意境美學強調自然之美，符合道家哲學的基本脈動。在道法自然的審美意趣當中，本體與現象融合爲一，在此，自然即眞實、實在。「自然」揭顯了東方藝術的所體現的藝術作品的眞理性。〔註30〕

從上述論述中可知，決定藝術高度的往往是藝術品在歷史進程中，技巧（階段性地）完熟並最終通往與自然的同一，導向精神境界的最眞最樸，即無即道。本書對篆刻藝術「留白」現象的關注也就在於：「空白」是道家講涵藏萬有、化育萬物的表徵，是中國繪畫藝術中特有的、也是最引人興味的課題。而篆刻藝術除了同繪畫一樣是種空間設計的藝術外，更具有表達文字內涵的特質，本章最後舉「抱一」爲例即是有鑑於此。

圖 c1-6　　　　　　　圖 c1-7　　　　　　　圖 c1-8

町　　　　　　　　　田田　　　　　　　　　抱一

四、小　結

　　本節以三種層次依序將閒章意境的獲得過程作一展演，最終則需經由此意境的完成，追問閒章的深刻意義，即由「作品」意境體道之可能：

> 在藝術的眞理性方面，道家意境美學獨標「自然」爲藝術的眞理性的最高範疇，強調渾然天成與道法自然，有其深刻的寓意。道家的

〔註29〕〔魏〕王弼等著：《老子四種》（台北：大安出版社，1999），頁 7。
〔註30〕賴賢宗：《意境美學與詮釋學》（台北：史博館，2003 年）。

「自然觀」並不蘊含現象與物自身的分離，因此拆解物象並不是對本體的永遠的隱匿之報復，拆解物象也並不是虛無主義的意義下的純粹自發的遊戲衝動；相反的，「拆解物象」是在物各如其如的情況下的物的完成，物向人敞開心象，與道相通。就此而言西方的詮釋學美學對於藝術的真理性的課題，對於道家美學（意境美學）所獨標「自然」之理解仍有所不足。〔註31〕

由上述引錄文獻可知，藝術品之能通過意境而體現「道」的無窮無盡，在「物」對「人」之敞開，在「物」自身對宇宙、道之敞開。回溯本書脈絡的漸次推衍：從對表象之審美而發的「氣勢」美學中超脫，將「留白」提升至反璞歸真的道家境界，正是本書從「有限」通往「無限」的思路——從印章本身來看，打破疆界，使用留白空間提升作品的美感，是從框架、法度之「有限」通往空白、延伸之「無限」；從歷史的角度來看，印章從實用器具經文人提倡而躍升為藝術品，卻仍慣常被當作書畫作品之陪襯、藝術的末流，導致缺乏關注，是其發展上的「有限」，而經由本書以「閒」的文化概念豐富之，乃得以窺見其立體、豐盈的深、淺；表、裡，直逼其美學核心而來——因此，篆刻藝術之真理，仍要由「閒」之深意體現，茲以下文展開論述。

第四節　閒章之意蘊

承上所述，在閒章意境彰顯的當下，藝術品經由文化空間、技術操作所構築之審美系統正式成立，並展開作品與人、作品與宇宙之間的交流關係。本章即以作品本身與世界之關聯為核心命題，在上一節導出「渾然天成」的最終形式；然而，在此關聯的交流互滲、彼此浸潤的當下，本書體察到「閒」概念作為一美學意義，作用在此閒章創造的過程與結果之中。因此，本節以「閒」概念為核心議題，期能閒章藝術之所以引人入勝、妙趣橫生的主因，洞見此藝術項目之真諦。茲以下列三點展開論述：

一、「閒暇」：藝術品的自身完成

承本章第一節所示，閒章依其作品內部與外部所編織成「文化空間」網絡，獨立而能為大眾所接受，成為一文化體系自我完備的藝術項目，而此自

〔註31〕賴賢宗：《意境美學與詮釋學》（台北：史博館，2003年）。

身完成，乃依於「閒暇」之概念：回溯本書〈導論：第一章〉所述文人之「閒暇」的多重意涵可知，文人文化對閒章藝術的完成影響至深；從「閒言閒語」到意境的顯出，閒章作品的展演史始終是文人主導的文化史脈絡，本章總以「閒暇」詮釋「閒」意涵在閒章藝術品中文化背景的作用，其涵義如下：

（1）場域的開放：若無文人閒暇的氛圍、閒賞之雅趣，則篆刻創作無從立足，更無法有技術精進之可能；閒章無以傳播、流通，則缺乏理論豐富之，篆刻家的視野也無從提升，難以獲得今日的成就高峰。

（2）創造的開放：閒章在印藝傳統的束縛下，仍能開展出如此具有獨創意義、令人耳目一新的創發，並影響其它藝術、文化（見本書《上編》陳述），乃得利於文人的「無所爲而爲」態度：篆刻創作的閒或不閒，並非取決於一般認爲的印面表現、印作流向（即是否用於買賣、交易等利益性活動），而是取決於篆刻家創作時的心境解離，在語言、線條、空間的創造中，時時刻刻皆能窺見篆刻家的靈光一閃，以及其幽默、頑皮的面貌，是知文人於閒章創造是開放的、是講求「趣味」的，這與文人閒暇文化有著明顯的關連。

（3）意識的開放：本書各章節中，反覆以二元辯證、矛盾對話的書寫策略，意在具體顯現閒章之創作意識的開放性格：無論是語言的解離、書寫行動之解離抑或空間觀的瓦解，皆在強調閒章藝術中「意識開放」的特殊價值。

總此，閒之「閒暇」對閒章作品之自我完成性，有著系統化的脈絡，可知閒章在其它藝術中的獨特性。以藝術之眞諦的角度來看，「閒」之「閒暇」的核心價值是「趣」——無論場域的開放、創作的開放或意識的開放，其本於「趣」的意味濃厚，文人休閒的意義即在尋求「娛樂」，娛樂之目的在身心的放鬆，身心放鬆則「閒」氛圍自然散發。此「閒—趣—娛樂」的迴圈式脈絡，正是閒章所引人興味之處，亦是最能體現其與古典書、畫藝術差異之處。

二、「閒逸」：作品的境界

承上所言，「閒」之「趣」的美學意涵亦能從篆刻意境審美當中一窺端倪：承本章第三節所示，閒章意境的整體美以「三位一體」的技藝展開；而氣氛審美針對篆刻整體美的品評，由氣勢、氣韻等局部的表現論出發以致雄渾或平淡的氛圍感知，最終則通向作品的「品格」之展現——神、妙、能、逸等品類的批評。徐復觀《中國藝術精神》曾以「超逸」、「清逸」、「放逸」等項目詮釋「逸品（按：徐氏或稱爲逸格）」之意涵：

> 逸格並不在神格之外，而是神格的更昇進一層。並且從能格進到逸
> 格，都可以認爲是由客觀迫向主觀，由物形迫向精神的昇進。昇進
> 到最後，是主客合一，物形與精神的合一。〔註32〕

從上引文中「主客合一」、「物形與精神的合一」之語可見「逸格」之呈現，
與本章所論閒章意境的範式不謀而合。古典印論文獻中已有對品格概念的認
識——甘暘《印章集說》云：

> 印品：印之佳者有三品：神、妙、能。然輕重有法中之法，屈伸得
> 神外之神，毫未到而意到，形未存而神存，印之神品也。婉轉得情
> 趣，稀密無拘束，增減合六文，挪讓有依願，不加雕琢，印之妙品
> 也。長短大小，中規矩方之制；繁簡去存，無懶散局促之失，清雅
> 平正，印之能品也。有此三者，可追秦、漢矣。〔註33〕

甘暘之說尙無「逸品」觀念；而陳鍊《印說》則云：

> 聞之印之佳者有三品：神、妙、能。輕重得法中之法，屈伸得神外
> 之神，毫未到而意到，形未存而神存，印之神品也。婉轉得情趣，
> 稀密無拘束，增減合六義，挪讓有依願，不加雕琢，印之妙品也。
> 長短大小，中規矩方之制，繁簡去存，無懶散局促之失，清雅平正，
> 印之能品也。又曰：少士人氣，亦非能事，惟胸中有書，眼底無物，
> 毫墨中另有一種別致，視爲逸品。此則存乎其人，非功力所能致也。
> 故昔人以逸品置於神品之上。〔註34〕

由引文可知，對「逸品」之追求，仍在技術操作（能品、妙品）已達盡善盡
美的「神品」之上，是較不在乎技巧、法度、規範等審美判準的，「存乎其人，
非功力所能致也」的「逸出」之美。此「逸出」誠如本書在在揭示的，閒章
技藝的辯證性格一般，以追求獨特、不斷否定自我爲目的。

在此一「逸出」的品格中，「趣味」的追求，可作爲閒章藝術精神的核心
價值。除本書前述所談及篆刻創作的遊戲心境之外，例如篆刻的創作中，含
有「裝飾」之特性——閒章作舊、殘破的仿古美感，是篆刻獨特的美學。據
記載，吳昌碩曾將刻好的印作置於木盒中搖晃，使其有邊框破碎、線條斷裂

〔註32〕徐復觀：《中國藝術精神》（台北：臺灣學生，1966 年），頁 321。
〔註33〕李剛田主編：《中國篆刻技法全書》（鄭州：河南美術出版社，2008 年），頁
240。
〔註34〕李剛田主編：《中國篆刻技法全書》（鄭州：河南美術出版社，2008 年），頁
242。

的「自然」效果；甚至將印面放在鞋底擦摩、沾染塵土，以模擬多次鈐蓋的古樸之氣——此一「裝飾」特性，提供了文人追求「趣」的面向，因而提出「閒逸」一詞，從閒章的境界上說：古人論印有「神品」、「妙品」、「能品」、「逸品」等境界，而以「逸品」境界最高；以本章閒章之「閒」的意境與印章美學層次的「逸品」之「逸」結合，觀看篆刻進入高水平藝術層次的階段。

　　總此，古人追求藝術之最高境界，乃在於「逸」。而閒章之「閒」所以為「閒逸」的意義，是在獲得意境的狀態下，依閒暇心境，並追求「趣」所構成的「逸趣」趨向；閒章追求的逸趣，藉由作品展現，即是「閒逸」的境界。

三、「閒心」：美學的向度

　　回溯本書《閒章美學》之前文論述「用」至「非用」的過程，是以印章之歷史進程角度考察；進一步思索，則可見閒章「無用」至「大用」的美學轉折。《莊子・外物》云：「惠子謂莊子曰：『子言無用。』莊子曰：『知無用而始可與言用矣。』」〔註35〕當目光穿透世俗的表象，才能泯除成見，與道契合，徜徉天地間。閒章之去私屬性、去目的性即是「無用」的，因此文人始以「遊戲」的態度面對印章的創作，「知無用」之心的關照使然，則「無用之為用也亦明矣。」〔註36〕

　　從印章印語上說，閒章是可流通的，印語能反覆使用、拆解重組，此其所以可「玩」、可「賞」，它「無用」，所以含涉面廣：從製印技巧上講，閒章較姓名章、鑑藏章自由開放，所以能引起流派印人以各異其趣的風格分庭抗禮，促成篆刻藝術的興盛。因閒章作品本身包容性強、能承載各種思維及技藝，其境界高下，便須由「閒」字去證成：當閒章為某種目的而設計印語、排列格局時，就會因失去「閒心」而缺乏包容、顯不出氣韻。誠如《老子》「有之以為利，無之以為用。」〔註37〕以車、器、戶牖為例，說明「無」即「中空」，「中空」方能有所用的道理；印章亦是如此，在篆刻美學的「章法」一門技藝中，「計黑當白」、「疏可走馬，密不透風」等口訣最見古人對印章格局之巧思。這種思維當以其閒心發用，不被古印、古文、文字形制所囿——「擬古」以至於「泥古」

〔註35〕〔清〕郭慶藩輯，王孝魚點校：《莊子集釋》（台北：頂淵文化事業有限公司，2001年），頁936。

〔註36〕〔清〕郭慶藩輯，王孝魚點校：《莊子集釋》（台北：頂淵文化事業有限公司，2001年），頁936。

〔註37〕〔魏〕王弼等著：《老子四種》（台北市：大安出版社，1999年）。

的作品是缺乏美感的;「造作」而「出格」的作品也是過分企求突破使然——超然於古典與新意之上,是無造作的心境成就了閒章的高度。

篆刻藝術當中,「計黑當白」、「實中有虛」固然是論者著重之焦點,但諸多討論在書法、繪畫理論中早已成立,而這些技法的運用,實與道家美學深深相契。滕守堯於《道與中國藝術》中形容貼切:

> ……而這種「無跡之跡」在中國文化中的最高體現,就是中國傳統藝術。……他們(筆者按:藝術家)用自己創造的藝術去體現道的「無跡之跡」,他們欲左而右,欲上而下,計黑當白、實中有虛,柔中有剛等藝術技法原則中體驗道的「反者道之動」的作用,他們在現實與理想、相似與不似、心象與實象、繁多與稀少、密集與稀疏、悲劇與喜劇等不同的「兩極」之間那不確定但又超然的境界中遊賞。〔註38〕

因此考察閒章之「閒」的藝術表現時,最能體察此所謂「無用之大用」:閒章無目的性,因此無語不可入印,加強了閒章的多元性,文人對篆刻創作採「閒散」的態度,不泥於成規,方能不受遮蔽而見其奧妙。無用之用亦彰顯在篆刻的藝術層面上:明代印論者沈野(生卒年不詳,約活動於萬曆年間)的「自然天趣說」對印章自然之美的關照:

> 牆壁破損處,往往有絕類畫、類書者,即良工不易及也。只以其出之天然,不用人力耳。故古人作書,求之鳥跡。然人力不盡,鮮獲天然。王長公謂:詩雕琢極處,亦自天然。〔註39〕

黃惇《中國古代印論史》對此下了極佳的註腳:「前者是自然界故有的天然,後者天然則是藝術家通過藝術創作的手段獲得的第二天然。」〔註40〕此即呼應《莊子》中「既雕既拙,復歸於樸」〔註41〕的自然天眞。(詳見本書〈上編:第三章〉)因態度「閒散」而能使文字空間的崩解、能使文字線條的束縛解消,這種作為使印章不受箝制,印面空間終成一自由空間,讓字與字在其間悠遊、嬉戲。空則空、白則白,是道家無為心境的體現,是一種「閒」的心境。〔註42〕

〔註38〕滕守堯:《道與中國藝術》(台北:揚智文化,1996年),頁2。
〔註39〕黃惇:《中國古代印論史》(上海:上海書畫出版,1994年),頁78。
〔註40〕黃惇:《中國古代印論史》(上海:上海書畫出版,1994年),頁78。
〔註41〕〔清〕郭慶藩輯,王孝魚點校:《莊子集釋》(台北:頂淵文化事業有限公司)。
〔註42〕徐復觀〈中國藝術精神主體之呈現——莊子的再發現〉,「遊的基本條件——無用與和」一節中「遊」觀點與本書「閒」觀點有會通之處。徐復觀:《中國藝術精神》(台北:臺灣學生,1966年),頁64。

　　總此，設若閑章作品擁有其賞鑑的普遍條件，則應是道家「無用之用」脈絡下的「閑心」。論者在論述篆刻美學時不能不留意，否則將停留在形式美的批評，而未能深入其境界美的深層內涵。

第五節　結　語

　　本章以「文化空間」為閑章作品自我完成的網絡作為閑章「意境」的基礎展開，復經技術操作的綜合性論述（以《上編》研究成果為論述取徑）獲得閑章意境的境界層次，最後則由「閑」概念之「閑暇」、「閑逸」、「閑心」分別詮釋文化脈絡下閑章意境及「趣」在閑章中的核心價值。

　　此一由意境至品格的完成過程中，篆刻的獨特價值一再被提煉、深化，呈現在讀者眼簾——由此理解篆刻藝術何以能躋身藝術之林；以及為何能歷久不衰的內涵意義——本章作為美學體系中的作品論述，就閑章本身來說，意境之獲得使其層次提高；從無用之物成為藝術品，成為可賞可玩的「遊戲」之物，「閑」對作品的意義即在此「遊戲」上說：高達美（H.G. Gadamer，高達美為台灣譯音，加達默爾為大陸譯音）認為「藝術即是遊戲」：

> 遊戲（Spiel）之所以吸引和束縛遊戲者，……正在於遊戲使遊戲者在遊戲過程中得到自我表現（Sich-ausspielen）或自我表現（Sichdarstellung）……加達默爾說：「遊戲的存在方式就是自我表現」〔註43〕

在閑章「閑逸」的品格中，遊戲之「趣」最能彰顯其核心價值。本章經由突顯閑章之不間斷對話、歧出、叛逆、破格的特性中，歸納出適當的理路，體現「閑」在作品中的多重面向，實際上，諸如「閑」、「逸」、「趣」等概念皆可以交流互通，是本書創造性的多重詮釋策略，而這種書寫方式，亦能體現閑章藝術的精神面貌。

〔註43〕加達默爾（H.G. Gadamer），洪漢鼎譯：《真理與方法：哲學詮釋學的基本特徵（上卷）》（上海：上海譯文出版社，2004年），頁5。

第二章　閒章之創作

第一節　前　言

　　篆刻藝術之歷代論著中，對「創作主體」（creating subject）〔註1〕之指稱，即有二種命名：其一爲「印人」，此詞彙自明代即有，字面解讀即「製印之人」，周亮工（1612～1672）《印人傳》將從事印章活動之「工匠」與「文人」一同納入「印人」體系，〔註2〕「工匠」指以刻印維生，文化水平較低的藝人，如何震（1522～1604）即是一例；〔註3〕「文人」即當時的士人、知識份子階層，文人從事篆刻活動之動機可爲業餘愛好，亦有以刻印維生、求取名利等目的。〔註4〕因此，「印人」適合用以指稱明、清兩代社會上「從

〔註1〕　「創作主體」（creating subject）一方面表示「創作者」：指具備適合於審美創造的心理條件，掌握審美、創造能力之藝術家（文學家）。另一方面指在創作過程中，創作者應擁有、並充分使用「不受外界干涉之決定權」，藝術作品具有創作者的個人特色。「主體」之脈絡相當複雜，若以後現代思維觀看，主體隱含歷史、社會化的多重障蔽，對應至篆刻藝術領域，即是印藝傳統的束縛與「習氣」化的創作、社會環境的壓迫等。參考汪民安編：《文化研究關鍵詞》（南京：江蘇人民出版社，2007年），頁500～502。

〔註2〕　《印人傳》有文人如文彭、汪關等，也有工匠如江皜臣等等。檢索自周亮工：《印人傳》（揚州：江蘇廣陵古籍刻印社，1998年）。

〔註3〕　何震乃製印工匠出身，爾後追隨文彭問學六書、古文字，並自我修養，其開拓性對篆刻發展意義重大。因此雖後代藝評將何震之名聲抬高許多，但仍需注意他匠人身份的面向。

〔註4〕　「文人」一詞涵義駁雜，此處指明清知識份子、藝術家等。茲引龔鵬程語以概括本書之文人意義：「晚明以降，文人，既是文學人，也是文化人。不僅大都講過學、讀過四書、考過科舉、能作括帖，具有儒家經典的基本知識，也

―153―

事刻印這項行當，無論專業與否」的個體，文人或匠人皆有之。其二為「篆刻家」：民國後指稱「專業」從事篆刻作品生產之藝術家，具有現代化語彙的指稱。〔註5〕

　　在「印人」與「篆刻家」之外，「文人」一詞值得注意。在周亮工《印人傳》及明清史料所呈現的普遍認知當中，「印人」已含括與印章製造相關的所有人物；然而「文人」雖亦屬「印人」體系中的一份子，卻有獨立討論以凸顯其差別的必要性。「文人」一詞的指稱涉及面向廣泛，舉凡社會菁英、朝廷官員、文藝創作者、知識生產者……等，一般以為具有文采的士人階層即為文人之典型。然而在篆刻藝術發展史的脈絡下，文人的角色有著不同層次的轉變——從元代考察，有以純粹「業餘」身分介入印章製造行列如趙孟頫（1254～1322）、王冕（1287～1359）；〔註6〕有以金石學家身分暢議印學理論如吾丘衍（1272～1311），此時的文人與篆刻之關係既疏離且緊密：他們專注之重心在於辭章、書法、繪畫、考古，對印章乃「涉獵」而非鑽研、「遊賞」而非癡迷，雖然流傳後世的作品如鳳毛麟角，因其注目且經營，文人篆刻乃得以發軔。明代以降，文人參與印章乃如前述所示，有業餘與專業之別，而當代研究者往往聚焦於專業刻家及其數量相對豐富的藝術產品，而忽略作品稀少的業餘刻家。但這群業餘者，如明末清初著名文人傅山（1607～1684）的少數篆刻遺跡，因其對「美」與眾不同的觀感與創發，而能為篆刻藝術注入活力。

能談玄清話，說禪論鬼；兼且博物志怪，游藝多方；習棋書畫，可供肆意；詩酒風流，時賦多情，偶或書劍恩仇，沉潛於屠狗；更擅編織珠玉，從容以雕龍。文陣墨兵，詩壇森如武庫；綠硯紅籤，舌華燦若蓮花。他們，正如李文森（Joseph R. Levenson）所說，都是『傳統文化的人』，而非『文化上的俗氣人』，也不是某一特定技能及知識上的『專家學者』。他們通過審美的態度與能力，去掌握傳統、體現文化，所以他們也就代表了文化。其他各個社會階層人士，在文化的代表性上，是不能與他們相提並論的。」龔鵬程：《中國文人階層史論》（蘭州大學出版社，2004年），頁27。

〔註5〕「篆刻」一詞，發展於民國以後，為區隔明代以前之「印章」藝術與明代以降之「文人篆刻」，民國以前總稱刻印藝術則有「印學」、「金石學」等名目。詳見陳振濂：《篆刻形式美學的開展：大學篆刻藝術形式與技巧的專業訓練系統》（杭州：西泠印社，2005年）。西方「藝術家（artist）」之「家」含有專業氣息；既是分門別類的科層（bureaucracy）化傾向，亦有個人風格形成的意味（成一家之言）。

〔註6〕王冕製印有其史料根據；而普遍認為趙孟頫只是撰寫印稿，並未刻印。詳見沙孟海：《印學史》（杭州：西泠印社，1998年），頁94～99。此處意在舉出涉入印章創造的文人們，故出註說明。

雖不易評斷其藝術風格與審美層次，但文人的創造力與無關利益的遊戲心態，反而產生令人耳目一新的作品。總之，本書標舉從事篆刻活動中之「文人」意義，在凸顯其雖隸屬「印人」體系，卻與「匠人」、「專業刻印之文人」有不同創作背景。

依上述析論，若欲指稱明清兩代之「篆刻創作主體」群集，可有以下歸納：「印人」即「以刻印爲職業之工匠」與「專事刻印之文人」；「篆刻家」即「專業製印之文人」與「業餘刻印之文人」。結合明清人物以簡表示意如下：

表四

人物＼身分	文彭（明）	何震（明）	朱簡（明）	高鳳翰（清）	林皋（清）	丁敬（清）
印人	X	○	○	X	○	○
文人	○	X	○	○	X	○
篆刻家	X	○	○	○	○	○

總結上述，因體察篆刻藝術脈絡下之「創作主體」有指稱上的多重意義，且當代篆刻研究尚未關注如作品與作者之間、作者與其他作者間的互動關係，以及篆刻藝術「美」的本質與創作主體之關係等問題，本章將聚焦於篆刻如何被創作、作者如何由技術操作實踐「美」、作品風格之呈現與作者人格之關聯……等命題，進而深化閒章之美學意義。本章問題意識由下列三點展開：

（一）專業或業餘：創作主體的文化處境

承本章前言所述，篆刻創作主體指稱之一的「篆刻家」乃「專業文人」與「業餘文人」兩者之集合，且另一指稱「印人」乃摻雜「工匠」、「專業文人」、「業餘文人」等身分，此分類之歷史、文化脈絡有釐清之必要。從「專業」與「業餘」的身分轉換中，創作主體的創作動機、心理狀態皆有所質變，此變化與明清物質文明、閒賞氛圍有關，並影響整個印章藝術史的發展。因此，篆刻創作主體的文化背景是本章論述之基礎認知，藉由對此轉化過程之梳理，大抵能從文人的行爲／思維模式，理解閒章之「美」的關鍵。

本書亟欲探問的閒章之美學意涵，亦可從對專業／業餘的文化角度中抽絲剝繭，首先探問：閒章與創作主體的生命情調如何結合？其次，當文人從

業餘者的閒散心境轉入專業經營，而凝聚之「專心（concentrate）」﹝註7﹞會否對作品之氣韻產生影響？此與從「無用」之心到成其「大用」的道家藝術精神有無斷裂之處？

（二）雄渾與平淡背後：風格與人格的辯證

本書〈下編：第一章〉曾對篆刻作品之「氣韻」從技術操作導入藝術境界，有具體之論述，如「雄渾」或「平淡」等美學意涵的導出，呈現篆刻作品意境美的向度。然而，從作品之氣韻看待藝術創作，是由客觀現象（即印章的具體呈現）觀看的路徑，若要契近篆刻藝術之本質，須採取宏觀角度思考：藝術家如何使作品散發美的震顫？觀賞者如何受作品之美感召，而能品出藝術家生命情境之婉轉曲折？

此命題來自逆向思考。西方藝術研究者關注藝術的如何被構造，而對藝術家產生高度興趣；倘借用至篆刻藝術，則可探問「印風」與篆刻家之關係：一方印作所顯現的美感、張力、意境……等，是藝術之所以為無價瑰寶的判準，嚴苛點說，缺乏靈光（aura）的作品即是低級藝術、不是藝術。在此共通特性下，「風格」就是藝術品之所以看似構造相類，實則千差萬別的關鍵。以「個人」為單位的創作主體，其遭遇體驗、性格修養、生命情調等，皆不可能與其他創作主體重複；而這些絕不重複的生命質地，投射於篆刻作品上，乃造成絕對的差異（difference）。因此「風格」雖常被藝術領域用以討論某種相似的集合體（請注意「風格（style）」與「流派（sects）」的區別），﹝註8﹞實際上卻與其創作主體關係密切。

於是，由對「作品風格如何構成」的質疑，採取溯源的考索路徑，可導出以下命題：閒章作品之氣韻生動，是篆刻家如何藉由技術操作所獲得？技術操作如何與篆刻家生命連結，而產生個人風格？又，閒章之「閒」的深意在風格形塑與人格構成間，有何種作用？

（三）湧入與湧出：創作主體與身體

承接上述二點提問，篆刻的創造不但有專業與業餘的文化背景差別，還

﹝註7﹞ 華特・班雅明（Walter Benjamin），許綺玲譯：《迎向靈光消逝的年代》（台北：台灣攝影，1998 年），頁 96。

﹝註8﹞ 「風格」是以個人為單位，反映生命情調、美感體驗所呈現之具體特徵；「流派」則是追求某種相似「風格」之群體（如西方藝術的野獸派、達達主義等；篆刻流派則如浙派、鄧派等等）。

有由技術到藝術的能量轉化，這兩組辯證的導出，最終將回歸到對篆刻作品創造的當下——創作主體之身體狀態——與其美學命題。

篆刻作品的產出，扣除功利目的（買賣、交換），篆刻家創作作品之動機無非言志抒情、聊以寄興；在興發創作衝動至作品生成間，創作者的身體狀態，直接反映在前述由人格通向風格的構成過程中。並且，藝術家經由對創作客體（自然、事物、人情等）的感悟而引起的創作衝動，結合自身技藝與生命情調，投射在作品上，乃成就藝術品的最終型態，此「對創作客體的感悟」所憑藉的即是感官、即是身體。於是，東西方哲學、美學研究對藝術家身體狀態的追問，成為本章探索「閒章創作主體」深刻內涵的取徑之一，其中包含現象學式的觀察及道家身體觀的引入。

由是，本章的終極關懷為：閒章創作主體在由「對美的體驗」至「創造美的作品」之間，其身體狀態有無轉化？這種轉化，與閒章之「閒」深意之關聯為何？而閒章之「閒」的作用，與篆刻創作主體的關係為何？這些追問有助釐清篆刻藝術作品與其創作主體的關係，觀賞者得以清晰瞭解篆刻美的面貌，及其構成的因果關係。

第二節　創作者的文化氛圍

本章前言曾舉「印人」、「文人」、「篆刻家」為篆刻創作主體之多重指稱，其中對專業與業餘、文化水平高低等差別之判斷即在對印章發展史的考察；且文人與工匠的身分有兩種「轉向」脈絡可循：

（1）工匠的文人化：周亮工《印人傳》中，「印人」指涉範圍甚廣，業餘或專業的工匠或文人皆採納；[註9]然而從歷史的角度觀察，明代是篆刻發展之初，參與創作的文人並不普遍，反而值得注意的是工匠之「文人化」行為，如明代何震；篆刻一藝不但日漸受到重視，且工匠意識到缺乏金石學、文字學等知識則難以製作合乎審美標準的作品，紛紛充實鍛鍊、並與著名文士交游，逐漸向正統文人階層靠攏。此一現象顯示：姑不論藝術才份與敏銳

〔註9〕 文人專業刻印之例明代即有。周亮工《印人傳》紀錄梁千秋（梁袠）即專事刻印的落魄文士：「……鈿閣弱女子耳，僅工圖章，所歸又老寒士，無足為重，而得鈿閣小小圖章者，至今尚寶如散金碎璧。（《印人傳‧書鈿閣女子圖章前》，頁 11）」，梁千秋是否以鬻印持生無法詳考，然而「印人」與「文人」身分大抵是相互含涉的。

感官,「技能與素養」並重乃從事篆刻創作的基礎條件。

（2）文人的專業化：篆刻發展至清代,文人製印活動從「偶一為之」到作品的質與量皆有驚人的進展,不少文士更以「刻印」名世,因此文人的專業化〔註 10〕趨向是一重要訊息：除表示文人對篆刻藝術的日益重視,亦顯出社會對「刻印」一事的接受度日增。

因此,「文人」對篆刻藝術發展極為重要,本章前言所舉篆刻創作主體的指稱中,「篆刻家」一詞就帶有「文人化的工匠」與「專業化的文人」二種傾向。而上述「文人」身分的面貌,與明清社會文化關係密切：晚明文人文化標榜生活情趣,從社會經濟的角度觀察,當時物質文明膨脹,消費的、奢華的經濟觀念引入,「物品」被據有,被賞玩,因而文人始對「長物」備受關注；既有其消費契機,文人始傾力鑽研如篆刻、飲酒、品茗、花卉蟲鳥、建築傢俱……等「小道」。

在此風靡潮流當中,晚明「閒賞文化」〔註 11〕不可避免地影響「閒章」之萌芽,而文人介入正是推波助瀾的主力：文人對閒賞事物的經營,具有高度影響力（因其高知識水平、獨特的藝術鑑賞力）,此經營乃立基於一種「消遣的時間」,即「閒」的時間概念,〔註 12〕因當時書法、繪畫仍為文人藝術創作之主流,更不提文人在政治上、詞章義理上的投注精力,篆刻本是文人「課餘」狀態下「玩」出心得、「玩」出美感的產物。〔註 13〕正因不求生產的質與量,篆刻藝術發展之初並不受重視,經明末清初等流派印人的擘畫經營,才成就當前所見之榮景。文人與生產物（印章）情感之交流,人與物間的契近,使印章脫離勞動生產下的技術複製（reproduction）,轉為賞玩、審美的對象——

〔註 10〕 本章脈絡下的「文人之專業化」中「專業」意義須小心理解：並非現代語境中「以此為職業」、「賺取錢財餬口」的意義,而是文人用心鑽研,使篆刻成為他們藝術創發的主要載體,表現個人的生命懷抱；且文人更以「刻印者」自居,代表文人階層對刻印一藝的接受度。

〔註 11〕 「閒賞文化」一詞從「閒賞美學」中引申而來。詳見毛師文芳：《晚明閒賞美學》（台北：臺灣學生,2000 年）。

〔註 12〕 「閒」的時間意義從「空閒」、「生活」等脈絡下探討；是種延展的、疏散的、放鬆的、愉悅的時間觀。參考王鴻泰：〈閒情雅致——明清間文人的生活經營與品賞文化〉《故宮學術季刊》第 22 卷第 1 期（2004 年 9 月）,頁 69～97。

〔註 13〕 古代文人對書法和繪畫的專注經營與篆刻不同,其「閒」與否,差別在：書法乃實用工具,強調文字美、線條美的表現,本與「閒」無關；繪畫則以描繪事物表象與象徵意義之追求為尚,待有「閒」的況味產生,恐怕要在元、明之際發展出「文人山水」之後。

—文人「消遣式」的參與使印章從「（工匠）勞動的時間」到「（文人）消遣的時間」；從有用（工匠製印換取金錢）到無用（文人治印無所謂買賣等利益關係）。於是，在上述文化氛圍底下，篆刻創作之活動，呈現著「逃逸」與「遊戲」兩種面向。

一、面對生存困境／宏大敘述的逃逸

　　從篆刻藝術發展史的脈絡來說，文人仕途失意而遁入藝術尋求慰藉，乃至以此爲謀生工具，是篆刻迅速發展的因素之一。周亮工《印人傳》記載：

> 近取士之額日隘，士無階梯者，不得不去而工藝，故工書畫圖章詞
> 賦者日益眾。〔註14〕

此「不得不」從藝的士人首推梁裦（生卒年不詳，明萬曆時人）。周亮工《印人傳》記載：

> 又國博（按：文彭）當時自負家世，故非名人不爲作，即登臁仕而
> 其人僉壬，亦婉辭謝絕。後（按：指梁裦）則粟吏販夫以及黨逆仇
> 正輩，或以金錢，或恃顯貴，人人可入鑴矣。〔註15〕

周亮工所鄙夷的「或以金錢，或恃顯貴，人人可入鑴矣。」顯示梁裦製印的利益趨向。篆刻創作主體──文人爲求生存而以刻印爲業，其作品應酬性高，往往受委託者箝制而無法自主創作，或爲錢財而虛應故事，更加失去藝術的光采。篆刻成爲謀生工具而落入機械複製的困境，文人亦有所警覺：

> ……無語不可入印矣，吾未見秦漢之章有此纍纍也，欲追蹤古人而
> 不先除其鄙惡，望而知爲近今矣……江河日下，詩文隨之，圖章小
> 道，每變愈下，豈不可慨也哉？〔註16〕

因此，「閒章」作爲篆刻家對抗此一機械複製危機之逃逸線（line of flight）意涵呼之欲出：閒章語句充滿獨創性、能自由揮灑，是完全開放的空間，沒有委託者的設定，沒有用印傳統的包袱，是全新、未開發的抒情載體。篆刻家一方面能持續以鬻印維生，一方面藉閒章實踐自我風格與藝術理念，並同時紀錄生活、寄託感懷，是閒章作爲創作主體逸出生活困境的路徑之一。

　　除前述對仕途失望而轉事藝術的人口，本來即從事藝術活動（書法、繪

〔註14〕　周亮工：《印人傳》卷二。
〔註15〕　周亮工：《印人傳》卷一，頁7。
〔註16〕　周亮工：《印人傳》卷一，頁7。

畫）的文人，則嘗試在落入「商品化」、習氣僵化的藝術創作中尋找新的動力。以明代書畫世家文彭爲例，其書法技巧堪稱上乘，甚至有懷素〈自序帖〉爲文彭摹本的說法。〔註17〕然而他生長於吳門，受文徵明等傑出藝術家薰陶的處境下，更能留心印石，卒以圖章名世。文人挾經濟與文化資本之優勢，其觸角遍及詩詞文章、書畫戲曲、文玩收藏、傢俱建築，事實上是在文人懷抱「閒暇」的態度，進行對藝術之宏大敘事（grand narrative）的逃逸，晚明政局紊亂，思潮紛湧，除去對權勢戕害的避禍及世變頹危的不安等歷史因素，當時的藝術亦面臨技法鍛鍊到達頂峰，難以突破的窘境，〔註18〕因而文人逐漸對固有藝術傳統進行解離，促進藝術的再創造。對前代藝術的解構（deconstruction）正是藝術得以活化的契機。

　　總此，從篆刻藝術史的角度觀察，首先是文人對工匠刻印的不滿足而接觸印章一藝，接著由文人對進仕失落、對技藝困境的逃逸，顯見「閒章」在印章發展史中的文化向度：它是避難的路徑，一種逃脫、暫時在壓迫中得到緩解的救贖；因印章「小道」而不受歷史包袱、審美價值的圍限，刻印者得以自在悠遊。須注意的是，晚明至明末清初是多元文化衝擊的時代，篆刻藝術正好勃發於此期間，文化的刺激，是論者不能忽略的面向。正因種種無形的壓迫，篆刻創作主體（文人）的逃逸行動，更具有深刻的意義，而在這種消極的逃逸狀態之後，文人更以自身飽含的文化素養浸潤至閒章藝術，使之豐富盈滿，綻放璀璨光芒。

二、文人遊戲

　　承上所論，閒章創發之文化背景雖具有「逃逸」特質，然而消極的逃逸行動，無法解釋文人製作之「閒章」何以能稱「風雅」之物？文人如何將「聊作生活調劑」的閒章提高至能入鑑藏家眼底，賞其趣味、品其格調的藝術珍品？此一「雅致風尚」之獲得與經營，與晚明文化有何種關係？

　　當代對明清文人生活美學之研究已有多視角的展開，形成雅／俗、仕／

〔註17〕 李郁周：〈故宮墨跡本「自敘帖」是文彭摹本〉，《中華書道》第 42 期（2003年 11 月），頁 13～24。

〔註18〕 從文獻可知，藝術至明代始有「商品」的姿態，具買賣價值，因而從業者愈眾。間接促使文人藝術須不斷藉由其它項目（如閒賞文化的產生、世俗文化的接引）涵詠、活化，賦予新生命。例如明末傅山接引漢簡的支離法創造新的書寫方式；八大山人（1626～1705）極盡簡鍊的文人花鳥等創新。

隱等辯證的生活風格。台灣學者如毛文芳、王鴻泰等已提出多項論著，〔註19〕本節則取其精華概念，從印章創作的角度切入，探討文人生活的美感氛圍如何浸潤至篆刻藝術，使閒章之「閒」意義更加立體而圓滿。

　　晚明「閒賞」美學與篆刻藝術有相當的關聯，毛師文芳《晚明閒賞美學》謂：「『閒賞』包含了兩個理解層次，『閒』是界定『賞』的先決條件，必須有燕閒之情始能為賞，這代表文人處於閒適和樂的情緒與生活狀態；而『賞』是『閒』所應從事的活動，得閒便要觀覽遊賞，這是文人閒適和樂的生活內容。」〔註20〕而晚明「閒賞」氛圍又依從事活動不同，呈現多樣化的生活實踐，如「品藻」、「壯遊」、「養生」……等。

　　《晚明閒賞美學》中引謝肇淛（1567～1624）云：「而閒之中，可以進德，可以立言，可以了死生之故，可以通萬物之理，所謂『終日乾乾欲及時也』。」〔註21〕說明若將心境挪空而出，則萬事萬物不固着於心，做任何事皆有其意義，此意義之獲得，亦是「閒」的作用。舉例言之，閒章印語之構成，由於語句篇幅短仄，常有隱語、暗語等發揮，以致富含文學特質，此即語境之研究：「語境」可從「語言環境」及「語言境界」上說，〔註22〕前者如本書前引文人印章的文化扮裝（本書〈上篇：第二章〉，即是印主抱持著遊戲心態，兼以自我表達的象徵，見「印語」被構造的環境因素）；後者則如蔣仁（1743～1795）閒章「真水無香」印【圖c2-1】，短短四字，文辭既美，箇中涵義又深刻雋永，令人悠然神往。〔註23〕「真水無香」是文學創作的結晶，它的語言不固著，任憑詮釋者遊賞，是印語達到「閒」之精神所致。

〔註19〕王鴻泰：〈明清間上人的閒隱理念與生活情境的經營〉，《故宮學術季刊》第24卷第3期（2007年月3），頁1～44；王鴻泰：〈雅俗的辯證──明代賞玩文化的流行與士商關係的交錯〉《新史學》第17卷第4期（2006年12月），頁73～143；王鴻泰：〈閒情雅致──明清間文人的生活經營與品賞文化〉《故宮學術季刊》第22卷第1期（2004年9月），頁69～97。

〔註20〕毛師文芳：《晚明閒賞美學》（台北：臺灣學生，2000年），頁42。

〔註21〕毛師文芳：《晚明閒賞美學》（台北：臺灣學生，2000年），頁38。

〔註22〕「語言環境」即印語字面意義背後的真實所指，屬於語源學的範疇；「語言境界」則是此詩意化的、隱喻性的語言美學層次，屬於文學批評的範疇。詳見本書〈上編：第一章〉。

〔註23〕「真水」即無外在物性、無飾品贅物之水，難以用人類感官去總結並表達其特性，人們只需把自己的本心接近它，等待它，理解它，感受它；「香」乃人類感官可觸及並感知的體驗，真水之「無性之性」以「無香」示其真。

圖 c2-1

真水無香

　　正由於「印語」不固著、不預設對象，而能在文人群體間往來流通，此流通包含情感間的交流：刻印者瞭解印主的經歷、感受，深刻體味之後所刻出來的，就是最貼近印主內在的心境寫照。如文彭「琴罷倚松玩鶴」〔註24〕邊款中「余既感先生之意」就是文彭對唐順之（1507～1560）的心境有所體會，才得出如此千古流傳的名句。若涉及贈與，則如歸昌世（1573～1645）「負雅志於高雲」邊款有「生生居士清賞」；何震「沽酒聽漁歌」有邊款記曰：「景鈍先生命篆於滴翠亭中」；何震「聽鸝深處」一印款記「王百穀兄索篆贈湘蘭仙史」……等，皆為閒章邊款所見文人群體互相往來的實例。上述於印章邊款上的紀事言情，不僅篇幅短仄、言簡意賅，其題跋形式與文章義理、詩詞歌賦的撰述更加不同，是秉於一種閒情逸致，一種「可有可無」的信手拈來。這種交換或餽贈，不為利益，乃依其情誼、秉其友好，誠可謂「閒」。

　　文人閒賞活動，除上述印語經營及交換餽贈之活動，尚有「收藏賞玩」一項。文人癡迷於物，自古皆有：宋代米南宮愛石、拜石，蘇東坡收藏硯台，〔註25〕他們的可愛在與現實世界緊密疊合；晚明文人崇尚物質生活的享樂，文震亨（1585～1645）《長物志》引領風尚，舉凡花木、蟲鳥、文房、傢俱、器皿等皆可賞可玩，若就社會經濟的觀點，此閒賞活動立基於文人時間的空暇與財富的充裕，是物質上的「閒」。復從篆刻藝術的角度來看，此收藏賞玩

〔註24〕文彭「琴罷倚松玩鶴」一印邊款：「余與荊川先生善。先生別業有古松一株。畜二鶴於內。公餘之暇。每與余嘯傲其閒。撫琴玩鶴。洵可樂也。余既感先生之意。因檢匣中舊石篆其事於上。以贈先生。庶境與石而俱傳也。時嘉靖丁未秋。三橋彭識於松鶴齋中。」

〔註25〕米芾〈書識語——紫金研帖〉：「蘇子瞻攜吾紫金研去。囑其子入棺。吾今得之。不以斂。傳世之物。豈可與清淨圓明本來妙覺真常之性同去住哉。」引自故宮博物院：《大觀：一生難遇的看》（台北：雄獅美術，2006年），頁103。

活動無疑促成印文化的蓬勃發展：諸如璽印之考古、印論之闡發、印譜之刊刻、印材之開採……皆由於文人將精神投注於閒賞活動當中，堪謂「無用」之反成大用之結果。

　　總此，文人遊戲心態的建立，使篆刻創作主體由消極的逃亡者姿態，轉爲積極的遊戲主導者，文人「風雅」皆具體實踐於篆刻創作與其周邊活動，於是能成就「閒章」藝術的高度。無論逃逸或遊戲，篆刻家的行動隱含某種情緒的蔓延，此情緒使創作主體能與作品保持距離，不被傳統束縛、不將其工具化；亦能隨時專心致之，將生命能量原原本本地耗費（expenditure）其中，〔註26〕創作出令人驚豔的鬼斧神工。

三、「閒情」的導出

　　上述梳理文人對歷史、文化影響而如何面對篆刻創作的脈絡中，逃逸路徑或許是消極的，卻能由對傳統的背叛，獲致高度藝術價值；遊戲心態則源自文人閒賞美學，從印語之創造、文人間的交換餽贈與印章的收藏賞玩，窺見文人生命「閒」的氣質特徵。

　　逃逸與遊戲作爲閒章之「閒」深意的一體兩面，此「閒」的內容包含對生命困境的超克、對宏大敘事的抗拒、對傳統技藝的離棄、對世俗事物的重新看待……，這種意念由反彈的情緒激昂，化爲無關緊要的柔軟，正是道家藝術精神中「遊」的美學概念，〔註27〕此「閒」的況味，姑且稱之爲「閒情」。

　　閒情在「人」與「物」二者間添上一份與道家自然美學的超然物外不同，契近於世俗文明的意義：無論是經濟上的寬裕或心境上的無欲求使然，文人那樂於細瑣、樂於從「日常」照見「非常」的美感經營，正是一種閒野、閒散的情調，此「閒情」最能體現閒章之創作主體——文人的美學基調。另一方面，「閒情」作用而使賞玩之「物」開顯出其美妙韻致，仍與道家思維契合。誠如《閒暇：文化的基礎》一書所示，人類在物質文明（資本主義）中的處境，唯有逃脫或轉化，才能獲得救贖，無論是精神或身體上的。〔註28〕因此

〔註26〕耗費（Expenditure）出自巴塔耶（Georges Bataille）概念，詳閱汪民安編：《文化研究關鍵詞》（南京：江蘇人民出版社，2007年），頁101。

〔註27〕詳見徐復觀：〈中國藝術精神主體之呈現〉中「精神的自由解放——遊」、「遊的基本條件——無用與和」二節。氏著：《中國藝術精神》（台北：臺灣學生書局，1966年）。

〔註28〕尤瑟夫‧皮柏（Josef Pieper），劉森堯譯：《閒暇：文化的基礎（Leisure：The Basis of Culture）》（台北：立緒，2003年）。

從文化背景上觀看篆刻創作主體，即能體會其「閒」之「閒情」的具體面貌。經由本節的討論，乃得以進入本章對篆刻創作主體的另一層面：此「閒情」如何作用，而能使篆刻家的人格與作品風格得到連結？再者，雖文化背景影響閒章創作主體甚鉅，卻「不必然」導致閒情發用而使作品散發美的靈光，此時，篆刻家如何藉「技術操作」達到美的實現？

第三節　創作主體的技法實踐

前述對閒章創作主體的文化向度提出具體的論證，說明創作主體如何獲致「閒」之心境的物質、文化條件。然而，擁有「閒情」卻不必然能創造韻致出眾的閒章，因藝術之根本條件在對「美的形式」之掌握，即技術操作的基本能力。在中西方美學的討論中，「技術」輒被視為阻礙人們碰觸真理的牆堵，莊子「庖丁解牛」所示之「技進於道」；海德格（Martin Heidegger）「技術的追問（Crisis from Technology）」，皆顯示人受障蔽的可能。本節從閒章之「技術操作」觀察篆刻形式美之組成元素：印語、線條、空間如何實踐美感表達；並從對「風格」與「人格」的勾連，指出閒章之「閒情」如何依藝術家的生命氣質，於作品之神采中具體顯現，最後則討論篆刻創作主體與作品間的關係及其深刻意涵。

一、語言美

閒章的組成要素中，「詩意的語言」是構成一方好印的基礎。葉一葦《篆刻學》云：「『印語』是篆刻家的首要創作，印語的創作顯示著篆刻家駕馭文字語言的水平。」〔註29〕葉氏並提出「確切」、「含蓄」、「精練」三項訴求，皆對著篆刻家對語言的使用能力而言。一方具有意境的印章必然結合視覺藝術（刀筆趣味、章法佈局）與語言藝術（詩意化的印語）所構成，語言之美，又與篆刻家生命緊密連結——文人對閒章中「詩意語言」之運用與其抒情傳統有關，對印語境界之論述請參閱本書〈上編：第一章〉——因此本節所強調的是「印語之創發」與閒章創作主體的深層關係，例如本章前言所舉篆刻創作主體有文人、匠人之等級分層，即可從印語書寫證明：如「痛飲讀離騷」一句的重複襲用，〔註30〕使語言缺乏能量，失去美感。周亮工《印人傳》云：

〔註29〕葉一葦：《篆刻學》（杭州：西泠印社，2003 年），頁 149。
〔註30〕高大威：〈方寸印象——從近世閒章看文人的生命情致〉，收入《通俗文學與

獨其摹何氏努力加餐、痛飲讀騷、生涯青山……之類，令人望而欲
嘔耳。〔註31〕

「令人望而欲嘔耳」的評語顯見文人對俗套語言之排斥，並隱含對篆刻家學問修養的嘲諷。因此印語的創造，關係篆刻家的學養，及表達人生體悟的詩興衝動。「學養」賦予印語深刻內涵，在古典文學領域中，精鍊的語言能引起廣大共鳴，在於富含悠遠想像及多重詮釋的可能性，正是詩意語言的魅力；並能回應葉一葦提倡「含蓄」、「精練」等要素之旨意。以學養爲基礎才能「確切」達到篆刻藝術的「言志抒情」功能，〔註32〕印語優劣的層次在於共通性中的獨創性——如官場失意、有志難申的苦楚與逆境；或對宇宙浩瀚之讚嘆、對山林自然之嚮往……種種情感自古皆然，乃人之所共同體驗，因而具有共通性。詩意語言之所以能優於世俗話語，則在體驗共通性後，藉獨特的「意象」獲致美的效果——此「詩之意境」，能使讀者在共時共感中獲得美的共鳴，是藝術表現的最佳範例。

然而，誠如本書〈上編：第一章〉所示，高妙印語之獲得需秉「閒」之心境，以無固着之心，使詩意語言與觀賞者相互感通。因此對篆刻創作主體而言，「學養」與「閒情」是其技術操作的必要條件。進一步說，有充分的學識、文采，才能使「閒情」充分展現出美的靈光；「學養」源於創作主體的固有認知，「閒情」則是「個人」詩意衝動發用的當下氣氛，因此印語的構成，與閒章創作主體有密不可分的關係。

二、視覺美

篆刻終究是門視覺藝術。欲談論創作主體如何與作品構成連結，則須從篆刻之表象——形式美的向度考察。亦即，篆刻的各種形式，從風格、流派，到個人特色，皆與創作者有直接關係。創作者如何運用技巧，達成自我生命的彰顯，有下列兩條脈絡：

（1）「刀筆逾越」與風格成立：若印語的詩意創造是閒章成立的基本條件，則出色的刀筆技法，則是閒章能躋身「藝術」而永久流傳的價值。本書

雅正文學——文學與圖像第五屆全國學術研討會論文集》（台中：國立中興大學，2004年），頁42～43。
〔註31〕周亮工：《印人傳》卷一，頁7。
〔註32〕葉一葦曾言及印章的「言志抒情」功能。詳見葉一葦：《篆刻學》（杭州：西泠印社，2003年）。

〈上編：第二章〉已論及篆刻家之「刀筆逾越」如何與書法美學結合，以及個性化的書寫直接反映作者生命情調等向度。以書法美學觀察，書寫風格服膺著作者的情感、情緒、生命情調，此時藝術作品與眾不同的細微差異，就是「風格」的獨特之處。承本章前言所示，「刀筆逾越」正在擺脫印藝傳統與流派傳統的束縛，創造自我的道路；〔註33〕心與手相連，從個人體驗出發，不受「製印」壓力、傳統套路所困。藝術作品的矯揉造作是失去「美」的通病，嚴苛點說，有為造作的藝術即是低級藝術。

（2）「氣韻生動」與人格氣度：作品中彰顯的氣韻，將回到創作主體的人格氣質的討論上。從雄渾或平淡的風格（詳見本書〈下篇：第一章〉）顯示，藝術品的氣韻展現，除去個人特色，仍可得到一種人類共通共感的具體氛圍（如雄渾感）。從繪畫理論中談「氣韻」一詞思考：「氣」即作品之神采；「韻」即韻律、流動，「氣」、「韻」二者兼得方能展現繪畫之立體性（非平面藝術之立體視覺效果，而是氣氛美學中「散發」的無形力量），〔註34〕引領觀賞者進入畫中，體會「道」的奧秘世界。篆刻「氣韻」與創作主體之關係，在於篆刻家的氣度：藝術家越能在古典中開創新意；越能在陳規中走出歧路；越能在有限（畫面）中置入無限（深意），則藝術品的深度、廣度益高，散發耀眼光芒。若「詩意語言」是個人生命的情感抒發，「刀筆逾越」是個人內在情緒的外顯，則氣韻就是創作主體之生命整體——較情感要內斂，較表情還深層，直指生命核心價值的人格構成——孰優孰劣，高下立判。

氣韻與人格的關係是如何呢？從魏晉時期談論文藻與人品的文獻可知，文辭之鍛鍊，受人的生命基調所限，此人之道德品行、風骨格調，常成為品評藝術之依據。亦即作品之優劣，在藝術家的人格構成時，即刻便決定了。然而，本節脈絡下的「人格」並非就人之道德善惡，言行舉止而言，在藝術創作者生命的開闊與否、他的「氣度」如何——從篆刻作品顯現之藝術價值來看，作品的雄渾或平淡，乃篆刻家鍛鍊技術、細心體察、敢於突破所致，

〔註33〕 本書對「風格」的重新檢視，並非為批判「流派印風」。究其理路，即使篆刻家對「流派」印風有所謂的承襲或化用，最終，成功的篆刻作品都應有「個人」風格而非空具「流派」的外殼。如清代「西泠八家」雖依循共同的幾種元素（如刀法常用「切刀」法、篆法皆用「漢印篆」朱文⋯⋯等）進行創作，乍看之下極為相似。然而其中仍具有些微差異，這些差異成就他們的個人風格。

〔註34〕 梅洛・龐蒂（Maurice Merleau-Ponty）著，龔卓軍譯：《眼與心》（台北：典藏藝術家庭，2007 年）。

藝術創作者的雍容大度即在於此——鄧石如（1743～1805）、吳讓之（1799～1870）、趙之謙（1829～1884）、吳昌碩等人，皆是有大格局開創的篆刻家，能為一派宗師。

　　總此，篆刻之技術展演揭示著作品與篆刻家的密切關係，「學養」對印語構造、「刀筆逾越」對風格塑成、「氣韻生動」對氣度顯現……然而閒章的創作主體是如何經由感知、體驗美的震懾引發藝術創發？以「個人」為單位的技術操作、生命情境，又與「閒」之「閒情」有何關聯？何以「閒情」能使創作主體「技進於道」，生發高度的藝術成果？

三、技術的解離

　　技術可藉由鍛鍊獲得，舉凡刀法、筆法、章法、甚至語言的冶煉，皆是創作主體藉由修養能達到。因此，觀看的角度須有所調整：生命的流露在於藝術家的身體形軀，感官之觸覺、情感的變化，全在創作「主體」的湧入與湧出。因此，印語創造應是個人情感的流露，時而隱晦，時而奔放；則刀筆則是肢體、表情，是個人的情緒表達；氣韻則是學養、情感、情緒的整體顯現。

　　上述的逆向思考，是本章將風格與人格連結之用意：詮釋創作主體與技術操作的關係。然而在技術操作的背後，更存有「閒」深意的「解離」功能，即「閒情」啟發篆刻家面對技術操作的習氣化、世俗化時的開創性作用。因此設問：即便「風格」乃「人格」之彰顯，但憑藉「技術操作」為橋樑的二者聯繫不免受遮蔽，而有許多「靈光」在無意間被遺失、散落。〔註35〕而「閒情」能在此間達到什麼樣的作用，以保障生命能徹底映射在作品上，顯出光暈，令觀眾一覽無遺？茲分三點論述：

　　（1）語言的創造／再創造：從本書〈上編：第一章〉論述可知，印語的創造分為「原創」及「（修改或引申前人語句的）再創造」二種，皆與作者學問修養成直接關係。〔註36〕首先論述閒章之「閒」對印語的「再創造」之作

〔註35〕　華特・班雅明（Walter Benjamin）曾提及藝術的「專心」：藝術家因創作時的目的性、功利性使然而過度專注、專心致之，竟忘卻創作的初衷與箇中趣味，跳脫不出思考的框架，反而顯不出作品之美。許綺玲譯：《迎向靈光消逝的年代》（台北：台灣攝影，1998 年），頁 96。

〔註36〕　匠人之所以無法獲致高雅的印語，即因文化水平與學養之欠缺（「詩意創造」不僅須具備創造力，飽讀詩書與融會貫通亦相當重要。此即匠人與文人之差距）。文人的印語創造有語境與詩意境界的區別（詳見本書〈上編：第一章〉），對語言環境之探討是為詮釋「意境」之所以蘊含深刻、使人玩味無窮的原因。

用。印語再創造是將既有詩文錦句，抽換字詞或改變順序使用（詳見本書〈上編：第一章〉），此中興味正在「改變」的巧思上，在「令人耳目一新」或「令人產生聯想」的趣味。印語「再創造」揭示著對已成立之套語的解構，是「閒」的表現：篆刻家藉由語句「原意」轉向對同時空其它事件的指涉、或對不同時空相同處境之指涉。此手法企圖以「舊瓶」裝「新酒」，竟亦使「酒」同「酒瓶」一起更新了——此語言操弄來自文人遊戲的閒情逸致，亦是語言的魅力所在。其次論「閒」對印語「原創」之作用。印語原創之契機出自藝術家的感悟、體驗、情緒抒發、生活週遭……印章成為篆刻家言志抒情的文學載體，已非舊瓶新酒的「再創造」。由於印章幅面窄小、能置入之詞句短仄，篆刻家得選擇愈精鍊、愈能表情達意之字句，因而與絕句、律詩的創作向度不同——沒有「起承轉合」，更類於警句或格言（maxime）〔註37〕的書寫，能使意象瞬間映入觀者眼簾，並使之進入作者的「試圖述說」；此意圖的可讀性卻又存在「誤讀（misreading）」〔註38〕的可能，而產生多重詮釋的趣味——此一原創的簡短書寫值得深究，它有中國傳統「聯語」的況味，也有佛家禪悟的當頭棒喝，但更多是藝術家賦予的無窮深意。且此語句須是「非私屬性」的（詳閱本書〈上編：第二章〉），由於是非私屬的，則人人可賞可玩，達到藝術品的最終目的——使大眾得到美的救贖。

（2）結構的拆解：漢字結構是多重符號拼湊而成，非單一符號的。中國書寫傳統中，真、草、篆、隸都有組成的規則，對其結構美的追求即是書法美學。如此千年傳統，至明清兩代，將在篆刻藝術中得到突破。簡言之，書法藝術美的本質是「線條」及「造形」美，以篆書為例，部首與偏旁的位置、結構茲事體大。觀察初期的閒章構造，對印文文字本身的解離，仍未有突破性的發展，而經清代流派印風大盛之後，文人警醒於「習氣」落俗，始對文字構造進行有意識的解離——清人高鳳翰（1683～1748）「丁巳殘人」一印【圖c2-2】，「巳」字彎屈呈鵝狀，「人」字化板凳之形，被「殘」字壓得喘不過氣。相較於病廢前的代表作「雪鴻亭長」【圖 c2-3】、「家在齊魯之間」【圖 c2-4】流露出的自信與神采，「丁巳殘人」四字就像《莊子・人間世》中「支離疏」

本節將「印語創造」侷限在其高級形式——詩意的語言的用意，在凸顯此一傳統下的「原創／再創造」向度。

〔註37〕詳見本書〈上編：第一章〉。

〔註38〕「誤讀」理論引自安柏托・艾柯（Umberto Eco），可參閱氏著，張定綺譯：《誤讀》（台北：皇冠，2001 年）。

的身影，在方寸格局間跌跌撞撞、東躲西藏，這與高鳳翰的生命情調有著相當的關連。〔註39〕總之，呼應前述「刀筆逾越」的「閒」概念引申而出——篆刻創作主體源自內心的，對抗規則的撒野、對傳統包袱的甩拋，正是突破技術操作之常規，獲致趣味、展現美感的主因。

圖 c2-2	圖 c2-3	圖 c2-4

丁巳殘人	家在齊魯之間	雪鴻亭長

（3）全局觀的瓦解：如本書〈下編：第一章〉所論，印章形式美的普遍認知，要能關照全局，即章法的技巧。然而，此「全局觀」卻成為氣韻彰顯之阻礙：印藝傳統為服膺印語的可讀性，將印文以（無形的）框線間隔，〔註40〕然而印章印面誠可視為一無限的畫布，從近代篆刻名作中可知，此全局觀是可被瓦解的。（考察明清閒章亦可窺見蛛絲馬跡，詳見本書〈下編：第一章〉）

「閒情」能引發創作主體對全局觀的瓦解，因從印藝傳統的陳規中跳脫而出的閒暇心境，唯有篆刻家不「為刻印而刻印」，秉其閒情逸致，才能有「出格」的遐思；此一不設限的遊戲心態，因而有新的創造——藝術的本質之一

〔註39〕高氏年過半百始因右手殘廢改以左手刻印。歷來各家評述高鳳翰「丁巳殘人」一印嘗云——秦祖永《桐陰論畫》云：「法備趣足，雖不規規於法，而實不離手法也。」劉江《印人軼事》讚其：「離奇超妙，脫盡筆墨畦徑」；蕭高洪《中國歷代璽印精品博覽》謂：「從境界上看，此印豪放至極，全以氣勝，這是一種超凡的、生拙蒼茫的空遠之氣。」趙昌智《中國篆刻史》：「掃盡嫵媚，洗卻鉛華，不衫不履，粗頭亂服。這是高鳳翰晚年治印的獨特風貌。」各家說法皆肯定高鳳翰左手印作呈現的豪放、樸拙之感。

〔註40〕印藝傳統中，文字的「可讀性」可舉四字印為例：四字印的印文順序通常為
$\begin{smallmatrix} 3 & 1 \\ 4 & 2 \end{smallmatrix}$，也有 $\begin{smallmatrix} 2 & 1 \\ 3 & 4 \end{smallmatrix}$ 的讀法，再無其它。為何有二種讀法尚待考察，而此約定俗成的文字順序，是印章之所以可讀的必要條件，若打破此一常規，則印文將難以被閱讀。

即在於「出格」、「創新」──並帶給人們美的震撼。

　　總結上述所論,「閒情」對技術操作的解離作用已昭然若揭:「閒情」能鬆開固有思考的束縛,使作品逸出規範以外;此逸出的當下,創作主體的自身、人格整體,便能原原本本地與作品風格連結,並綻放生命氣質之美。由是,本節舉出篆刻藝術美的共鳴來自詞句美、文字美及佈局美,三者之構成有賴文人「閒情」引發的解構行動,在逃逸與遊戲間譜出新的況味,使藝術家與作品水乳交融(而非主客對立)、情理兼備(既非徒具技巧缺乏情意;亦非情感滿溢而手法粗糙),使觀賞者能有「美」的感受。

第四節　創作主體的「身體」〔註41〕

　　經由對技術操作與創作主體間關係的詮釋可知,閒章「風格」與篆刻家「人格」環環相扣,「人」依於「閒情」而能使作品展現逾越技法、逾越格局、逾越流派的個人藝術境界。創作主體之情緒、性格、風骨、學養、技藝……等元素揉合而成的作品,即是充滿差異(difference)的藝術之美。在此無限差異的創作過程中,「主體」的當下情境為何?是本節所要探問的──由藝術家的生命到藝術作品產出的過程,這「之間」的美學命題。涉及藝術經驗之討論,西方哲學的身體論述可供參酌;而道家身體觀也有相應之處:在創作過程中,藝術家的身體狀態為何?藝術家或受宇宙自然的浩瀚感侵佔、或受情緒激盪,他們如何轉化力量,醞釀成藝術品?閒章創作的過程,創作主體與「閒情」的關係為何?茲分三階段論述:

一、模擬的身體

　　篆刻藝術發展之初,文人對印章創作僅止於「模擬」前代典範,如先秦璽印、漢印、魏晉印;甚至宋、元代的官、私印,「印藝傳統」規模逐漸因歷史的積累而形成,文人則在此傳統中攝取養分──中國藝術中的「技術取得」與其淵遠流長的藝術史、師承文化關係深厚──書法從「臨摹」入門,繪畫則由對事物表象之「模擬」、對前人畫稿的仿作入手,皆隱含著中國藝術的修持法門。篆刻亦是如此,元代吾丘衍《三十五舉》標榜漢印之美;明朱簡(1590～1611)「擬古說」的提倡,一時之間漢印「法度」已深植人心;此時創作者

〔註41〕「身體」觀念在西方的發展已相當豐富,本章對身體之論述的基礎認知,
　　　　詳見汪民安:《身體、空間與後現代性》(南京:江蘇人民出版社,2006年)。

的身體狀態（即創作主體的技術載體）是受規訓（discipline）的，對線條與結構、格局與章法的追求，皆籠罩在古印的陰影中。

經過上述對「印藝傳統」的模擬時期，有清一代，篆刻創作出現兩種「跨界的模擬」現象：即「印從書出」與「印外求印」二者，〔註42〕前者自書法藝術中取徑，強調篆刻線條之筆意；後者則能多元借鏡——然此一「跨界」仍停留在對人文傳統的模擬，雖能取法、借用活化藝術創作，但身體仍耽溺於「規則」之中。書法的規則、金石古文的規則、流派印風的規則……無所不在。此處可藉學者論「習氣」之文獻說明此一現象：

> 習氣，是指一種不根據客觀條件與對象需要，而故為的惡習怪氣。……
>
> 是眼界不高，習以為常，久而久之便成一種惡劣習性。〔註43〕

「習以為常」正是身體無意間受到規訓與形塑的象徵。可以發現，本章前文細緻論述的技術操作，實依於身體的狀態而常有偏斜；甚至積極地說，創作主體於創作時「身體的當下情境」主宰了技術操作，更決定了藝術品的成敗優劣。

圖 c2-5

意與古會

〔註42〕篆刻發展到清中葉，在乾嘉年間碑派書法的影響刺激下，鄧石如（1743～1805）率先實踐「印從書出」觀，他的登高一呼激起後代名家吳熙載（1799～1870）、徐三庚（1826～1890）、趙之謙（1829～1844）、吳昌碩（1844～1927）、黃士陵（1849～1908）、齊白石（1863～1957）等人的遙相呼應，這些印人皆擅以書法入印，成就清代印壇不朽的高度。從鄧石如「意與古會」一印【圖 c2-5】即可看出它與漢印法度的大相逕庭：融合刀法與筆意後，線條自由伸展所呈現的趣味。緊接著「印從書出」論調，趙之謙提出了「印外求印」觀念，更彰顯了篆刻藝術包羅萬象、恣意變化之特色——憑藉作者對古文字的修養、於金石考古上的獲得；或對書法筆意之體會、章法形構之創意，皆能置入印章中。詳見黃惇：《中國古代印論史》（上海：上海書畫出版，1994），頁 251～262。

〔註43〕劉江：《篆刻美學》（杭州：中國美術學院，1994 年），頁 329～330。

「模擬的身體」是篆刻藝術中普遍的現象，甚至是中國藝術項目的共通特徵。因此中國古典藝術理論對創作主體應如何從「模擬的身體」中超拔而出，以緩解作品落入樣板、流於習氣之危機意識，已有豐富的討論與建樹，本章嘗言「技進於道」即是典型的方式。需注意的是，篆刻藝術中，模擬（無論是對師承流派的模擬或對古代法度的模擬）是展開印章創造的捷徑，是技術取得的源泉，鮮見古人能完全忽略前代印藝發展，另起爐灶，產出絕對原創的作品；反觀歷代高超的閒章創作，幾乎都在技巧能「將前代印藝模擬至爐火純青」的狀態下，另闢蹊徑，開出美燦的花朵，如鄧派兩位健將：吳讓之與趙之謙皆有此種傾向。因此啓人疑竇：篆刻家如何不受技術的／模擬的身體之限制，竟能反過來運用此一模擬、技術的身體，覓得突破的路徑？

二、感知的身體

明代楊士修（萬曆年間人）曾提出「印如其人說」：

> 刀筆在手，觀則在心。情者，對貌而言也。所謂神也，非印有神，
> 神在人也。〔註44〕

周應愿（生卒年不詳，約活動於隆慶及萬曆年間）《印說》曾專列〈興到〉一章言：

> 有佳興，然後有佳篆；有佳篆然後有佳刻。佳於致者，有字中之情，
> 佳於情者，有字外之致。〔註45〕

上述印學理論將篆刻創作與篆刻家結合，討論印章之美、氣韻如何產生，並將緣由歸結至「情」、「興」等無可名狀的，人的情感活動。然而「情」、「興」從何而來？此類情感活動無法憑空獲致，必得推導向人的感知活動——生命喟嘆、感時傷逝；山林隱逸、慕陶追尋；天地遼闊、人之渺小……由對外在事物的感知，轉爲情緒，乃成就創作的契機。茲以二點述之：

（一）生命共感

外界所加諸，政治的、經濟的種種壓迫，對藝術家敏感心靈的刺激，是其創作藝術品的動機。尼采（Friedrich Wilhelm Nietzsche）即以藝術爲救贖：〔註46〕在尼采的世界裡，身體不應是傅科（Michel Foucault）所謂「規訓的」，

〔註44〕黃惇：《中國古代印論史》（上海：上海書畫出版，1994年），頁80。
〔註45〕黃惇：《中國古代印論史》（上海：上海書畫出版，1994年），頁99。
〔註46〕參考沃坦恩格伯（Thomas E. Wartenberg）著，張淑君等譯：《論藝術本質：名

而是充滿力量流變的、解放的身體，讓此力量充盈，對抗「永恆輪迴」；亞陶（Antonin Artaud）「殘酷劇場」當下綻放出無窮能量的身體也是一樣。由是，身體作爲情感無可掩飾的流動介質──湧入與湧出──因而最直接地受到生命桎梏轉而爲激憤、憂傷、躁進、淡薄等情緒散發，是最普遍的藝術創作體驗，一般人皆能獲得。

此一發自內心的創作動力，亦能在閑章作品中窺見：高鳳翰「左臂」、「丁巳殘人」散發的痛苦扭曲與形容枯槁，觀其短文〈簾蛛記〉即可將其人其印連結：

> 高子病瘻不出內戶者旬月，客散擁榻，目無所寄，則常屬之窗與簾。簾附窗而嫗於壁，壁之穴虫多緣而遊。有蛛初來，登簾若涉大險，簾有界隙，動輒失足，失足輒驚，驚輒退縮不敢前，則惴惴而行，帖帖而蹲，其勢若不終日者。已乃戲令撒其窗扉，使去壁遠而絕其歸，奪其所安而重困之。意初不堪，久且苦，飢無所食，則強起而掠簾蠅。一日而坦，二日而躍，三日則投擲如飛矣。高子曰：嘻！世間夷險安有定形，視所挾而處者何如耳。神完於危，技精於熟，能成於有侶，勢反於絕援。置之至危而後安；置之必亡而後存。色沮氣死，神乃來告；精神寂寞，大道以通。〔註47〕

「能成於有侶，勢反於絕援」、「置之至危而後安；置之必亡而後存」即是他病臂後仍創作不輟之寫照。高鳳翰以精神超越苦痛，映射在印章創作上，通往生命的另一層次。

鄧石如「筆歌墨舞」閑章【圖 c2-6】則展現另一種情趣：漢印篆法帶有隸書的波折，是筆意的表現；印章的氣氛與印語同步，展現生動的歡愉。上述二例印作之所以能被觀賞者所感受其內涵，即在於其「生命共感」特性。生命情感具有共通性，根源於此的藝術創作，易使觀賞者將自身生命情感連結，產生交流，〔註48〕構成藝術的效用。

（二）自然萬物

家精選輯》尼采卷（台北：五觀藝術管理出版，2003 年）。

〔註47〕高鳳翰：《南阜山人敩文存稿》（上海：上海古籍出版社，1983 年）。

〔註48〕托爾斯泰曾論及「藝術即情感交流」，亦即人與人之間能藉由對藝術、「美」的共感，達到情感的流通。參考沃坦恩格伯（Thomas E. Wartenberg）著，張淑君等譯：《論藝術本質：名家精選輯》托爾斯泰卷（台北：五觀藝術管理出版，2003 年）。

　　上述列舉閒章創作主體對生命共感的感知，並能以之與觀賞者繫聯，達
成藝術功效。繼續追問，文人對山川湖泊、花木蟲鳥等自然事物的感知，是
常見的閒章題材，對景物的描寫是文人抒發情感方式，有單純對自然的嚮往，
亦有將情感寄託景物——即可呼應前述文人對生命共感的發揮——人對於自
然萬物散發美的感知，是藝術創作的動機。陳鍊（1730～1775）「潤花小雨斑
斑」閒章【圖 c2-7】語出黃庭堅〈子瞻繼和復答二首〉之二：「迎燕溫風旎旎，
潤花小雨斑斑。一炷煙中得意，九衢塵裡偷閒。」元人李致遠〈天淨沙〉亦
用此句：「敲風修竹珊珊，潤花小雨斑斑，有恨心情懶懶。一聲長歎，臨鸞不
畫眉山（或作「彎」）。」文字營造的畫面提供豐富意象——細雨斑駁，矇矓
視界；滴聲瀝瀝，直沁心頭。花草靜靜承受潤澤；濡濕的葉瓣，蘸染著詩人
的閒適、挑逗出詞人的慵懶……讀者恍如置身畫境，任憑想像引領，步入自
築的桃花源中。

　　再看鄧石如「江流有聲斷岸千尺」【圖 c2-8】對水波紋路的模擬，營造出
可謂「雄渾」的美感。〔註 49〕人們在欣賞印作時當下、直接感受到的壯美與
豪情，與欣賞山水畫時體味的遼闊與無限——雖不是西方面對大自然的巍
峨，陡生敬畏與虔誠那般——但「雄渾感」是能夠同調的。由此可見，倘使
自然萬物皆可入畫圖，則閒章亦能承載相同的韻致；「情」與「景」交融，是
創作主體由感知自然萬物之美，訴之以情感、趣味所成就的藝術效果。

　　總之，無論是受生命共感或自然萬物的感染而啟發創作動機，此二者仍憑
藉「身體」為中介，進行「感知—消化—產出」的藝術行動，因此，此時篆刻
家的「身體」仍停留在「主體」的狀態，是主觀性強烈的、與生命質地連結的
「個人」。此時閒章創作主體的身體狀態，雖已從模仿的、規訓的身體，來到自
我舒展、能主動感知事物，轉化為創作動能的身體；然而這樣的身體仍不斷受
外在事物紛擾而影響創作的純粹性質。換言之，生命共感、自然景物的變幻無
常，將主宰篆刻創作美的展現：篆刻家對詩興的獲得、對美景的渴求，均非一
時一地、非隨處即顯，且主觀認知下的「情」、「興」與「美」的普遍性不見得

〔註49〕王建元在《現象詮釋學與中西雄渾觀》中將西方「雄渾美學（the sublime）」
　　　　與中國的詩意、畫境連結：從是書中我們看到了西方「自然雄偉」與東方文
　　　　學中的「崇高」、「氣盛」與山水畫「致遠」的無限感遙相呼應。篆刻藝術中
　　　　藉筆法與章法表現之豪邁與壯闊，似乎亦可奠基於王氏對「雄渾」一詞的延
　　　　伸與轉化。王建元：《現象詮釋學與中西雄渾觀》（台北：東大圖書，1992 年），
　　　　頁 39～74。

吻合，這樣的狀態下，閒章創作可能因此散失美感、減損氣韻。

　　面對此一困境，本章藉追問閒章之「閒」作用下的身體狀態，企圖檢視篆刻創作主體能否以更大幅度的「解消主體」方式，使藝術作品因「閒情」的無固着、無據有而保障美的開顯。

三、消融的身體

　　民初印人來楚生（1904～1975）「處厚」閒章【圖c2-9】，線條凝重，且多斷裂，「厚」字下方留白，「處」字則下盤穩當；「厚」字「厂」撇緊貼著故意破壞的左邊框，似要融爲一體，「處」字則適當地與結實的右邊框疏離，形成相互呼應的態勢。明末書法家傅山〈作字示兒孫〉云：「寧拙毋巧，寧醜毋媚，寧支離毋輕滑，寧直率毋安排。」，〔註50〕傅山用「支離」對舉「輕滑」的用意——若在字體的波折處，圓筆帶過；在字體首尾（「首」：點、按一類的起始筆劃，「尾」：勾、勒一類的收尾筆劃）處不加留意，將呈現一種缺乏骨幹的書寫風格，傅山對「輕率浮滑」的人格是不齒的，他標榜作字應要先做人，人格上的消極狀態會在書法的表現上得到顯現，因此要避免輕滑的書風，需有骨氣、不輕易妥協。「處厚」一印對篆字的「支離」感有著相當成功的營造。

圖 c2-6	圖 c2-7	圖 c2-8	圖 c2-9

筆歌墨舞	潤花小雨斑斑	江流有聲斷岸千尺	處厚

　　再看「支離」所呈現的審美特質：傅山認爲顏眞卿的書法具有支離的特質，〔註51〕並在自己的作品中拆解、錯置文字的部首、筆劃，是其親身對理念的實踐。《莊子》一書屢次以形軀殘疾、不合時宜之人作爲「無用而大用」

〔註50〕傅山：《傅山全書》第一冊（太原：山西人民出版社，1991年），頁50。
〔註51〕白謙慎：《傅山的世界》（北京：三聯書店，2006年），頁141。

的表徵，〔註52〕而篆刻「空間」中的斷裂與支離，儼然流露出高古的氣魄。「支離」代表文字空間的崩解，「斷裂」代表文字線條的解消，這種作為使印章不再受規範，印面空間終成一自由空間，讓字與字在其間悠遊、嬉戲。

　　承上所述，肢解、破壞的閒章作品，若依本章前述所論之方式，將其藝術形式與創作主體結合，則一幅解構的身體圖像將展示在吾人眼前：巴赫金（M.M. Bakhtin）所謂「狂歡（carnivalesque）的身體」正是如此，〔註53〕人類受文明規訓使然，拒斥「非常」的身體型態（巨人、侏儒）而遵從社會形塑的價值觀——借用至篆刻藝術範疇，受稱揚的價值觀即線條之爽利、章法之合於規格、印風之古樸、邊框之方整……等；受貶抑的價值觀即錯綜的文字佈排、肥瘦不一致的線條、違反六書的字體構造、殘破髒亂的邊界……等，狂歡的身體將不再受到壓迫，即刻解放，反而爆發出驚人的生命力，是對宏大敘事的抗爭實踐，是個人將「主體」消融在醉醺與陶然的無主體狀態。

　　當篆刻作品呈現此一「主體解消」的狀態，閒章創作者的身體狀態，是狂歡的、非常態的，亦是主體消融的：主體透過對技術操作中「工拙」觀的解除；對印章可觀賞性、可讀性的瓦解；甚至對篆刻「之所以為篆刻」的解消（因而閒章可以是符號、是圖像、是任何「東西」），創作主體生命情境的體驗性、技術操作的功能性、創作意圖的主觀性同時關閉，正是美的真諦——「道」的當下開顯。

　　此「主體解消」的身體狀態，用另外的方式解讀，可接續本節前述論「感知的主體」的下一階段來談——藝術家對生命共感、自然萬物的美的感知，根源於其生命經驗、目光之所及，皆是由感官所帶來的美感經驗——在此之外，有種感受天地廣袤、人之渺小而興發對時空與歷史情境鋪天蓋地而來，近似冥契體驗〔註54〕的宇宙浩瀚感。此一浩瀚體驗源自人類對自然萬物的感知，巴舍拉《空間詩學》對「浩瀚感（immensité）」有深刻的描繪，〔註55〕蘇軾《赤壁

〔註52〕如《莊子·人間世》中所謂支離疏者：「支離疏者，頤隱於臍，肩高於頂，會撮指天，五管在上，兩髀為脅，挫鍼治繲，足以餬口。鼓莢播精，足以食十人。上徵武士，則支離攘臂而游於其間。上有大役，則支離以有常疾不受功。上與病者粟，則受三鍾與十束薪。夫支離其形者，猶足以養其身，終其天年，又況支離其德者乎！」郭慶藩輯：《莊子集釋》（台北：華正書局，1991年）。
〔註53〕詳見汪民安編：《文化研究關鍵詞》（南京：江蘇人民出版社，2007年），頁173。
〔註54〕史泰司（W. T. Stace），楊儒賓譯：《冥契主義與哲學》（台北：正中書局，1998年）。
〔註55〕加斯東·巴舍拉（Gaston Bachelard），龔卓軍譯：《空間詩學》（台北：張老師

賦》：「⋯⋯縱一葦之所如，凌萬頃之茫然。浩浩乎如馮虛御風，而不知其所止；飄飄乎如遺世獨立，羽化而登仙。」〔註56〕的空靈體驗亦有其旨趣。

　　經由上述鋪陳，本章不斷追問道家於中國藝術創作講求「技進於道」之「體道」具體意涵；亦即創作者之當下身體狀態，已然揭櫫。莊子「庖丁解牛」中，庖丁的身體即含有「技術消融於道術中」、「人格消融於道的氣化流行中」的意義，牛之「被解」即「技進於道」的具體呈現。閑章之美，亦由創作主體的主體解消，而從技術複製的身體，乃至「體道」的無所為而為，創發出不同凡響的作品。因此本節的終極關懷將回到閑章之「閑」的深意詮釋：此「閑情」對篆刻家「狂歡」的身體、主體消融的狀態，有何種作用？並且篆刻家如何發揮「閑情」以成就篆刻作品的高度藝術價值？

四、小 結

　　回溯本章第二節的論述可知，「閑情」是文人逃逸、遊戲下的文化背景面；而本節（第四節）所論之閑章創作主體的身體向度，仍須與其文化背景結合，以體現完善的閑章創作主體論述：閑章之所以能藉身體對「主體」的解消，而獲致浩瀚感充盈的篆刻作品，在於「閑情」作用使篆刻家身體呈現鬆散與疏懶的解放，而達到的美學實踐。此處從閑章創作的幾種特質論述之：

　　（1）時間的鬆動：其一，篆刻「創作」的時間較山水繪畫短，因山水繪畫需構圖、染描皴點；其二，刻印可容許重複刻、分次刻，不若書法需連貫、講行氣，要專心致之，屏氣凝神，因此「閑情」來自時間的不設限。需注意的是，「閑」的時間鬆動感，並非指刻印時篆刻家的身心尚未全部投入，而是印章製作的特性，使篆刻藝術較其它藝術有轉圜的餘地。其三，以刀代筆的篆刻創作，是非時限的（例如繪畫可以畫到一半擱筆，隔若干年仍可繼續作畫；而書法就不行，需一次完成，此即時限性），篆刻之所以意味深刻的關鍵亦在於此：篆刻的「刀筆逾越」是仿書法「筆意書寫」而來，卻不具有書法線條的「一次完成性」，換言之，這是古今書家夢寐以求卻難以達到的神技——篆刻線條的屈與伸、粗與細、豪放與秀美，都能夠經過「修飾」，達到理想的效果，而書法卻不能——時間的鬆動意味篆刻創作有相當大的遊戲空間，

文化，2003 年），頁 279。
〔註56〕〔宋〕蘇軾：《東坡全集》，收於《景印摛藻堂四庫全書薈要》卷378（台北：世界 1988 年），頁 495。

誠如徐復觀《中國藝術精神》講「遊」的精神，﹝註57﹞製作篆刻的閒情逸致使時間鬆動，才能獲致前述主體解消、體道等狀態的身體。

（2）空間的敞開：「邊框」自古就是印章不可或缺的一環，傳統邊框有圓有方、能粗能細，亦有菱形、錢幣形、「亞」字形邊框……而清代文人則意識到從邊框的舊化、破損技巧，能獲致氣象雄渾的印風。吳昌碩「泰山殘石樓」【圖 c2-10】即是一例。吳昌碩此種破壞邊框的範式從古代「封泥」拓印得到靈感，是「印外求印」論的實踐者；而他運用文字的疏空與突出「框」架之外（如「泰」字筆劃已延伸出框外），致使其印風渾厚，雖破損而不惹髒亂，則是空間延展的成就。

打破邊框的印作清中葉以來即多，如鄧石如、吳昌碩、齊白石、來楚生等，不勝枚舉。最後再看一位日本早期印人保多孝三（1908～1985）的示範——長方印「坐斷十方」【圖 c2-11】中，左上方邊框全無，「十」字豎筆彷彿破繭而出、直衝雲霄。而仔細觀察，「十」字並未脫離印面，卻能予人遐想，完全是靠抹去邊框所造成的空曠感，獲致如此高超的藝術成就。

圖 c2-10   圖 c2-11

泰山殘石樓   坐斷十方

從上述「時間的鬆動」與「空間的敞開」可體會，「閒情」對於篆刻創作主體的影響，實際上就在於將身體受意識驅動，朝向目的性、功利性的世俗面貌，改換成巴塔耶（Georges Bataille）所謂「耗費（expenditure）」的純粹藝

﹝註57﹞詳見徐復觀：〈中國藝術精神主體之呈現〉中「精神的自由解放——遊」、「遊的基本條件——無用與和」二節。氏著：《中國藝術精神》（台北：臺灣學生書局，1966 年）。

術行爲。〔註 58〕憑藉這種毫無保留的、遊戲性質的閒野心境，藝術家始能以週而復始的喜樂愉悅，進而感知、經驗自然衝撞、宇宙浩瀚；在沒有功利意圖的純粹耗費的當下，身體乃得以接近空無、去執的境界，更有能力創造最具藝術價值的，回歸自然本眞的藝術作品。因此當創作主體以「閒」的身體進行創作時，閒章之美也就最能受到彰顯了。

第五節　結　語

　　學者鄭毓瑜在《文本風景——自我與空間的相互定義》中有言：「如果書寫活動是爲了詮釋自己，那麼文體的選擇其實就是選擇表現自己的一個面向。」〔註 59〕以此對應至篆刻藝術，所謂印風，應是種自我的選擇：今人對古典技藝之承襲與模擬，非爲純粹的延續，而是以開發個人風格爲目的，磨練自我以接近「美」，並展現個人的生命廣度。進一步以鄭氏的角度來說：「一旦選擇某種文體，就彷如進入歷史文化的迴廊，在一種熟悉的語句格式、典式氛圍中，完成發現當下自我同時也是再現共享傳統的書寫活動。」〔註 60〕印面即篆刻家的舞台，藝術家選擇自己的方式展現自我，而這種方式，往往與他們的生命歷程、人生氣象有極大的關連。蔣仁的古拙渾厚；趙之謙的靈動多變；吳昌碩的蒼勁豪邁；黃牧甫的光潔瘦硬……種種風貌的展現，皆是文人在亞陶（Antonin Artaud）名爲「殘酷」的舞台上歷練而來；是洞悉歷史輪轉、苦難紛陳後放浪形骸的手舞足蹈，那雄渾與平淡，則是篆刻家個人的，獨特的隱喻。

　　因此研究篆刻作品，必須與篆刻家的的人格特質結合，才能充分體現其藝術境界。今日人們習用道家、禪宗等概念命名、詮釋藝術創作；諸如「某某繪畫道法自然」、「某某書法表現禪意」，反而易使觀賞者觀看的行動受「名目」所矇蔽。換言之，作品透露出的氣韻、神采，當與作者一同；刻意營造某種氛圍，必將暴露其矯揉造作。否則何以人們論書法時推崇「人書俱老」

〔註58〕「耗費」的身體強調一次性散失，是瞬間能量的迸發，是主體固執的解消，因此最能展現生命質地。西方藝術論者大抵認同藝術家燃燒生命照亮世間的行爲，即是根源於此。詳見汪民安編：《文化研究關鍵詞》（南京：江蘇人民出版社，2007 年），頁 101。

〔註59〕鄭毓瑜：《文本風景——自我與空間的相互定義》（台北：麥田，2005 年），頁 23。

〔註60〕鄭毓瑜：《文本風景——自我與空間的相互定義》（台北：麥田，2005 年），頁 23。

之境界？作品的錘鍊即是人格的鍛造，「道」即應是「自我的道」。以篆刻創作主體的視角觀看：所謂「道法自然」決非作者「取法」、「效法」某種可以被追逐的標的，而應是「沒有目的」之心境；無造作就是自然。

　　因此本章由文化背景、技術操作導出閒章意境之彰顯；繼由道家身體觀切入，企圖詮釋在特定媒材（即篆刻）中創作主體的身體部署，〔註61〕凸顯篆刻藝術中「閒」概念之特殊價值──文人選擇此一媒材進行創作，必定能透過媒材之特殊性格，表現文人內在屬於「閒」的精神面貌。以此通向藝術品創發的當下，篆刻家之所以投注畢生心力而能將豐富韻致使觀賞者一覽無遺的解答。

〔註61〕 龔卓軍：《身體部署：梅洛龐蒂與現象學之後》（台北：心靈工坊，2006 年）。

第三章　閒章之鑑賞

第一節　前　言

　　在美學體系中，「審美」一詞若用在觀賞者、觀賞群體的角度，則可以「審美主體（aesthetic subject）」〔註1〕稱之。在本章的討論中，審美主體指閒章欣賞、觀看活動中的主體，與審美客體（在本書脈絡下即閒章「作品」）構成相對關係。審美主體是審美活動的發出者、承擔者，以積極主動的角色對「美」進行追求。在本書「閒章美學」的架構中，審美主體的研究能解釋閒章如何在篆刻項目中獲得較高成就的原因——除去技法、社會環境等因素，印章賞鑑風尚也在文人主導的閒賞文化流行之下，成為收藏、鑑賞家鍾愛的品項之一，文人融會書法、繪畫的文化底蘊進行觀看，更將篆刻推向與書、畫並肩的地位。

　　印章作為實用器具發軔於先秦之時，或表現符號文字，或佩帶以求趨吉避凶，〔註2〕其生產與實用之目的性使然，尚無所謂對「美」之追求，更遑

〔註1〕　「審美主體（aesthetic subject）」指能夠創造美和欣賞美的人，與審美客體（或稱審美對象）相對。人類的審美活動是審美主體與審美客體之間的統一，對象物若失去審美主體就失去了的意義，審美主體是藝術品實現和確證自身價值的前提條件。審美主體常具備一定的審美能力，由於身處藝術欣賞活動中，亦稱欣賞主體，即本書脈絡下的「觀賞者」角色。審美主體與對象之間構成美感交流之關係，即為審美活動，主體的生活經歷、理想追求、情趣興味、品鑑能力都對審美活動起著重要的作用。

〔註2〕　關於璽印用於佩帶的說法詳見拙文：〈從趨吉避凶到安身立命：論先秦「佩帶印」〉，國立台灣藝術大學書畫學系《書畫藝術學刊》第五輯（台北：國立台灣藝術大學，2008年12月），頁505～525。

論審美、賞鑑。秦漢以降，官印的發展傾向權力象徵之凸顯：舉凡唐、宋、元朝官印【圖 c3-1～圖 c3-3】，其印章面積擴大、線條工整嚴謹，代表印章體制化，喪失原有的自然美感。秦漢以降「私印」雖已意識到對文字雕刻的改造，然而明代文人篆刻興起之前，印章是缺乏鑑賞活動的。〔註3〕晚明一代，印譜大量刊行及流派印風形成，篆刻不斷在古典印例上發掘新意，風格多元化，觸角遍及文人日常起居、藝文活動，文人乃有對篆刻「美」之追求與探尋，篆刻獨特的美感逐漸由文人印論、印譜序跋形成一頗具規模的美學系統。

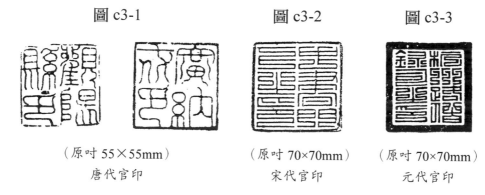

圖 c3-1　　　　　　圖 c3-2　　　　　　圖 c3-3

（原吋 55×55mm）　　（原吋 70×70mm）　　（原吋 70×70mm）
　　唐代官印　　　　　　宋代官印　　　　　　元代官印

　　當代談藝論印之著述中，關於篆刻審美的面向，較少為人提及。如劉江《篆刻美學》的美學體系，即缺乏觀賞者之視角；方旭《篆刻美學初探》亦無此類論述。〔註4〕事實上，在眾多印學、篆刻學之專著中，顧及「美學」向度者已然鮮少，對「觀賞者」投以注目者，更是鳳毛麟角。葉一葦《中國篆刻的藝術與技法》列有「篆刻藝術的欣賞」一章，然而葉氏從作品的視覺呈現切入，未論及作品與觀賞者之間的密切關係。〔註5〕林乾良《中國印》一書亦談及「賞印與藏印」，仍偏向對「作品」本身呈現美感的探討，而是書中對「藏印」之敘述，則與本章對閒章鑑賞活動中觀賞者與作品之關係的討論面向相關，殊可借鏡。〔註6〕綜觀上述耙梳可知，當代印學研究缺乏對「鑑賞活

〔註3〕　「私印」即官印以外，舉凡個人姓名印、齋館印、鑑藏印、生辰印、肖形印……
　　　　等，非刻有官方文字的印章。先秦璽印或漢印的發展，以實用為尚，強調刻
　　　　製之簡易、攜帶之便利及文字之可讀等特性，較少人工斧鑿，其美感源於自
　　　　然之素樸美。印章要到明清文人的手上，才開始有意識地對「美」進行追求。
〔註4〕　方旭：《篆刻美學初探》（北京：人民美術出版社，2008 年）。
〔註5〕　葉一葦：《中國篆刻的藝術與技巧》（北京：中國青年出版，2004 年）。
〔註6〕　林乾良：《中國印》（杭州：西泠印社，2008 年）。

動」的關注，而本章之撰寫，正彌補了當代研究的理論薄弱處。

　　閑章審美之研究對建構「閑章美學」之重要意義在於將觀賞者的角色提高、深化，使篆刻藝術不再是封閉領域中，受艱澀難懂的的技法術語、撲朔迷離的境界追求所阻撓而抹殺賞玩時的樂趣，導致初學者、愛好者望之卻步的窘境；並試圖引領人們進入篆刻豐富多彩的奧妙世界，揭開閑章之所以堪人賞玩之神秘面紗，將閑章藝術譜成一作品、作者、觀賞者三位一體的美學體系，以其「美學」深意，〔註7〕豐富人類之精神內涵。茲由下列三點展開問題意識：

（一）閑章審美之文化處境

　　在美學體系中，審美活動介於審美主體與審美對象之間，即作品與觀賞者間的美感交流，此交流活動是作品的視覺效果散發光暈（aura）致使觀賞者的感官接受；同時要求觀賞者在「審美規律」上的滿足。審美條件之形成與審美活動進行時之社會環境、文化氛圍等因素密切相關，從閑章審美的脈絡論之，則作品與作者、觀賞者所處的時代——明、清之社會、經濟、文人階層及其生活型態，是研究閑章審美的基礎課題。

　　本章之命題在於鑑賞者如何藉由「觀看」、「品評」、「收藏」與閑章作品構成　美學體系，此賞鑑活動之成立，與文化環境、社會背景密切相關，因此本章首先梳理閑章發展歷程中，與鑑賞活動相關之議題，以利後文對技法表現所構成之閑章「審美規律」的展開。需注意的是，閑章發展歷程跨越明、清兩代，其社會環境與文化背景不僅有歷史進程上的差別，在文化氛圍上亦有細緻之分別，如何在研究時整理出正確的脈絡是本章所面臨之挑戰。〔註8〕針對閑章審美之文化處境視角則有以下追問：文人如何由晚明「玩物」思維到對閑章的賞鑑活動？賞鑑活動之進行，與文人用印、印藝傳統之關係為何？

〔註7〕　美學的意義，除探索美之本質、探問美之真諦外，亦在使人類精神層次有所提升，使塵俗心性獲得洗滌。李澤厚《美學四講》云：「由這個角度去談美感，主題便不是審美經驗的科學剖解，而將是提出陶冶性情、塑造人性，建立新感性；由這個角度去談藝術，主題便不是語詞分析、批評原理或藝術歷史，而將是使藝術本體歸結為心理本體，藝術本體論變而為人性情感作為本體的生成擴展的哲學。」李澤厚：《美學四講》（台北：人間出版社，1988年），頁42。

〔註8〕　誠如本書〈導論：第一章〉所言，本書並非為斷代之研究，而是文人依「篆刻藝術」形成之獨特的「文化空間」（詳見本書〈下編：第一章〉），在此空間（或稱場域）中，特殊的文化圈及特定閱聽群眾、品鑑行伍之參與，才使閑章審美的獨特價值獲得彰顯。

文人在此一賞鑑／創作難以切割的文化場域中，其處境又是如何？

（二）閒章審美的基礎條件

文人在篆刻鑑賞活動中，常有援引古典文論、書論、畫論中「神、妙、能、逸」等品類作為分判印章優劣之標準，本章由此現象切入，除能獲得古人閒章審美規律之判斷準則外，亦能發掘篆刻美學在中國藝術中的獨特價值——即本書〈下編：第一章〉曾論及閒章作品之「逸品」觀，閒章之「逸」除作品本身（結合篆刻家的人格之逸）呈現的韻味，亦能從鑑賞活動的角度探討，觀賞者賞玩閒章，如何產生興味？此作品與觀賞者交流的活動中，「美」如何作用，又如何有層次、境界上的區別？

承上所提問，鑑賞活動中，觀賞者能獲得「美」帶來的感官衝擊與心靈震顫，除審美主體與生俱來之內在的審美需要與追求等因素外，審美主體還需具有相應的審美能力與審美標準，〔註9〕以展開審美活動並經由此活動不斷加深美之意義。中國藝術由「臨摹」通向「創作」的傳統揭示著「美」建立在技法演進史與經典作品之上，〔註10〕而非天馬行空，無中生有；各時期的經典作品不僅代表當時表技術開發的里程碑，也往往是對前代經典（在技術上的）一種回歸。

對閒章審美主體而言，技法之基礎認知將對閒章作品的「美」是否能彰顯無遺，起著關鍵性的作用。本章以本書〈上編〉三章之研究成果為論述基礎，進行綜合性觀看，企圖認識明、清以來鑑賞家、觀看者如何對閒章進行品評，及觀察此品鑑活動中之共通價值與差異性——經由考察所獲得之共通價值，即能作為閒章審美規律的條件；而經由比較而獲得之差異性，或源自文人基本認知的分歧，或個人偏好使然，都能將此鑑賞活動的意義從多面向、多視角的意義中展開，使人認識篆刻藝術的豐富面貌。

〔註9〕 「審美能力」意味觀賞者的感官、知覺能力。一般人皆具有對美的感受能力，但人與人之間即存在著感受能力強弱、知識背景之厚薄等差異。「審美標準」即人類通過歷史之演進、文化、藝術知識之累積，所凝聚出具有某種約定俗成之共識的價值觀。

〔註10〕 例如書法藝術常奉王羲之〈蘭亭集序〉為圭臬，至唐代則有顏真卿、柳公權；宋代有「蘇黃米蔡」四大家。山水繪畫則有荊（荊浩）、關（關仝）、董（董源）、巨（巨然），以至宋代范寬、郭熙……等大家作了開拓性的示範。而後代藝術家總能在這些偉大成就上建立起自己的風格與宗派，因而這些經典作品對後代藝術創造啟發甚鉅。

（三）閒章審美的關懷

鑑賞活動始於社會環境之導向、成於審美規律之建立，最終則通向「美」之價值展現。此一價值觀反映著人類精神意識層次的審美追求，是鑑賞活動的最高表現形態。以閒章審美的面向論之，此一媒材（或藝術載體）之創發，從形式之建立、技法之完熟到意義之深化，時時刻刻等待人們去發掘、體悟。藝術之所以動人，不僅因人具有慾望與情感等感性因素，更因人具有理性的精神層面，才使藝術不僅是隨來即去的「衝動」，而是能永恆存續的寶藏。審美理念是精神意識層面的，是觀念性的、可以具有系統架構的鑑賞活動，此架構建立在人的理性層面，反映人對美的信念和追求。以閒章為例，「閒」之深意，應是文人篆刻所追求的最終目標。

本書《明清閒章美學研究》欲揭示閒章之獨特面貌，建構篆刻藝術的美學深意；此深意以前人對篆刻美學、印學的基礎認知為依傍，將文人文化對閒章的意義提高，標榜「閒」作為篆刻美學價值的創新詮釋。因此若以美學體系中審美活動的脈絡觀看，審美活動作為此精神性的理想，既是觀念性的，又有具體形象可循──「理想」通過人類思維行動產生，是以無形；而理想之目的與行動過程則在藝術品上呈現，是以有形。由是，文人對閒章審美之追求，會否實際上是一種人生情調之追求？「美」之觀念往往與觀賞者之生命實踐相聯繫，在此之中，閒章鑑賞活動能帶給人們何種啟發？最後，鑑賞活動往往是真、善、美的統一，〔註 11〕亦可看作人最具超越性的意義追求，在此意義下，閒章是否能如本書期望，具有形上意涵的美學境界？

第二節　鑑賞活動的文化脈絡

承本書〈下編：第一章〉所言及閒章作品「文化空間」之面向，可知在

〔註11〕「所謂美是自由的形式，首先指的是掌握或符合客觀規律的物質現實性的活動過程和活動力量。美作為自由的形式，首先是指這種合目的性（善）與合規律性（真）相統一的實踐活動和過程本身。它首先是能實現目的的客觀物質性的現實活動，然後是這種現實的成果、產品或痕記。」李澤厚：《美學四講》（台北：人間出版社，1988 年），頁 62。審美理想作為人的審美追求的最高層次，是由人是具有精神意識的存在物所決定。人的理性使人的追求具有超越性與目的性，審美理想就是這樣的一種追求。它說明了人的審美追求不只具有感性的層面，還具有理性的層面，也說明了人的審美活動因為其超越的性質而越來越表現出人的特性和本質。

閒章作品、創作活動、鑑賞活動之三方面關係中佔有關鍵地位者——文人的審美追求、藝術創發等深度與廣度的文化醞釀及傳播活動，皆無法離開此一由文人群體環環相扣而成的文化場域。〔註 12〕閒章鑑賞活動依審美主體展開，此主體包含觀賞者（如純粹文人，不從事篆刻創作，以較爲旁觀的角度欣賞）、鑑賞者（即所謂印章收藏家、鑑賞家，他們因對篆刻的理解與見識較一般人深廣，而成爲賞鑑活動之核心人物），甚至包含創作者（篆刻家）本身，也因同時兼具品評印藝的功能，屬於本章審美主體的研究對象。〔註 13〕

鑑賞者的文化處境可以幾種角度陳述，首先，離開審美客體〔註 14〕就無所謂審美主體，審美活動離不開審美主體與客體間的相互關係和作用，〔註 15〕美感要以客觀對象的存在爲前提，同時又與審美主體的自身條件密切相關，對審美主體來說，缺乏可感的客觀事物作爲欣賞對象，主體的感受、體驗就會失去依據。簡言之，文人之賞鑑對象——閒章之出現，受環境主導的意味甚濃（詳見本書〈導論：第一章〉），閒章在晚明以降得到廣泛之運用與關注，是閒章鑑賞活動成立的基礎。因此欲研究閒章鑑賞活動如何進行，須從對環境的考察出發。

其次，審美主體需具備審美能力。當主體具有敏銳的感知能力，能對客體對象的美感特質呈現（因人而異的）反應，並具有生成意象的想像力，此主體才能成爲審美的主體。隨著人類社會不斷發展，主體的審美能力亦能不斷提升，各種審美客體出現與精進，能涵養並提高主體的審美能力，而主體不斷提高的審美能力同時促進審美客體的拓展和豐富。因主體審美能力的高低，決定著客體能否和在何種程度上進入主體的審美視野，成爲審美客體，所以審美主體的文化處境，將是與時俱進的，亦是不斷變動的。在上述認知

〔註 12〕關於文人以作品、作者、觀賞者構成的網絡關係，詳見本書〈下編：第一章〉、〈下編：第二章〉。

〔註 13〕必須釐清的是，創作者（篆刻家）與審美主體具有角色重疊的性質，因明清篆刻家常常也身兼鑑藏家、藝評者的角色，或說在中國文人傳統中，創作與品鑑從不是分開來的事，生產與收藏也常在同一個文人的行爲中並行無礙。

〔註 14〕審美客體即外在於主體之對象物，分爲藝術品以及自然事物兩方面。本章中的「審美客體」則專指閒章作品而言。

〔註 15〕美學史上對審美的意見多有分歧，有的誇大了主體的作用，認爲審美客體是從審美主體的心靈中產生的；有的則抹殺了主體的能動作用和存在價值。詳見李斯托威爾，蔣孔陽譯：《近代美學史評述》（合肥：安徽教育出版社，2007年）。

下，本節對審美主體與審美客體具有相互依存和推動的辯證關係之論述依序
展開如下：

一、講究材質

　　文人書畫用印在宋代即有，〔註16〕以姓名印、齋館印爲主要鈐蓋，做憑
信驗證之用。用印文化發展至明代則出現以閒章鈐蓋於書畫作品、書籍收藏、
尺牘文書之例，可見「用印」一事不但普遍化，更朝向廣泛媒介的傳播現象。
〔註17〕明代「用印」雖日漸普遍，但對石材之講究尚未形成風氣，直至晚明
文人篆刻蓬勃及收藏印石、刊刻印譜等行爲風尚引領，人們始注意到印章媒
材的美感將增添其觀賞、收藏價值的面向。以周亮工（1612～1672）爲例，
其著作《印人傳・書鈿閣女子圖章前》中記載：

> 鈿閣韓約素，梁千秋之侍姬，慧心女子也。幼歸千秋，即能識字，
> 能擘阮度曲，兼知琴。嘗見千秋作圖章，初爲治石，石經其手，輒
> 瑩如玉。次學篆，已遂能鐫，頗得梁氏傳。然自憐弱腕，不恆爲人
> 作，一章非歷歲月不能得。性惟喜鐫佳凍，以石之小遜於凍者往，
> 輒曰：「欲儂鑿山骨耶？生幸不頑，奈何作此惡謔。」又不喜作巨章，
> 以巨者往，又曰：「百八珠尚嫌壓腕，兒家詎勝此耶？無已，有家公
> 在。」然得鈿閣小小章，覺它巨鍰徒障人雙眸耳。〔註18〕

從文中「石經其手，輒瑩如玉」、「鑿山骨」等敘述，可考察周氏對「印石」
的認識。周亮工收藏印章、遺有《賴古堂印譜》，皆在明末清初之期，顯示
當世文人已對印章材質有所了解，也可知當時收藏印章的行爲已逐漸展開。
　　根據記載，明代時已有印石之開採行爲，一般認知由文彭（1498～1573）
首開凍石製印以來，石材的開發更進入百花齊放的時代；清代伊始，珍貴的
石材更飆漲天價，進入宮廷成爲皇室收藏品，舉凡印石三寶田黃、雞血、芙

〔註16〕張德文〈中國畫款題之研究〉云：「故收藏家在畫上用印，按《歷代名畫記》
　　　　卷三，敘古今公私印記之記載，則始自唐代。而畫家在畫上用印，考諸典籍，
　　　　最早則在中唐，如以古物證實，最遲亦不出北宋。」收入中華學術院：《美術
　　　　論集》（台北：中華文化大學出版部，1979 年），頁 117。
〔註17〕「印文化」一詞詳見本書〈導論〉，舉凡先秦以降的官、私印：文人篆刻、邊
　　　　款、印學出版物：印章材質、印鈕製造……等，與印章相關之人事物皆可含
　　　　括入內。此處所言印文化指文人「用印事例」，舉凡印章之如何鈐蓋於書畫之
　　　　上、不同印章形制的使用範疇等。
〔註18〕周亮工：《印人傳》（揚州市：江蘇廣陵古籍刻印社，1998 年），頁 11。

蓉三者，皆有質量俱增的開採趨勢。〔註19〕因此，若前述引周亮工《印人傳》之例仍無法證明文人對印石之美感、價值的主動追求行為，只是周氏對於文人刻印講究「手感」或對刻印「便利」與否的功利傾向，則諸如清代篆刻名家董洵、徐三庚、趙之謙、黃士陵等人對印材的講究，即可作為文人將媒材的精緻度納入創作考量的有利證據。

承上所述，由印石價值的日漸重要觀察明清印文化的發展脈絡可知，當作品反映出講究材質之現象時，即同時反映作者、收藏者對於印章材質之重視，並可推知，篆刻品鑑行伍的審美能力以拓展至更高的層次。晚明時期所發展之「閒賞」文化，〔註20〕能為上述論點作一註腳：文人對閒賞事物之經營，不僅是表面「玩」的功夫，其涉獵既深且廣，身心投入且態度嚴謹，所謂「閒」、「賞」雖始於遊戲心態，卻轉化為對事物付諸生命心血的表徵。在此一文化氛圍下，印石材質乃備受重視，鑑賞活動的價值被肯定、賞鑑規律逐步形成，此即審美主體在文化背景中所應覺察的處境之一。

經由對印材的價值提升以及印文化之蓬勃進行的思考向度，是前人論述中尚未發掘的面向之一。值得一提的是，清初即已發展出相對成熟且精湛的印鈕雕刻工業（如周尚均、楊玉璇等一代匠人的出現），〔註21〕可見印章工藝之無遠弗屆，足以佐證上述論點。

二、兩種因素

承上所述，對印文化的瞭解有助於本節觀看閒章審美主體之文化處境，印文化是鑑賞活動之成立基礎，而閒章審美活動中，主體接觸的對象——閒章作品本身的視覺傳達必經由兩種方式，即直接觀看作品或通過印譜觀賞。印譜叢集的面向在本書〈下編：第一章〉已論及，以下提出兩種觀看作品時的外在因素，此二者對觀賞者賞鑑作品時產生的影響，是閒章鑑賞活動的重要指標。

〔註19〕張千弘《古印趣談》指出珍貴印材之開採，於清康熙時期逐漸蓬勃，至乾隆堪稱鼎盛。詳見張千弘：《古印趣談》（天津：百花文藝出版，2002年）。
〔註20〕「閒賞文化」引自毛師文芳《晚明閒賞美學》中之概念，詳見本書〈導論〉。
〔註21〕楊玉璇，明末清初福建漳浦縣人。周亮工在《閩小紀》中稱讚楊玉璇「能以寸許琥珀作玲瓏准提，毫髮畢露，見者驚奇。」擅雕壽山石，明末清初時已經遠近聞名，官員、富紳爭相收藏，或作為貢品進貢朝廷。周尚均或說是康熙年間人，全盛於乾隆時期，擅刻「薄意」（印鈕形式之一）鈕。

（一）邊款導向

在中國傳統文藝批評領域中，作品本身表述著作者的藝術思維、創作理念，觀賞者藉由作品所呈現的視覺表現（以文學來說則是文字所表達之意義），經體會及感悟，達成對作品的鑑賞活動。在此活動之外，作者或現身說法（如作品序跋），或另立文字表述（如書畫題款），但皆非與作品同步，在觀賞者接觸作品時傳達，而是第二序的。但無可否認地，藝術項目中批評體系之建立，有賴品鑑群體之「共識」，〔註22〕而就篆刻藝術來說，「邊款」之存在提供了鑑賞活動尋求此「共識」規律性的平台，成為觀賞閒章時不容忽略的項目。

古人常有在書畫珍品上題跋、鈐印之雅興，這些題跋者中不乏一流人物：如故宮博物院藏蘇東坡〈書黃州寒食詩〉即有黃庭堅、董其昌墨跡；黃山谷跋文「……它日東坡或見此書，應笑我於無佛處稱尊也。」〔註23〕筆意遒勁、語帶幽默，更為此卷平添收藏價值。印章邊款亦有題跋之功能，從談印論藝、抒情言志到生活瑣碎，無所不包，篆刻家以刀代筆，留下珍貴的史料文獻。

「邊款」既可與印面一視同仁，為篆刻藝術品的本身；若將之與印面切割，視為不同類型的創作、或以印面本身之附加價值目之，亦無不可。然而，印章既為雕刻藝術，且印面表現以文字為主，而邊款文字與印面文字息息相關，篆刻家習將無法入印的情感寄託在邊款之上，或傳達藝術理念，或陳述創作背景，則可知邊款不僅止於書畫「落款」之功能，〔註24〕無法不以藝術品目之。其次，篆刻邊款能與印面結合，構成一完整的藝術成品，如吳昌碩「明月前身」之邊款造像即為一例【圖 c3-4～圖 c3-6】。因此本書採取將邊款與印面視為同一藝術品的作法，基於明清篆刻流派中諸位大家如鄧石如、趙之謙、吳讓之等人對邊款之經營投注心力，並不亞於對印面之經營，足以顯示邊款是極為要求技術層次的項目，保證其身為藝術品的價值。

〔註22〕這種共識不但具有宇宙萬物同生共感的特性，也時時帶有觀賞者自身的主觀意識。
〔註23〕引自故宮博物院：《大觀：一生難遇的看》（台北：雄獅美術，2006 年），頁 84。
〔註24〕落款研究在當代逐漸成為一獨立的研究項目，如大陸張巖、錢淑萍編有《明清名人中國畫題跋》（西安：陝西人民美術出版社，2000 年），台灣的研究方面有徐孝育：《董其昌《大唐中興頌並題浯溪讀碑圖詩》卷研究─兼論董書中期款識風格》（華梵大學東方人文思想研究所碩士論文，1997 年）、牟莉莉：《中國傳統繪畫款識之研究──宋至民國款識之演變（960～1989）》（東海大學美術學系碩士論文，2002 年）等研究成果。

圖 c3-4　　　　　圖 c3-5　　　　　圖 c3-6

明月前身（印面）　　　明月前身（邊款）　　　明月前身（造像）

　　回到本節對鑑賞活動之文化處境之討論：邊款的存在使篆刻藝術品本身增加了作者的自我表述功能——如上述所言，邊款能結合文字、圖像、記號，賦予印章完整的意義，更補其印面所表達之不足、加深其可賞可玩的多元面貌，因此作品得以呈現作者完整的情感發揮、意圖訴說，而此時審美主體所接收之訊息，即不僅止於印面之視覺呈現，而是作者（或他人）的現身說法。〔註 25〕

　　趙海明《印章邊款藝術》中將邊款分「記述類」「議論類」「詩詞類」「綜合類」等類，顯見邊款妙用之多。觀賞者如何將印面配合邊款欣賞，使鑑賞活動能獲致本書〈上編〉各章所述之「想像」、「意境」？舉例言之，如蔣仁（1743～1795）「吉羊止止」印邊款【圖 c3-7】云：

　　　　辛丑小除夕，磨兜堅室飯罷，爲紉蘭居士製此印。

　　　　頗覺超逸，惜鈍丁老人不及見也。女牀山民蔣仁燈下記。〔註 26〕

文中「頗覺超逸」是蔣仁對自己印作的看法，而「鈍丁」爲清代印人丁敬（1695～1765），「惜鈍丁老人不及見也」一句則表達蔣仁欲將滿意之作分享給其它

────────────

〔註 25〕　邊款之作者可能與印面之原作者不同之現象，例如何震「聽鸝深處」即有何
　　　　　震邊款、以及王禔（1880～1960）刻跋；梁袠「蘭生而方」則有梁袠落款「千
　　　　　秋」、蔣仁邊款、馮洽（生卒年不詳）邊款等。
〔註 26〕　馮作民譯：《中國印譜》（台北：藝術圖書公司，1993 年），頁 132。

印人的想望。徐三庚「曾經滄海」印邊款有言【圖c3-8】：

> 丹徒王夢樓太守，曾有此印。章法筆意純乎漢人，此作略小變，終
> 未出範圍耳。丁卯長至。客句餘之鳳皇山麓記。三庚。〔註27〕

上述邊款除徐三庚自己表明此印模仿清代王文治（1730～1802）所藏印而
作，「法筆意純乎漢人，此作略小變，終未出範圍耳」則點出此印風格不出
漢印規矩，此爲作者現身說法之例證。又如鄧石如「筆歌墨舞」閒章【圖 c3-9】
有李兆洛（1769～1841，字申耆）評介此方印之詩文刻於邊款【圖 c3-10】，
〔註28〕洋洋灑灑，文中更有對鄧氏印作之褒貶，對於觀賞者而言，是重要的
品評資訊。

圖 c3-7　　　　　　　　圖 c3-8　　　　　　　圖 c3-9

吉羊止止（印面／邊款）　　　　曾經滄海（印面／邊款）　　　筆歌墨舞（印面）

　　總結上述，觀賞者在面對印章作品時，無法忽略邊款所帶來的影響與干
涉，畢竟邊款是作者與觀賞者在「印面之外」的溝通橋樑，作爲鑑賞活動的
交流中介，有其討論的必要性。〔註29〕

〔註27〕馮作民譯：《中國印譜》（台北：藝術圖書公司，1993年），頁 210。

〔註28〕馮作民譯：《中國印譜》（台北：藝術圖書公司，1993年），頁 200。

〔註29〕誠然，這種藝術的觀賞向度，是較爲複雜，且不易使人了解的。但本書的目
　　　　的，在於提出觀賞閒章時的種種可能性，在此可能性之下，人們才能以多重
　　　　的途徑，更加契近篆刻藝術的眞實面貌，並且不會陷入主觀意識型態之導向；
　　　　甚至能經由閱讀本書論述，產生屬於自己的審美觀點。

圖 c3-10

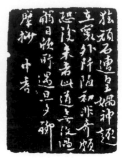

筆歌墨舞（邊款）

（二）印譜導向

「美」的判準見仁見智，而藝術品往往是經由時間之淘選，留給後代最精粹的面貌。此一淘選現象不能忽略當代品鑑者的權力角色，亦即，古人所留存之閒章遺蹟，必然經過篩選、去蕪存菁的過程，才以今日的面貌，展現在世人面前；此一淘選過程的主導媒介，即是「印譜」。

印譜的刊刻是文人主觀審美意識形成的考察對象，在討論閒章審美主體之文化處境時，印譜的刊刻者——文人及支持其審美意識的環境因素成為研究的主要對象。首先，印譜刊刻者可能為篆刻家、文人、鑑賞家三種身分，此三種身分可同時互存，也可僅具有其中一種。〔註30〕舉例而言，著名的「三堂印譜」——周亮工《賴古堂印譜》、明張灝（生卒年不詳）《學山堂印譜》、汪啓淑（1728～1800）《飛鴻堂印譜》即為文人從流派印章中搜集、淘選出具有刊刻者個人審美意識的叢集式著作。集成印譜不以個人（篆刻家）為單位的收集取向，較「自刻印譜」、「名家印譜」更具廣蒐博覽的特性，「三堂印譜」為篆刻叢集之經典著作，其依於刊刻者的審美取向，即有各異其趣的美感展現，如張灝〈學山堂印譜自序〉云：

> ……蓋風雅以怨而不傷為體，不足抒情，傳述以生平不朽為工，揣摩未就，然則滿腔塊壘，終刻舌而固聲，將何寄乎。間取古今人微言雋語，格論危辭，付之篆刻，以騷削其不平之鳴。內不自誑，外

〔註30〕印譜中「自刻印譜」是篆刻家自我淘選的結果，「名家印譜」則是刊刻者為篆刻家淘選的例證。

不誣人，此譜之所以成也。〔註31〕

可知其印譜集成之因緣；又如汪啓淑〈飛鴻堂印譜凡例〉云：

是譜纂言撮要，意在玩物者可以適情，游藝者亦堪暢志。故多取美
辭，少存私印，要不與一時售技者雷同也。〔註32〕

可見汪啓淑編輯《飛鴻堂印譜》的採集取向以閒章居多，更依印文之精采程
度取捨，此時一些印文涵蓋俚俗之語的印章，即被淘汰。此一淘選即對觀賞
者的視域有相當重大的影響——無論是習印者、篆刻家、印藝愛好者，或涉
入未深一般讀者，皆以「三堂印譜」爲接觸印章風格、流派之途徑，因此淘
選過程中被排除的作品，就無法被觀賞，被品評，也就無法構成鑑賞活動了。
汪啓淑又說：

印譜非特爲文房賞玩之品，六書原本，於小學大有裨益。原是不惜
貲費，咸用硃砂泥、潔越紙、頂煙墨、文錦函以裝潢之，非與射利
者所可同日語也，具眼諒能識之。〔註33〕

可見江氏編輯此印譜時，已注意到刊刻印譜的「射利」行徑，並以標榜高級
的印泥、紙張、墨色以及裝裱顯示自家印譜的格調。汪氏已顧慮「讀者群眾」
的接受角度，他認爲印譜不僅只爲「文房賞玩」，而能對讀者有所裨益，由此
可知，印譜導向對於觀賞者的鑑賞活動，具有相當的影響力。

　　從上述序跋可知，各家印譜之蒐羅取向，因主觀的個人喜好、印學理念
等因素，產生不同的成果展現。對於閒章審美主體而言，此一成果正是鑑賞
活動形成的關鍵因素——首先，篆刻家品評印章、印藝，必須從印譜取材，
因而印譜的取向，將影響品評者的觀看視野；其次，印譜所形成的審美取向，
亦將成爲後繼創作者的參考標的，影響後世的創作傾向，亦間接促成篆刻史
的流變。再者，文人序跋印譜之風氣使然，許多大家（如董其昌、陳繼儒等
人曾題跋多家印譜）之言，將對當時觀賞者的審美意識造成一定程度的影響。
且印譜序跋所引發的美感爭論，亦成爲篆刻審美的風向計，間接促成印章藝
術的革命與印文化的流變（如本書〈下編：第一章〉所述及王穉登的印譜序
跋現象，即顯示文人在評鑑印藝時美感思維的自我辯證性格）。

　　總此，閒章審美主體既存在於此文人、篆刻家、印譜、評論家交織而成

〔註31〕郁重今編：《歷代印譜序跋彙編》（杭州：西泠印社，2008 年），頁 140。
〔註32〕郁重今編：《歷代印譜序跋彙編》（杭州：西泠印社，2008 年），頁 277。
〔註33〕郁重今編：《歷代印譜序跋彙編》（杭州：西泠印社，2008 年），頁 279。

的品鑑網絡內，就無法忽視邊款及印譜對觀賞者接受閒章藝術的影響，以上經由外在於審美主體的環境因素探討，對主體的文化處境作一梳理，以下將針對主體的審美感知中受印藝傳統、印文化影響的主觀意識之產生進行論述。

三、文人化的導向

本節前述二點首先從石材價值，觀察篆刻文化發展歷程下創作主體之處境；其次由印章傳播媒介的兩種面向，陳述觀賞者接觸作品時所面對兩種主導因素。最終則應回到觀賞者，即審美主體本身觀察——在美學體系中，審美之「主體」的個人情感、生命體驗、學識素養等因素，在在影響其對藝術品之觀看，此一觀看行為，從美的接受學角度，有幾種不同的面向，而其中所含的文化取向，是由「文人氛圍」所主導。

承上所述，閒章鑑賞活動中主體的感知條件，首要者為印章發展的歷史脈絡，除去此一脈絡，則鑑賞活動無法進行，或無法對篆刻美之真諦有確實的掌握。因此可以如此詰問：既然篆刻乃「印宗秦漢」，則為何印章藝術歷經魏晉、唐、宋、元……如此長的時間而未能有明清兩代的爆炸性突破？欲了解此一命題，則需針對文人用印傳統進行考索。

前述曾提及文人用印始於宋代，此處的用印即指文人於書畫上鈐蓋印章，除最初的取信驗證功能外，已經初步形成裝飾、美化的意味。然而文人用印的普遍性，則要到明代才較為明顯，元代晚期雖有諸如王冕、趙孟頫等書畫用印實例【圖 c3-11、圖 c3-12】，但明代的用印可謂廣泛分布，從書畫款印到圖書鑑藏，甚至講究印章材質、名家製作，〔註 34〕種種現象顯示，明代才是篆刻之所以能大放異彩的時段。無獨有偶地，主導此一用印風潮者，即是文人階層。中國文人歷經千年而各時代皆能具有自身的特色，如魏晉尚玄的士人階層如竹林七賢；唐代詩意浪漫的詩人如李白、杜甫；宋代懷抱理想的文人如歐陽脩、蘇軾……若說亙古文人所共通的情懷，就是他們豐富情感以及總在生命桎梏中尋求安身立命的不肯懈怠。而明代文人繼承此一情懷，在「玩物」之中找到了自我的價值——在眾多的雜著叢集之編纂當中；在小說戲曲的娛樂功能之中；在煞費心思的庭園建築中；在精緻多樣的器皿

〔註34〕 明代文人用印已有追求名家製作的傾向，詳見拙文：〈從篆刻藝術考察文人交游之面貌〉，發表於「第十八屆南區碩博士生論文發表會」，收入《第十八屆南區碩博士生論文發表會論文集》，2007 年 11 月 10 日。

文房中……明代文人浸泡在物質生活的霓虹渲染中，發展出獨特的思維與精粹的文化。在此之中，對於閒章審美情趣與感悟，即是文人的此時此刻的文化處境，閒章以此表現形態呈現在當世，即是因其文化氛圍使然。

圖 c3-11　　王冕用印　　　　　　圖 c3-12　　趙孟頫用印

　王冕之印　　　　王元章　　　　趙孟頫印　　　　趙孟頫印　　　　松雪齋

　　文人文化之所以主導閒章審美，有幾種因素：文人對「長物」的高度興趣，使其對所關注之物品投以精力；興趣是慾望的外化，是主體的內在衝動、激情向外的投射，是與對象建立對象性關係的中介環節。審美興趣作為審美需要的心理表現形式，是與審美慾望相聯繫又不同於審美慾望的心理因素。審美慾望是一種活動傾向，審美興趣則是帶有認識性的活動傾向；審美慾望是一種本能慾望，審美興趣卻是慾望的昇華，它是帶有社會文化內容的心理因素。主體的傾向性具體表現就是人的情感（興趣就是一種肯定性情感），情感作為人的一種心理功能，屬於對外部世界的一種適應性（即反應性）功能。在人進化的過程中，情感也越來越具有豐富性與複雜性，越來越具有社會、文化的意義，它是人的一種文化心理狀態，是一種社會性的情感。審美情感就是這樣的一種情感。以閒章審美的脈絡來說，文人對雅致事物的嚮往，引發對閒章美感的積極探尋——從各種印章風格、千變萬化的刀法、甚至接引古文字、封泥造形入印……種種行為，皆可看出文人對閒章審美發展的重要地位。

　　因此，文人文化主導的閒章審美是具有社會性特徵的美感，是文人在雅俗辯證中逐漸形成，並潛移默化至各個階層的共通意識。觀賞者莫不受此氛圍影響，因而經品鑑群眾所形成的審美規律，也含有文人文化的因子，無論在印風的革命、技巧之昇華、印材之講究，皆與文人文化密切相關。

　　總結本節所論三點，由於篆刻處於中國藝術史發展之末——明清兩代，

新觀念、新思想紛至沓來，物質文化與商業文明的蓬勃，篆刻之創發身處此一積蓄已久而迸發強大能量的世代，才有能力對書法、繪畫等其他藝術美感的召喚，化為如閒章一般集各項藝術之精華的「回應」產物。而審美主體身處此一文化場域中，也才有能力對此作法進行接受或批判，明清社會對印章的廣大迴響，亦是今日篆刻能有成就的主因。不能否認地，閒章所存在的時代、社會環境是獨一無二的，也是其獲得豐厚土壤的主因；誠然每一項藝術的存在都有其特殊性，其社會背景是不可忽略的一環，而篆刻藝術的高度與深廣能在今日被吾人探討、發揚以至傳續後世，正是因其累積了大量的文化底蘊，以及其巨大的包容力使然。

回應本章對閒章鑑賞活動的研究而言，文化背景的影響不容忽視，缺乏此一背景處境，則鑑賞活動將無法進行，甚且，也就沒有此一審美的可能性存在。閒章形式審美取決於審美主體生存的時代，取決於審美主體所處的地域，取決於審美主體所屬的階層。總之，它取決於人的社會性本質。因此，審美標準的歷史具體性也主要表現在審美標準的時效性、地域性和階層性三個方面。此審美標準的歷史具體性特點，說明審美標準與人的社會性的密切聯繫。這類審美標準是以人的社會文化心理結構和作為社會生命體的活動規律為基礎的，受到社會經濟、政治、文化的制約和影響。經由瞭解此一主體在社會、文化中之處境後，則可進入本章的下一階段，即主體「審美認知基礎」的論述。

第三節　鑑賞的素養

主體的審美標準是主體用以評價對象的內在「尺度」之一。此標準之成立，世間萬物才有美或醜之區別，審美標準作為主體的內在尺度，是人類歷史的產物，因而具有客觀的生理、心理基礎與客觀規律性的特徵，並且是存在於主體心中的理想模式、內在標準。這種內在的理想模式是在實踐過程中經千萬次對對象的形式、形象及意蘊進行感知、把握，在人的大腦中概括、抽象、積澱與綜合成某種具有普遍性的形式觀念或模式，在意識中固定為人的一種「內在尺度」的。從閒章審美的角度思考，在本章第一節所提出之各項審美環境的文化脈絡下，審美標準即指篆刻藝術的總體性標準，除了包含個人審美價值觀外，也是一普遍的審美價值。此價值之形成，須從審美的基礎條件——形式、技術等層面考察。茲以下列展開論述：

一、形式的鑑賞

　　人類公認的對形式的審美標準，稱爲形式美法則。對閒章審美來說，形式是鑑賞活動產生的基礎條件，篆刻形式美由不同角度可有所區分，例如從印文表現角度來說，有陰刻、陽刻之分，亦即朱文、白文之別；從印文用途來說，有詩詞錦句、箴言雋語之分（詳見本書〈上編：第一章〉），篆刻家在創作路徑選擇以及技法之配合上，皆以各種形式的固有規律爲依歸，因此審美主體在觀看閒章時，也會因形式而產生不同的審美感受。

　　形式美的法則能對普遍觀賞者適用，有著廣泛的一致性。其根源在於，審美標準是以人的生理心理結構和作爲自然生命體的活動規律爲基礎的，是審美對象（即作品）的形式與人類生命的自由、和諧活動相契合。閒章在本書脈絡下，是去目的性、去私屬性的藝術品身分（詳見本書〈導論〉），然而其「形式」仍承襲印章固有的歷史脈絡而來，因而在此形式審美的過程中，無可避免的，須對印章發展歷程有所瞭解，才能達到正確的審美結果。

　　舉例而言，印章發展之初，人類尚未意識到對「美」之追求，然而在先秦璽印、漢印中，即蘊藏了深刻的美感；因此「美」應是蘊存於人內心深處無意識的、生命衝動強烈的自由活動。所謂「愛美之心，人皆有之」，這種審美的慾望和衝動表現爲對形式、結構、秩序、規律的本能的追求，是對美食、美色、美物、美聲等等的本能的追求。這種追求雖有原發性，但也是在後天的實踐中提升了的，不同於純自然本能的慾望。從篆刻發展史的脈絡來看，篆刻家之所以從秦漢印中取法，而不以宋、元官印爲取向，亦不以元押印爲創作大宗，甚至少有以隸書、楷書入印，其中對美的形式之體認與追求，是造成明清篆刻審美的主要背景。從宏觀的角度來說，秦漢印的美感，是源自於璽印的最初型式，其質樸又散發人文風韻的特色，對篆刻家來說，才是美的範式。相較之下，如宋代九疊篆的矯繞【圖 c3-13】、元押印的記號取向【圖 c3-14】，〔註35〕皆喪失了「印章美」本身的獨特價值。因此，明清印章中的閒章發展歷程，存在著仿古、擬古以至於破格；而清代「印外求印」之後則又朝先秦文字、美感形式的返歸，正代表著印章獨特美感的不容拋棄。

〔註35〕元押印作爲古人憑信工具，楷書、以草書將印主姓名符號化，形成難以仿造的特徵，是中國獨特的取信驗證方式之一。

圖 c3-13　　　　　　圖 c3-14　　元押印

　　九疊篆　　　　　李（押）　　　孫（押）　　　馬（押）

　　閒章的形式審美可參考《篆刻形式美學的展開》中陳振濂云：

　　　　故而，我們在古代的篆刻作品中，看到的是篆書的一統天下。……
　　　　又是基於篆刻創作在外形上（印面外形框架上）的特徵所致。無論
　　　　是古璽漢印，還是明清閒章，我們在此中看到的另一個佔絕對優勢
　　　　的是「方」的概念。……在所有圖形之中，「方」是最富有造方感的
　　　　（當然可以引申爲長、扁等）。強調建築架構式的漢字篆書造型本身
　　　　的方（方塊字），與作爲篆刻形式的方（方印面）其間存在著純粹的
　　　　空間塑造的理由。〔註36〕

　　事實上，篆刻形式美正是其吸引觀賞者的目光之處，審美標準常與審美需求、
審美理想相合，因此審美標準即具有歷史性與共通性。而此標準即主體與作
品進行鑑賞活動時的第一層次。

二、技法的鑑賞

　　　　承前所述，閒章形式美建立在篆刻展演的歷程上，其流變過程中創發的
技法與實踐，則在形式美成立的條件下，構成鑑賞活動的第二層次。人類在
長期的鑑賞活動中提煉、概括出能引起審美愉悅的共通特徵，主要有整齊、
對稱、均衡、比例、節奏、調和、對比、和諧……等，而各項藝術品即經由
人之技術操作獲得此共通特徵。對應至閒章美學來說，技法審美即本書《上
編》所不斷論述、深化之對象——藝術的構成不僅是天生自然，仍仰賴藝術
家超凡之技藝與敏銳之感官，才能彰顯其深邃美妙。閒章技法審美的意義，
可由下列數點說明：

　　　　（1）語言之詩意美：承本書〈上編：第一章〉所論，閒章詩意語言引起
觀賞者的情感波動、想像牽引，在於以簡鍊之語言，造成作品、作者、觀賞

<hr>

〔註36〕陳振濂：《篆刻形式美學的展開》（杭州：西泠印社，2005 年），頁 23～24。

者三方面的美感鏈結，鑑賞活動就此展開。從觀賞者的角度來說，印語的高妙與否，存在著幾項認知條件：首先，觀賞者對印章的形式須具備一定知識，如用印傳統中引首、押角、騎縫等類別的使用範例；又如秦漢印中印文的發展，有箴言、吉語之分，尚有厭勝印、肖形印等形制，才能進入語境之探索、理解其格言特性等（詳見本書〈上編：第一章〉），深入印語詩意的想像國度。其次，觀賞者對詩境的解讀，除具有充分的感知、想像能力外，亦能掌握印語在整個閒章流變歷史中的意義，而能不被印語表面文字意義所限，將其與自身經歷納入，獲得美之感動、被宇宙之生命共感包圍，成為一整全的個體。經由印語語言而能有契道悟禪之可能，即是從此開始。

（2）造形之刀筆美：印章表達文字，主要元素是字的結構與造形。閒章以多樣風貌之文字入印，如秦璽、漢篆、甲金文字、石鼓文……經由篆刻家之巧手，展現中國象形文字的視覺魅力。在鑑賞活動中，主體經由文字造形美所獲得的意象之美，是視覺藝術的美感呈現，正如同王羲之的行書與人飄逸瀟灑之感；懷素的草書予人精淳爽俐之快意；顏真卿的楷書使人頓覺正氣凜然……線條美感不僅帶給人們視覺上的刺激，也因其氣韻生動，書風與書家人格一同，觸動人類情感的根源。閒章之造形與此有異曲同工之妙，在以變化多端的篆字結構，及蒼勁、柔媚、質樸、精巧、沉潛、灑脫、狂放、飄逸……等刀筆姿態，使觀賞者從中獲得美的喜悅。所謂意象之美在閒章造形的審美範疇中，指以視覺效果使審美主體或致美感體驗，是較為直接的、客觀的美之形式，此即為何技法審美能夠形成規律之原因——雖觀賞者之感知層面因人而異、見仁見智，但經由檢視技法的是否合宜（如文字結構之合乎造字法則）、是否能創造新意（如本書〈上編：第二章〉所論刀筆逾越之面向），則可對閒章作品有初步的審美判斷。此即為技法審美層次之二。

（3）整體之空間美：承上所言，技法審美確實保障了閒章美的客觀基礎，而整體美所要求的空間技法更為繁複，篆刻家對藝術的認知、對生命之體悟，以及對美感的揮發，是將技藝臻至某種境界後才能達成的高度（詳見本書〈上編：第三章〉及〈下編：第一章〉）；相對地，觀賞者能對閒章整體的關照，亦是一種審美境界之表現，觀賞者須同時具備對語言的感受力；對篆刻風格、流派歷史的基礎認識；以及對視覺效果的評斷能力，才能使閒章意境透過觀賞者的觀看、閱讀行為而展露無疑。

總結上述，技法審美的意義在通過篆刻家的技術冶煉、情感投入及創新

思維，若無此一層次的美感經營，則篆刻將停留在工藝品的程度而無法使觀賞者獲得豐富的美感體驗。

無論是形式美或技法美，皆顯示閒章鑑賞活動之成立，是觀賞者由表象思考通向精神內涵的步驟，此一過程雖由審美「主體」為中心點出發，卻可形成客觀的審美規律，此即閒章審美之理解階段。〔註37〕理解是在瞬息間立刻實現的、不需任何中介的思維過程，往往與知覺過程相融合，在感知的同時便是理解。審美理解力不要求對審美對象表層的直接理解，還在於能透過形象把握更深的內涵，理解對象形式中的「意味」。以閒章審美的脈絡來說，對技法的認知以及涉入，是審美主體須具備的基礎條件，以此基礎欣賞閒章，才能獲得意境、感受其深邃奧秘。這種深層的審美理解力，同樣不用判斷、推理過程，是種類似於禪學中「悟」的領悟能力，而本書脈絡下閒章「意境」之獲得，同樣追求領悟與體會（詳見本書〈上編〉各章）。

審美理解力是審美主體必不可少的一種能力。因為有了理解，審美感知才能建立、組織起一個獨立的審美對象，而不是在各自孤立的、分散的感覺碎片中徬徨；有了理解，審美想像才能擴展、豐富、完善、建構起一個審美世界，而不局限於狹窄的知覺對象之中。審美理解力是使人們的鑑賞活動從表層進入深層意義的唯一途徑——審美理解力與一般認知中的「理解力」不同，更強調感性的理解，審美理解力能在長期藝術實踐中培養出較高的感受能力，所謂「讀書破萬卷，下筆如有神」，經驗之積累與見聞的增廣，將對鑑賞活動產生境界上的變化。而所謂審美「感知」則要求情感的滲透，此一面向的鑑賞活動，與上述經驗和知識的培養有所不同，屬於渾然天成的，講求才分的審美基礎。以下即對此要求情感與體悟的鑑賞活動進行探討。

第四節　鑑賞的境界

審美主體是人類審美活動中形成的主體，在活動過程中，主體不僅產生審美需求，也由對形式與技法的把握，獲得審美的基礎能力。審美能力包括感覺、想像和理解，此三者決定主體的審美活動能否展開及展開的程度，更

〔註37〕理解本是指形成概念和運用概念來把握事物的內涵和意義，即認識事物的本質，是認識過程的最終結果。審美活動儘管並不是一種認識活動，但也自始至終貫穿著理解，只不過有著與認識活動中的理解不同的特點。此處「理解」即對形式及技法的認知基礎。

需要相應的感官能力。對閒章審美而言，能對語言的詩意、刀筆之風格、空間之意境達成初步的認識，即可通向產生愉悅的審美追求——感官本質上是「享受」的器官，是人所特有，獲得精神享受的感受能力，一般指對色彩、音響、形體等外在因素的敏銳的接收。並且，此一知覺活動具有共通性，又是絕對特殊的個人體驗，因此能與認識和實踐目的相聯繫，所謂「共鳴」即是美之感受與美之規律的共通性所造成的普遍情感。主體因感受到上述各項因素相互聯繫，而能引發心靈上的感通與回應。

　　承本章第二、三節所作之論述可知，閒章審美倚賴文化環境而能夠存在，並依憑形式、技法之客觀條件，致使美感經驗初步形成。進一步窺探之，審美主體對閒章意境之獲得，除能從「語言、線條、空間」三位一體地觀看外，仍需以主體之自我生命浸潤，才能有美之感觸。藝術品存在之深意，不在建立客觀的美感框架，亦不在彰顯作者才情或懷抱，而在使觀賞者有身歷其境、如沐春風的美感經驗，對人類文明有所啟發、治療。因而本書脈絡下閒章審美的深意，仍須以「閒」觀念作一深化與展開，茲以下文論述：

一、由想像至意境

　　審美主體的想像活動，是對藝術品所呈現、表現的一種加工、改造，是發生在個體大腦中的思維運動。通過這種表象運動，把感知和理解聯結起來，於是作品的「審美規律」得與觀賞者的個人感知活動連結，進入審美的意境層次。「想像」是一個有著廣闊內容的心理學範疇，由聯想〔註38〕至「再造性想像」和「創造性想像」。再造想像是根據閒章印語或圖像等，在頭腦中再現出事物的表象，也可以根據自己過去經驗記憶中的知覺材料進行組合、擴展，想像出自己未曾親自感知過的對象；創造想像則是不依據現成的描述，而是根據主體的理想、目的，將記憶中的表象改造、加工、綜合，創造出嶄新的與主體之理想、目的「同型」的形象。

　　對應至閒章審美而言，「詩意想像」即是通過語言所引發由「意」至「象」的思想活動（詳見本書〈上編：第一章〉）；而刀筆線條所呈現篆刻家風格／

〔註38〕聯想（包括接近聯想、類比聯想、關係聯想……等）是由當前感知的事物回憶起有關的另一件事物。在空間和時間上接近的事物在經驗中容易形成聯繫，引起接近聯想。類比聯想即相似聯想，是由事物的性質或狀貌的某種類似引起的。關係聯想是由於事物的各種聯繫而形成的聯想，如部分與整體、種屬關係、因果關係的聯想。

人格及生動的文字姿態，經由觀賞者的想像連結，在點與線的躍動、圖象與字義的互滲、朱與白的微型空間中，使印面獲得生命力（詳見本書〈上編：第二章〉）。而由數個象形文字所組成的印面整體空間，則因其佈局排列的參差騰挪、虛實相生的朱白分布，兼以邊框形成一具體而微的想像國度，如同自然景物、山水畫幅一般，使觀賞者由視覺的震顫引發想像的渺遠（詳見本書〈上編：第一章〉）。上述三者的想像活動既是同時進行，亦可分別開來咀嚼玩味，經由想像，作品才被賦予深意，並與觀賞者的生命情調結合，產生意境。意境之產生，對觀賞者的文化處境、基礎認知、感官承載與想像能力皆有較嚴格的需求，此即本書《閒章美學》不厭其煩地一一梳理由印章發展史的細瑣區別，到技法學科的雜然紛陳之用意。

　　因此可知，審美想像按照人之情感要求，爲主體創造一個豐富多彩的審美世界，其中包含再造性與創造性的想像層次。回到閒章審美的論述，本書反覆討論之閒章「意境」的作品、作者、觀賞者三方面網絡，最終仍需藉由審美主體的想像達成。缺乏審美主體之想像的過程，則藝術品無法藉由形式的規律、技藝的經營，傳達美的體驗；藝術家對技術的操作、對自然或人文的美感經驗，亦無法對觀賞者產生共鳴，審美活動因此停擺。

　　於是，由想像開啓美感體驗的門扉，通向意境之開顯，是主體所必經的途徑。進一步論析，則觀賞者由詩意語言中讀出之箇中深意，以及由線條姿態引發的情景交融感，甚至印面空間以「留白」敞開的整體氣氛，皆透過主體的想像活動，使意義流動、辯證產生、勾起身體之震顫，引發心境之變化。然而，從宏觀的角度思考，閒章之意境被主體獲得，與其它藝術的意境獲得過程，並無太大區別；換言之，由想像至意境的層次論述，已是美學中的普遍認知，適用於其它藝術項目。但本書強調閒章之所以能獨立成爲一藝術項目接受討論，並與書法、繪畫等傳統藝術比肩，在於「閒」概念的深度發揮，因此在把握上述討論審美主體由「想像—意境」後，將由下文對閒章的特殊觀看方式進行論述。

二、「閒」之「散心」

　　學者詮釋宗白華的思想爲「散步的美學」，點出宗氏對中國美學詮釋的獨特見解，[註39]若以此向度思考審美主體如何對閒章進行觀看，以及詮釋此

〔註39〕王德勝：《散步美學：宗白華美學思想新探》（台北：臺灣商務，2007年）。

一觀看行為的特殊性，則可藉由班雅明（Walter Benjamin）於其著作〈機械複製時代的藝術作品〉中，從對城市建築的反省出發。班雅明談藝術品與藝術觀賞者間的繫連，使用「散心（distraction）」一詞，〔註40〕論者對班雅明這種「漫無目的的閒逛」有以下詮釋：

> 閒逛行為（flânerie）伴隨著閒逛者出現的字眼，其較早期的意涵侷限在運用視覺美學式觀看（seeing）的「足下經驗的行走」的結果……
>
> 「觀看」於是並非一種社會分析，而是美學感受，感覺土地呼吸的重量，與自己的悲歡離合、喜怒哀樂疊合，產生深度……〔註41〕

論者並謂這種觀看是「將藝術創作主體的權柄在『看』過程中讓位給對象物」，〔註42〕這與現象學者梅洛-龐蒂（Maurice Merleau-Ponty，1908～1961）的看法略同。〔註43〕郭熙（約1023～1085）〈林泉高致〉云：「山水大物也，人之看者須遠而觀之，方見得一障山川之形勢氣象。」〔註44〕美的靈光，需從整體去關照。郭熙〈林泉高致〉不但從技法上談山水格局，也從觀賞者的角度體現「美感」與「人」渾然一體的概念：退一步而藝術整體及其本真將自然開顯。

因此閑章之「閑」的接受者視角，即所謂「散心」的過程：當印章滿足本章第一、二節對境界與創作層面之經營，則閑章作品自然而然散發靈光，接受者始與作品的藝術境界、作者的創作心境有所感通。同時，接受者的自身經驗、審美思維，皆融入此觀看行為之中，因此閑章的品鑑，與中國藝術主流（書法、繪畫）的觀看不同，〔註45〕是一種「品味出箇中趣味」的文人遊戲，一種存在於知識份子間的默契／氛圍。正因為是「玩具」、是「遊戲」，

〔註40〕 華特·班雅明（Walter Benjamin），許綺玲譯：《迎向靈光消逝的年代》（台北：台灣攝影，1998年），頁96。筆者按：「散心」德文「Zerstreuung」，英譯「distraction」，兩者皆有「分心」及「娛樂」之義，因此另有版本中譯「分心」。參考沃坦恩格伯（Wartenberg, Thomas E.）著，張淑君等譯《論藝術本質：名家精選輯》（台北：五觀藝術管理出版2003年），頁96。

〔註41〕 石計生：《閱讀魅影：尋找後班雅明精神》（台北：群學，2007年），頁31。

〔註42〕 石計生：《閱讀魅影：尋找後班雅明精神》（台北：群學，2007年），頁27。

〔註43〕 梅洛龐蒂語：「透過把他的身體借給世界，畫家才把世界改變為繪畫。」引自梅洛·龐蒂著，龔卓軍譯：《眼與心》（台北：典藏藝術家庭，2007年），頁80。

〔註44〕 俞崑編：《中國畫論類編》（台北：華正，1984年），頁632。

〔註45〕 書法與繪畫的品鑑，因其歷時久遠，因此對技法的要求，較印章一藝更為強烈；舉凡「神、妙、能、逸」品類分級，在魏晉時代業已形成，爾後的鑑賞標準要脫離技法的規範，有其困境。印章則本為實用，古人對篆刻形成審美意識，已是明代晚期的事了。

閒章的觀看才是「散心」的、漫無目的的，提供文人生活中的喘息，亦是篆刻藝術能在明清兩代獲得巨大成功之主因——篆刻家（文人）將各種語彙納入印語系統，由於印面空間限制，須是短仄的字句，而能接近詩的精煉；卻不受詩詞曲賦等格律的捆綁，而能自由發展、天馬行空，終能獲致「芥子納須彌」的方寸世界，涵泳萬物，自給自足——黃牧甫（1849～1908）與吳昌碩二位集浙派、皖派大成的藝術家不朽成功，是最好的例證。

　　誠然，對西方藝術而言，藝術創作就應是生命的全然投入，內在情感之瞬間爆發，是種近乎神秘主義的體驗；然而徐復觀認為中國藝術主體是「心齋之心」，〔註46〕即經工夫陶冶，受朦蔽之心始對外敞開，是種人文主義下的藝術精神。以此較契合東方藝術思維的脈絡詮釋班雅明之「散心」，似乎更符合閒章之「閒」的旨趣——班雅明講「散心」時，能與篆刻中的「閒章」對應：「散心是藝術品潛入了大眾」，〔註47〕觀賞者面對藝術品決非是走馬看花的觀光（sightseeing），而是秉著不設限的開放胸襟，使藝術品沁入心中。因此僅就作者創作層面、藝術境界層面談閒章之「閒」並不足夠，仍要將眼光置於觀賞者的視角，才能體現其完整的面貌。〔註48〕

三、渾然一體，物我不分

　　承上所論，閒章審美之特殊性格，在其文化處境的遊戲性質，使觀賞者之鑑賞活動呈現「散心」的超然態度。主體對藝術品的審美活動，往往受利益導向、師承派別而缺乏「退一步」使藝術品能有自身開顯的空間，閒章之「閒」提供了觀賞者與作品之交流研究新的思考面向，〔註49〕在於藝術品作

〔註46〕 徐復觀：《中國藝術精神》（台北：臺灣學生，1966年），頁75～80。
〔註47〕 華特・班雅明（Walter Benjamin），許綺玲譯：《迎向靈光消逝的年代》（台北：台灣攝影，1998年），頁96。
〔註48〕 班雅明以「專心」對舉「散心」，「專心」即是藝術家對藝術品全心全意的擁抱；雖然班雅明並未說明「散心」會否並不僅止於一種「感性的直覺」，然而他對人們「經驗」並「習慣」於「建築運作的方式」的歷史背景下而能「……在某些情況下，這種感受方式卻獲得了一種標準規範的價值意義」，抱持著正面的肯定。因此，以班雅明「散心」回應道家觀物美學或許不夠深刻，「散心」一詞卻具有引起讀者對「藝術品的觀看」視野重新思考的啟發性價值。華特・班雅明（Walter Benjamin），許綺玲譯：《迎向靈光消逝的年代》（台北：台灣攝影，1998年），頁98。
〔註49〕 伯梅（Gernot Boehme）：「氣氛美學」一詞，「氣氛美學」由梅洛・龐蒂（Maurice Merleau-Ponty）美學思維下發展，針對藝術品如何散發一股無形的「靈光」震顫觀賞者；及藝術品與論觀賞者間如何透過「氣」的流動交換，達到審美

為人類精神昇華之媒介——觀賞者對作品之全身心投入，反而導致意念之固執，美感之喪失；毋寧放開胸懷，讓作品唱出無窮盡的美妙旋律，而觀賞者將自我意識降低，成為一「旁觀者」，反而獲得味外之趣的美感體驗。

　　從上述脈絡進一步討論，則審美活動之最終關懷，仍須是在「物」（藝術品，審美客體）與「我」（觀賞者，審美主體）同為一體的形上辯證。賴賢宗《意境美學與詮釋學》指出：

　　　　……道家美學強調渾然一體，這是以道論形上學為其思想預設，在此，藝術體驗並不只是單純的主體與存有真理的視域融合，而是回返於有無玄同的道，大通乎渾全的道，在此提出「化」的概念，「化」不只是主體與存有真理的視域融合（「有」與「同」），還包含「無」的體驗以及「玄」的差異化活動在內，因此藝術體驗是「外師造化，中得心源」。〔註50〕

賴氏提出「藝術體驗」應具有通向「道」之返歸的意義，是美學的形上學詮釋路徑。設若閒章審美之「旁觀」、「散心」乃閒章之特有之美感體驗，與其它藝術項目不同，則觀賞者與作品渾然一體、不分彼此則是審美活動的終點，將是所有藝術項目之共同依歸。

　　當代美學的討論與哲學密切相關，對美之本質的探討需仰賴形上學的詮釋路徑，論者對鑑賞活動之境界，亦有諸多看法，而道家觀物哲學，對觀看中國古典藝術品有相當的參考價值，道家物我合一的觀看取向，正是談論藝術創作、美學系統不可忽略的一環。美感經驗本在審美主體自身與宇宙萬物的共通共感下產生，所謂雄渾（sublime）、浩瀚（immensity），抑或中和、平淡（Fadeur／blandness），正是在美的規律下，尋得與世界之契合而產生的各種樣貌。

　　因此，閒章鑑賞活動之以「閒」為核心，不僅意味著主體的「散心」或「旁觀」，更應是主體的「退位」以及解消。觀賞者的遊戲心態，使感官因自由而敞開，使心境因空虛而包容，將自身投入藝術品的、甚至是宇宙萬物的懷抱，不計得失，沒有目的，形成物我彼此消融的體道境界。此亦為何美感體驗總能與「冥契經驗」相提並論之原因。進一步說，鑑賞活動的目的，在由想像通向意境，並由意境體會人生之道，而此「道」乃以觀賞者與作品的渾然一體，得到最純粹的彰顯，而閒章以「散心」解消自我意識的觀看法門

　　的過程與目的。詳見本書〈下編：第一章〉中註文。
〔註50〕賴賢宗：《意境美學與詮釋學》（台北：史博館，2003年）。

為通向此一境界的途徑，具有其特殊價值。

第四節　結　語

　　本章從閒章的如何被觀看展開，提出品評閒章需從印材、社會環境與文人文化三方面考察審美主體的當世處境，繼而陳述「形式美」與「技法美」的審美規律，作為觀賞者引發意境的基礎條件；最後由感知、想像、理解等方面詮釋意境的獲得過程，並提出「閒」之「散心」為觀看閒章的特殊方式，並由此一方式，達到藝術品與觀賞者物我合一的體道境界。

　　本書《明清閒章美學》企圖建構一以作品、作者、觀賞者為主的美學體系，在各章節的撰寫中，無不以廣蒐博覽的方式，期能為閒章藝術建立豐富的美學脈絡，以彰顯閒章作品耐人尋味的魅力，更在行文當中，體現多視角、綜觀全局的關照——誠然，論文之撰寫，無疑是對那早已杳無音訊的古人、古事，進行重建、復活的全新觀看，因而本章「鑑賞活動」研究之對象雖為明、清兩代之文人士子，但未嘗不是一種當代美感經驗、美學思維籠罩的二次觀看。

　　中國文化的博大精深，其精神天地的哲理內蘊是賦予閒章藝術極高的欣賞、收藏價值，以及教化、淨化功能的豐沃土壤。而無論對何種藝術項目之觀看，都應賦予深意，而非停留在視覺分析、技法追求，更應關注其對人類心靈的益處——鑑賞活動所獲得的美感體驗，能引起愉悅情緒，亦能產生誠摯的關懷，是人類精神所應追求的標的；有了美感，生活能在物質滿足的狀態下，獲得精神的充實、性情的陶冶，繼而通向無所缺憾的人生、樹立不朽的文化財產。因此，鑑賞活動在美學系統中的重要地位，是本章置於全文最後的主要因素。

結論：結論與研究展望

結　論

　　本書《明清閒章美學》針對篆刻範疇中閒章一項，經由技藝的深度研究，
啓發以「作品」、「作者」、「觀賞者」爲關聯的美學體系，冀能使閒章之面貌
更加清晰，並能突顯篆刻之深度與印章藝術的趣味。

　　彭修銀《美學範疇論》認爲美學可稱之爲「藝術作品的哲學」，他提出「藝
術作品是什麼，它是怎樣存在的」、「藝術作品幹什麼」爲美學研究之命題，並
謂「藝術作品的哲學，還要研究作品與作家（藝術家）之間的關係」，強調的藝
術研究的完整性。〔註1〕因此本書「閒章美學」體系乃由閒章作品的「意境」
顯出展開──「意境」作爲中國文學、藝術的美感層次，要求高度技巧的發揮，
並鎔鑄作者之生命情調及觀賞者的感通，藝術品能有意境展現，實屬不易。

　　明、清兩代的閒章作品既能展現意境，則應彰顯其美學價值。本書體察
其美感是由「印語」、「刀筆」、「佈白」三者構成──縱有精美的刀工，若無
意義深刻的印語，反以鄉野俗語入印，則失去篆刻之爲文人技藝的雅致風尚；
若無精湛的刀工筆法，則印章難登大雅之堂；缺少空間留白的打破規矩，則
將停留在工藝品的層次。因此可知，篆刻藝術的美妙，在印章語言的「可讀」
以至深刻；在視覺表現的「善」以至於「眞」，〔註2〕雕刻技法與語言鍛造缺
一不可，最重要的是能有全局觀念，以視覺效果引起觀賞者美的震顫，是三

<hr>

〔註1〕　彭修銀：《美學範疇論》（台北：文津，1993年），頁25。
〔註2〕　「所謂美是自由的形式，首先指的是掌握或符合客觀規律的物質現實性的活
　　　　動過程和活動力量。美作爲自由的形式，首先是指這種合目的性（善）與合
　　　　規律性（眞）相統一的實踐活動和過程本身。它首先是能實現目的的客觀物
　　　　質性的現實活動，然後是這種現實的成果、產品或痕記。」李澤厚：《美學四
　　　　講》（台北：人間，1988年）。

者牽一髮動全身的緊密關係。

因而「意境」的顯出與否，是閒章具有美學價值的基礎——本書架構下的閒章美學將是人（修養）、技（技法）、道（境界）各不可缺的，本書以技藝的深探為基礎，通向對藝術之境界的詮釋，冀能回應「人」作為創作者及觀賞者的角色，如何接受閒章之美，並以其精華為活化生命的泉源。

以閒章作品而言，它為明、清文人文化燃亮了令人驚喜的光采——在傳統書法、繪畫的規範以外，印章以紅色印泥妝點著墨色線條、青綠山水，不僅使人精神為之一振，更在方寸之間，展現其雋永之趣。而因創作作品而引發印材的講究、用印文化的發展、理論的產生……等，無不豐富文人的生活樣貌，引發生命情趣——或賞或玩，或閒或散，文人雅致風尚，就在其充滿趣味的生命情調中。以作者而言，文人對閒章的創作，不僅使其在社會壓抑、理想抱負之外，尋得逃逸之所，並以遊戲態度，滋潤著文人多愁善感的心靈。因而閒章的美學核心就在不執著、不強求的心境上，當作者之身心獲得舒緩、解放，則作品自然而然顯現其韻致，其美感將粲然煥發。以觀賞者而言，閒章提供了生活瑣碎、無形壓力之外的「玩具」，它既是外於自身之「長物」，又是可賞可玩，足堪收藏、品鑑的文化精華，因而此「玩」的思維，即是閒章美學的魅力所在：退一步觀看，讓「外於身」的物件散發其本然之美，以美感滲透觀賞者的身心，獲得美的愉悅與滋潤。

由上可知，經由對閒章的深度詮釋，它將不再被視為「雕蟲小技」而應要求技法鍛鍊與觀念思考；它將不再被作為「方寸之間」的符號、畫面觀看，而是彰顯意境、銘刻情感的藝術載體。誠如黃賓虹所言：「一印雖微，可與尋丈摩崖，千鈞重器，同其精妙。」〔註 3〕閒章之「微」，在其窄小之幅面及高度濃縮之技藝；閒章之「重」，在其深刻的美學內涵及豐富的趣味。而本書之所以能對閒章有深入的詮釋，仍秉持對「閒」概念的思考——本書從閒章作品之藝術主體探討「閒」概念如何作用，其次提出作者創作活動中的「閒」態度；最後由觀賞者角度探討閒章美學的接受面向。分別論之，閒之「閒心」從印章發展史的脈絡下不受重視的「閒雜」展開，「無用之用」成其「大用」，是縱向的考察，閒之「閒情」從明清文人文化切入，以閒賞美學鋪陳其多元面貌，是橫向的觀察。最後則接引西方藝術理論，從觀賞者的角度，詮釋「閒」如何作用於觀看者，以致物我相契，形成一多視角的「閒」主客對應關係。

〔註 3〕 黃賓虹：《黃賓虹文集》（上海：上海書畫出版社，1999 年）。

　　以此宏觀視野來看，作品、作者、接受者的三方面鏈結，依「閒」形成環環相扣的美學體系——「閒情」、「散心」的作用源於無固著的「知無用」之心，由於印章的非主流性質使然，此「閒心」在印章中的作用更勝其它藝術形式。「閒情」與「散心」的作用主體有重疊的特性，因閒章創作者同時可具有印人（職業篆刻家）／文人（業餘篆刻家）身分，而閒章之接受者則可能是印人／文人／鑑賞家（非篆刻家）的多重身份，相互交融，形成一龐大的品鑑行伍。由此可關照本書所關注之印章被使用、被創作、被賞玩、被論述的多重面向，以完成閒章美學體系的核心意義。

　　閒章美學的價值在於由表象的思考，進入藝術本質的探討，最終獲致的是一種新的觀看方式，而非將眞理定爲一尊，應是展開詮釋的無限可能性。在藝術研究領域中，篆刻常容易被歸類爲視覺藝術或雕塑一類，難與書法、繪畫等淵源久遠的藝術項目並駕，而在明清歷史、文化等研究領域，又容易被「物化」，成爲物質文明的附屬產品。但經由本書凸顯閒章與其「閒」概念之價值，期能啓發研究者對篆刻一藝的關注與回應。

研究展望

　　相較於書法、繪畫擁有千年歷史與長期積累的古典理論及當代論者為其建構美學體系的成果，篆刻遲至明代始萌芽，在理論的闡發上的確相形見絀，雖有劉江、方旭為其建立美學體系，但多停留在技法之探問，未能「技進於道」，對於創作者的人格培養，更屬於被遺忘的邊緣課題。然而，秉著明、清兩代文人的高度智慧與當時成熟的文學、書法、繪畫、金石學、思想文化等基礎，篆刻作品並不乏深度，誠如清人高阜（生卒年不詳）所言：「而約千言於數字，縮尋丈於半圭，不越徑寸之中，而盡乎碑版銘勒，賦詩樂志之勝，則惟圖章為然。」〔註1〕因此本書在對閒章進行充分的文獻考索、技藝追問及突顯其美學意義之後，仍要對當代篆刻創作／研究投以關注。

　　當代的篆刻發展中，姓名章、用途章的實用性仍主導大部分的篆刻創作，更因印學理論之未能普及，創作者未能徹底理解篆刻發展的脈絡及其美學核心，因而印章的藝術層次難以提升。觀察當代大陸、日本、台灣篆刻之發展，印語的低俗化、印章技法的僵化，使篆刻難以超越古人而有所創新的發揮；而在當代篆刻的創作活動中，也越來越脫離古人「閒」的氛圍，傾向功用及利益取向，更是篆刻技藝難以施展的原因。篆刻獨特的形式及美感被遺忘，更使大眾失去了對美的觀看的能力，甚或受低級作品混淆視聽，誤解篆刻的真實意義。因此本書雖以文獻研究為路徑，實際上則期待能對當代篆刻達到治療與重建，這並與本書選擇「美學」向度的詮釋，有莫大關聯。然而本書之提出是否能對當代篆刻的未來發展有所裨益？則需期待當代篆刻家的實踐與努力了。

〔註1〕　高阜：〈《賴古堂印譜》序〉，收於韓天衡編：《歷代印學論文選》（杭州：西泠印社，1985年），頁616。

　　篆刻在台灣屬於較冷僻的藝術項目。較之書法、國畫兩類受各藝術學院青睞，欣賞、創作、研究篆刻的人口是相對弱勢的。然而「詩、書、畫、印」同爲中國文人重視之活動，其飽涵深邃文化與時代特色使人不能忽視其研究價值。當代台灣的研究視野廣闊，有中西理論體系的建立、相互激盪，使具有時代意義的藝術作品因應而生。舉例言之，「墨潮」書會〔註 2〕對「現代書藝」的推廣，使台灣藝壇耳目一新，興起改革風潮。而閒章的面貌多元、可塑性極高，其發展值得注目──諸如平面設計、書籍裝幀、室內裝潢等項目，皆可有運用的空間，閒章的美感深度絕對能引起廣大的迴響。

　　藝術與生活一向是無法切割的，兩者相互撞擊而產生千年不朽的璀璨文化。繪畫、雕塑、建築能進入人類週遭，改造居住環境、提升生活品質，文學、戲曲、書法則藉不同的形式詮釋人生的喜怒哀樂、悲歡離合，使生活飽滿而充實。閒章作爲具有深度與廣度的藝術項目，其未來發展應走向大眾、推廣普及，使人領略其深邃美好，「閒」的意義亦是如此──帶給忙於塵務的現代人一個解下生命重擔的喘息，一個暫時安放靈魂的角落。

〔註 2〕　台灣現代書法創作以「墨潮」書會爲主要陣地。墨潮書會成立於 1976 年，是全台灣乃至全中國第一個標舉傳統與現代並蓄的書法協會，成員主要有張建富、蔡明讚、陳明貴、連德森、楊子雲、鄭芳和、廖燦誠、徐永進等。1992年墨潮書會確立以「現代書法」爲藝術創作的主軸，從此不斷掀起台灣現代書法的狂瀾。從 1992 年至今墨潮書會就舉辦八屆「墨潮會展」（會員展）；而這期間，墨潮書會會員在島內外舉辦的個展、參與的聯展和重大國際展事則不計其數。

參考書目與圖版出處

參考書目

一、古　籍（依 1.年代 2.編著者姓氏筆劃排序）

1. 〔漢〕許慎：《說文解字》（台北：黎明文化，1996 年）。

2. 〔漢〕揚雄：《法言》，收入中華書局編：《叢書集成初編》卷 530（北京：中華，1985 年）。

3. 〔漢〕應劭：《漢官儀》收入《黃氏逸書考》，《百部叢書集成二編》第二十二函（台北：藝文，1980 年）。

4. 〔魏〕王弼等著：《老子四種》（台北：大安出版社，1999 年）。

5. 〔唐〕司空圖：《二十四詩品》（台北：金楓出版社，1999 年）。

6. 〔宋〕蘇軾：《東坡全集》，收於《景印摛藻堂四庫全書薈要》卷 378（台北：世界 1988 年）。

7. 〔明〕李漁著，單錦珩點校：《閒情偶寄》（杭州：浙江古籍，1992 年）。

8. 〔明〕唐寅：《唐伯虎先生全集》（台北：臺灣學生，1979 年）。

9. 〔明〕傅山：《傅山全書》第一冊（太原：山西人民出版社，1991 年）。

10. 〔清〕周亮工：《印人傳》（揚州：江蘇廣陵古籍刻印社，1998 年）。

11. 〔清〕高鳳翰：《南阜山人斆文存稿》（上海：上海古籍出版社，1983 年）。

12. 〔清〕清聖祖御定：《全唐詩》（台北：文史哲，1987 年）。

13. 〔清〕郭慶藩輯，王孝魚點校：《莊子集釋》（台北：頂淵文化事業有限公司）。

14. 〔清〕黃賓虹：《黃賓虹文集》（上海：上海書畫出版社，1999 年）。

15. 〔清〕錢謙益：《列朝詩集》收於《續修四庫全書・集部・總集類》，卷 1623（上海：上海古籍出版社，2002 年）。

二、印學、篆刻相關論著（依編著者姓氏筆劃排序）

1. 《墨》雜誌四月特別刊：《篆刻の鑑賞と實踐》（東京：藝術新聞社，1995年），頁74～85。

2. 了一、元白編《元朱文印精粹》（上海：上海書店出版，2002年）。

3. 了一：《圓朱文印精萃》（上海：上海書店出版社，2005年）。

4. 方旭：《篆刻美學初探》（北京：人民美術出版社，2008年）。

5. 王北岳：《中華之美系列——篆刻藝術》（台北：漢光文化，1985年）。

6. 王北岳：《王北岳藏歷代閒章展圖錄》（台北：麋研筆墨，2003年）。

7. 王北岳：《印林見聞錄》（台北：麋研齋，2002年）。

8. 王本興：《印章章法分類》（天津：天津人民美術出版，2006年）。

9. 王本興：《印章邊格詳解》（北京：北京公藝美術出版，2008年）。

10. 王本興：《印章邊樣分類》（天津：天津人民美術出版，2006年）。

11. 王廷洽：《中國古代印章史》（上海：上海人民出版，2006年）。

12. 王佩智：《西泠印社1963》（杭州：西泠印社出版，2006年）。

13. 王佩智：《西泠印社舊事拾遺》（杭州：西泠印社出版，2005年）。

14. 王佩智：《建國初期篆刻創作研究（1956～1964）》（杭州：西泠印社，2008年）。

15. 石巢：《印石辨》（香港：中華書局，1982年）。

16. 朱鴻祥：《篆刻藝術初探》（南昌：江西美術出版，2005年）。

17. 西泠印社：《印論文叢》（杭州：西泠印社出版，1988年）。

18. 吳頤人：《印章名作欣賞》（上海：上海人民出版，2006年）。

19. 吳頤人：《篆刻五十講》（上海：上海人民，2006年）。

20. 李早、林乾良主編：《中國篆刻市場通鑑》（杭州：西泠印社，2000年）。

21. 李剛田：《篆刻篆法百講》（鄭州：河南美術出版，2006年）。

22. 沙孟海：《印學史》（杭州：西泠印社出版，1987年初版）。

23. 沙孟海：《沙孟海論書文集》（上海：上海書畫出版，1997年）。

24. 沙孟海：《沙孟海論書叢稿》（台北：華正書局，1988年）。

25. 谷松章：《篆刻章法百講》（鄭州：河南美術出版，2006年）。

26. 那志良：《璽印通釋》（台北：台灣商務印書館，1970年）。

27. 孟兆波編：《中國印》（北京：當代中國出版，2008年）。

28. 林乾良：《中國印》（杭州：西泠印社，2008年）。

29. 林乾良：《天下第一名社西泠印社》（杭州：西泠印社出版，2004年）。

30. 林乾良：《世界印文化概說》（杭州：浙江古籍出版社，2006年）。

31. 范安迪主編：《文化傳承與形式探索》（石家庄：河北教育出版，2006 年）。

32. 郁重今編：《歷代印譜序跋彙編》（杭州：西泠印社，2008 年）。

33. 孫洵：《民國篆刻藝術》（南京：江蘇美術出版，1994 年）。

34. 孫慰祖、俞豐：《印裡印外：明清名家篆刻叢談》（高雄：汶采，2000 年）。

35. 孫慰祖：《可齋論印三集》（上海：上海辭書出版，2007 年）。

36. 馬國權：《近代印人傳》（上海：上海書畫出版，1998 年）。

37. 馬國權選編：《名家談篆刻》（香港：商務印書館，2001 年）。

38. 國立故宮博物院：《印象深刻——院藏璽印展》（台北：故宮，2007 年）。

39. 張干弘：《古印趣談》（天津：百花文藝出版，2002 年）。

40. 張用博、蔡劍明：《來楚生篆刻述真》（上海：東華大學出版，2004 年）。

41. 張宗祥：《西泠四家印譜》（杭州：西泠印社，1998 年）。

42. 張華飆：《篆刻刀法百講》（鄭州：河南美術出版，2007 年）。

43. 符驥良等編：《篆刻技法入門》（上海：上海書畫出版，2007 年）。

44. 陳松長：《璽印鑑賞》（桂林：灕江出版，1993 年）。

45. 陳星平：《中國文字學與篆刻藝術》（台北：文津出版，2005 年）。

46. 陳振濂：《品味經典——陳振濂談中國篆刻史‧明清》（杭州：浙江古籍出版社，2007 年）。

47. 陳振濂：《品味經典——陳振濂談中國篆刻史‧殷商——明》（杭州：浙江古籍出版社，2007 年）。

48. 陳振濂：《篆刻形式美學的展開——大學篆刻藝術形式與技巧的專業訓練系統》（杭州：西泠印社，2005 年）。

49. 陳根遠：《陳根遠說古印》（福州：海潮攝影藝術出版，2004 年）。

50. 陳福春：《篆刻藝術》（石家庄：河北美術出版社，2000 年）

51. 陳龍海：《名印解讀》（長沙：岳麓書社，2005 年）。

52. 陸康：《中國閒章萃語綜匯：增訂本》（上海：上海書畫出版，2008 年）。

53. 章用秀：《名家印章趣談》（南昌：江西美術出版，2007 年）。

54. 章用秀：《美石與印章》（天津：百花文藝出版，2008 年）。

55. 章放童：《中國印章歙硯賞玩》（杭州：浙江攝影出版，2004 年）。

56. 彭過春：《說印、用印、刻印》（瀋陽：遼寧美術出版，2001 年）。

57. 馮作民譯：《中國印譜》（台北：藝術圖書公司，1993 年）。

58. 黃惇：《古代中國印論史》（上海：上海書畫出版，1994 年）。

59. 黃嘗銘：《篆刻的邊款》（台北：真微書屋出版，1995 年）。

60. 葉一葦：《中國篆刻的藝術與技巧》（北京：中國青年出版，2004 年）。

61. 葉一葦：《篆刻學》（杭州：西泠印社，2003 年）。

62. 賈冠華：《篆刻章法》（北京：北京體育大學出版，2005 年）。

63. 福建壽山石文化藝術研究會：《中國壽山石詩集》（福建：福建美術出版，2006 年）。

64. 翟屯建：《徽派篆刻》（合肥：安徽人民出版，2005 年）。

65. 趙宏：《篆刻教程》（北京：華文出版，2006 年）。

66. 趙昌智、祝竹：《中國篆刻史》（上海：上海人民出版，2006 年）。

67. 趙海明：《印章邊款藝術》（北京：文物出版社，2005 年）。

68. 趙海明：《篆刻蒙求：篆刻知識與技法》（北京：文物出版，2001 年）。

69. 齊藤謙編：《中國古代畫家落款印譜》（北京：北京圖書館出版，2003 年）。

70. 劉江：《吳昌碩篆刻及其章法》（杭州：西泠印社，1999 年）。

71. 劉江：《篆刻的形式美》（杭州：浙江人民美術出版，1994 年）。

72. 劉江：《篆刻金石賞析》（台北：書泉，2003 年）。

73. 劉江：《篆刻美學》（杭州：中國美術學院出版，1994 年）。

74. 劉江編：《中國篆刻史》（杭州：西泠印社，2000 年）。

75. 劉江編：《吳昌碩印論圖釋》（杭州：西泠印社，2004 年）。

76. 劉尚恒：《閒章釋意》（天津：百花文藝出版，2007 年）。

77. 蔡國聲：《印章三千年》（上海：上海文化出版，1999 年）。

78. 蔡耀慶：《明代印學發展因素與表現之研究》（台北：史博館，2007 年）。

79. 蕭高洪：《方寸之間：中國篆刻藝術史》（高雄：汶采，2002 年）。

80. 蕭高洪主編：《中國歷代璽印精品博覽》（南昌：江西人民出版，1995 年）。

81. 戴家妙等著：《歷代閒章名品鑑賞》（上海：上海書店出版，2002 年）。

82. 鞠稚儒：《元朱文印技法解析》（重慶：重慶出版社，2006 年）。

83. 韓天衡、陳道義：《點擊中國篆刻》（上海：上海人民美術出版，2006 年）。

84. 韓天衡：《中國印學年表》（上海：上海書畫出版，1993 年）。

85. 韓天衡：《天衡印譚》（上海：上海書店出版，1993 年）。

86. 魏皓奔主編：《金石篆刻》（杭州：浙江攝影出版，2008 年）。

三、近人專著（依編著者姓氏筆劃排序）

1. 上海書畫出版社：《20 世紀書法研究叢書，審美語境篇》（上海：上海書畫出版社，2008 年）。

2. 中華學術院：《美術論集》（台北：中華文化大學出版部，1979 年）。

3. 文潔華主編：《朱光潛與當代中國美學》（香港：中華書局，1998 年）。

4. 毛文芳：《晚明閒賞美學》（台北：台灣學生，2000 年）。

5. 王建元：《現象詮釋學與中西雄渾觀》（台北：東大圖書，1992 年）。

6. 王建華、盛愛萍、周明強：《現代漢語語境研究》（杭州：浙江大學出版社，2002 年）。

7. 王振復：《中國美學史教程》（上海：復旦大學出版，2004 年）。

8. 王朝聞主編：《美學概論》（台北：谷風，1989 年）。

9. 王德勝《散步美學：宗白華美學思想新探》（台北：臺灣商務，2007 年）。

10. 王鎮遠：《中國書法理論史》（合肥：黃山書社，1990 年）。

11. 史作檉：《水墨十講——哲學觀畫》（台北：典藏藝術家庭，2008 年）。

12. 白謙慎：《傅山的世界》（北京：三聯書店，2006 年）。

13. 石計生：《閱讀魅影：尋找後班雅明精神》（台北：群學，2007 年）。

14. 石朝穎：《藝術哲學與美學的詮釋問題》（台北：人本自然文化事業，2006 年）。

15. 朱永生：《語言‧語篇‧語境》（北京：清華大學，1993 年）

16. 朱永生：《語境動態研究》（北京：北京大學出版，2005 年）。

17. 何宗美：《明末清初文人結社研究》（天津：南開大學出版社，2003 年）

18. 何宗美：《明末清初文人結社研究續編》（北京：中華書局，2006 年）。

19. 吳汝鈞：《中國佛學的現代詮釋》（台北：文津，1995 年）。

20. 李澤厚：《美學四講》（台北：人間出版社，1988 年）。

21. 汪民安：《身體、空間與後現代性》（南京：江蘇人民出版社，2006 年）。

22. 侍少華：《中國書刻藝術》（杭州：榮寶齋出版社，2008 年）。

23. 周明初：《晚明士人心態及文學個案》（北京：東方出版社，1997 年）

24. 邱振中：《書法的形態與闡釋》（北京：中國人民大學出版社，2005 年）。

25. 俞崑編著：《中國畫論類編》（台北：華正，1984 年）。

26. 故宮博物院：《大觀：一生難遇的看》（台北：雄獅美術，2006 年）。

27. 夏咸淳：《晚明士風與文學》（北京：中國社會科學出版社，1994 年）

28. 徐復觀：《中國藝術精神》（台北：台灣學生，1966 年）。

29. 高行健：《論創作》（台北：聯經，2008 年）。

30. 商傳：《明代文化史》（上海：東方出版，2007 年）。

31. 張俊傑：《山水繪畫思想之發展》（台北：史博館，2005 年）。

32. 張輝、王雄：《西方形式美學：關於形式的美學研究》（南京：南京大學出版社，2008 年）。

33. 張巖、錢淑萍：《明清名人中國畫題跋》（西安：陝西人民美術出版社，2000

年）

34. 郭紹虞：《中國文學批評史》（台北：五南，1994 年）。

35. 陳方既、雷志雄：《書法美學思想史》（河南：河南美術出版，1994 年）。

36. 陳江：《明代中後期的江南社會與社會生活》（上海：上海社會科學院出版，2006 年）。

37. 陳秉璋、陳信木：《藝術社會學》（台北：巨流，1993 年）。

38. 陳振濂：《書法學》（南京：江蘇教育出版，1992 年）。

39. 陳振濂：《線條的世界：中國書法文化史》（杭州：浙江大學出版社，2002 年）。

40. 陳萬益：《晚明小品與明季文人生活》（台北：大安，1988 年）

41. 彭修銀：《美學範疇論》（台北：文津，1993 年）。

42. 曾繁仁：《西方美學論綱》（濟南：山東人民出版，1992 年）。

43. 費振鐘：《墮落時代》（台北：立緒，2002 年）。

44. 楊大春：《感性的詩學：梅洛龐蒂與法國哲學主流》（北京：人民出版社，2005 年）。

45. 楊儒賓主編：《中國古代思想中的氣論及身體觀》（台北：巨流圖書公司，1997 年）。

46. 葉朗：《中國美學史》（台北：文津，1996 年）。

47. 葉朗主編：《現代美學體系》（台北：書林，1993 年）。

48. 葉維廉：《比較詩學》（台北：東大，1983 年）。

49. 蒲震元：《中國藝術藝境論》（北京：北京大學出版，1999 年）。

50. 劉千美：《差異與實踐：當代藝術哲學研究》（台北：立緒文化，2001 年）。

51. 劉昌元：《西方美學導論》（台北：聯經，2001 年）。

52. 滕守堯：《道與中國藝術》（台北：揚智文化，1996 年）。

53. 蔣勳：《美的沉思——中國藝術思想芻論》（台北：雄獅圖書，1987 年）。

54. 蔡明讚：《中國書法史新論》（台北：蕙風堂，2000 年）。

55. 鄭毓瑜：《文本風景——自我與空間的相互定義》（台北：麥田，2005 年）。

56. 賴賢宗：《意境美學與詮釋學》（台北：史博館，2003 年）。

57. 賴賢宗：《意境與抽象：東西跨文化溝通中的藝術評論》（台北：洪葉文化，2004 年）。

58. 賴賢宗：《道家禪宗、海德格與當代藝術》（台北：洪葉文化，2007 年）。

59. 賴錫三：《莊子靈光的當代詮釋》（新竹：清華大學，2008 年）。

60. 戴麗珠編：《明清文人題畫詩輯》（台北：學海，1998 年）。

61. 聶振斌等著：《思辨的想像：20 世紀中國美學主題史》（昆明：雲南大學出版社，2003 年）。

62. 龔卓軍：《身體部署——梅洛龐蒂與現象學之後》（台北：心靈工坊，2006年）。

63. 龔鵬程：《才》（台北：台灣學生，2006 年）。

64. 龔鵬程：《中國文人階層史論》（蘭州大學出版社，2004 年）。

四、理論譯著（依編著者姓氏筆劃排序）

1. Jeffrey C. Alexander、Seteven Seidman，吳潛誠總校編：《文化與社會》（台北：立緒文化，1997 年）。

2. John W.O'Malley，鄭義愷譯：《西方四文化》（台北：立緒文化，2006 年）。

3. Linda Nochlin，游惠貞譯：《女性，藝術與權力》（台北，遠流，2005 年）。

4. M·伊利亞德，楊儒賓譯：《宇宙與歷史：永恆回歸的神話》（台北：聯經出版，2000 年）。

5. Philip Smith，林宗德譯：《文化理論面貌導論》（台北：韋伯文化，2008 年）。

6. Rober Hopcke，蔣韜譯：《導讀榮格》（台北：立緒文化，1997 年）

7. 小野澤精一、福永光司、山井湧編，李慶譯：《氣的思想——中國自然觀與人的觀念的發展》（上海：上海人民出版社，2007 年）

8. 尤瑟夫·皮柏（Josef Pieper），劉森堯譯：《閒暇：文化的基礎》（台北，立緒文化，2003 年）。

9. 加斯東·巴舍拉，龔卓軍、王靜慧譯：《空間詩學》（台北：張老師，2003年）。

10. 加達默爾（Gadamer H.G.），洪漢鼎譯：《真理與方法：哲學詮釋學的基本特徵（上下卷）》（上海：上海譯文出版社，2004 年）。

11. 瓦爾特·班雅明（Walter Benjamin），李士勛、徐小青譯：《班雅明作品選：單行道、柏林童年》（台北：允晨文化，2002 年）。

12. 安柏托·艾柯（Umberto Eco），張定綺譯：《誤讀》（台北：皇冠，2001 年）。

13. 托多洛夫等著，魯京明譯：《個體在藝術中的誕生》（北京：中國人民大學出版社，2007 年）。

14. 艾德華·薩依德（Edword W.），單德興譯：《知識份子論》（台北：麥田出版，2004 年）。

15. 西槙光正：《語境研究論文集》（北京：北京語言學院，1992 年）

16. 余蓮（François JULLIEN），林志明、張婉真譯：《本質或裸體》（台北：桂冠，2004 年）。

17. 余蓮（François JULLIEN）著，卓立譯：《淡之頌：論中國思想與美學》（台

北：桂冠，2006 年）。

18. 李斯托威爾，蔣孔陽譯：《近代美學史評述》（合肥：安徽教育出版社，2007年）。

19. 沃坦恩格伯（Thomas E. Wartenberg）著，張淑君等譯：《論藝術本質：名家精選輯》（台北：五觀藝術管理出版，2003 年）

20. 沃林格（W Worringer）著，王才勇譯：《抽像與移情——對藝術風格的心理學研究》（遼寧：遼寧人民出版社，1987 年）。

21. 亞瑟‧丹托（Arthur C. Danto），鄧伯宸譯：《美的濫用》（台北：立緒文化，2008 年）。

22. 約翰‧伯格（John Berger），吳莉君譯：《觀看的方式》（台北：麥田出版，2005 年）。

23. 梅洛-龐蒂（Maurice Merleau-Ponty）著，龔卓軍譯：《眼與心》（台北：典藏藝術家庭，2007 年）。

24. 傅柯（Michel Foucault），劉北成譯：《規訓與懲罰》（台北：桂冠，1992年）。

25. 喬治‧巴塔耶，劉輝譯：《色情史》（北京：商務印書館，2003 年）。

26. 斯蒂芬‧利特爾（Stephen Little），祝帥譯：《流派‧藝術卷》（上海：三聯書店，2008 年）。

27. 華特‧班雅明（Walter Benjamin），許綺玲譯：《迎向靈光消逝的年代》（台北：台灣攝影工作室，1998 年）。

28. 賀爾‧福斯特（Hal Foster）主編，呂健忠譯：《反美學：後現代文化論集》（台北：立緒文化，1998 年）。

29. 愛蓮心（Robert E.Allinson）著，周熾成譯：《嚮往心靈轉化的莊子：內篇分析》（江蘇：江蘇人民出版社，2004 年）。

30. 詹姆斯‧海布倫（James Heilbrun）、查爾斯‧蓋瑞（Charles M.Gary），郭書瑄、嚴玲娟譯：《藝術‧文化經濟學》（台北：典藏藝術家庭，2008 年）。

31. 路易士‧海德（Lewis Hyde），吳佳綺譯：《禮物的美學》（台北：商周出版，2008 年）。

32. 雷蒙‧塞爾登（Raman Selden）、彼得‧維德生（Peter Widdowson）、彼得‧布魯克（Peter Brooker），林志忠譯：《當代文學理論導讀》（台北：巨流圖書公司，2005 年）。

33. 德希達（Jacques Derrida），張寧譯：《書寫與差異》（台北：城邦文化，2004年）。

34. 瓊——呂克‧夏呂姆（Jean-Luc Chalumeau），陳英德、張彌彌譯：《藝術原理：柏拉圖至今日的藝術哲學、批評和歷史》（台北：藝術家，2007 年）。

35. 羅伯‧索科羅斯基（Robert Sokolowski），李維倫譯：《現象學十四講》（台北：心靈工坊，2004 年）。

36. 羅傑‧史庫頓（Roger Scruton），王皖強譯：《保守主義》（台北：立緒文化，2006 年）。

五、碩、博士論文（依編著者姓氏筆劃排序）

1. 徐孝育：《董其昌《大唐中興頌並題浯溪讀碑圖詩》卷研究——兼論董書中期款識風格》（華梵大學東方人文思想研究所碩士論文，1997 年）

2. 黃明理《「晚明文人」型態之研究》（國立臺灣師範大學國文研究所碩士論文，1988 年）。

3. 陳榮傑：《趙之謙篆刻藝術研究》（華梵大學東方人文思想研究所碩士論文，1997 年）。

4. 牟莉莉：《中國傳統繪畫款識之研究——宋至民國款識之演變（960-1989）》（東海大學美術學系碩士論文，2002 年）。

5. 崔峻豪：《齊白石篆刻藝術的研究》（國立臺灣師範大學美術研究所碩士論文，1991 年）。

六、期刊論文（依編著者姓氏筆劃排序）

1. 毛文芳：〈一則文化扮裝之謎：清初〈楓江漁父圖〉題詠研究〉，《清華學報》第 36 卷第 2 期（2006 年 12 月），頁 465～521。

2. 毛文芳〈試論中國繪畫品目的建立與發展〉，《漢學研究》第十三卷第一期（1995 年 6 月），頁 299～327。

3. 王鴻泰：〈明清間士人的閒隱理念與生活情境的經營〉，《故宮學術季刊》第 24 卷第 3 期（2007 年月 3），頁 1～44。

4. 王鴻泰：〈閒情雅致——明清間文人的生活經營與品賞文化〉《故宮學術季刊》第 22 卷第 1 期（2004 年 9 月），頁 69～97。

5. 王鴻泰：〈雅俗的辯證——明代賞玩文化的流行與士商關係的交錯〉《新史學》第 17 卷第 4 期（2006 年 12 月），頁 73～143

6. 何乏筆：〈氣氛美學的新視野——評介伯美〈氣氛美學作為新美學的基本概念〉〉，收錄於《當代》188 期，2003 年，頁 34～43。

7. 伯梅（Gernot Boehme）著，谷心鵬、翟江月、何乏筆譯：〈氣氛美學作為新美學的基本概念〉收錄於《當代》188 期，2003 年，頁 10～33。

8. 李郁周：〈故宮墨跡本「自敘帖」是文彭摹本〉，《中華書道》第 42 期（2003 年 11 月），頁 13～24。

9. 高大威：〈方寸印象——從近世閒章看文人的生命情致〉，收入《通俗文學與雅正文學——文學與圖像第五屆全國學術研討會論文集》（台中：國立

中興大學，2004 年），頁 42～43。

10. 蔡孟宸：〈名妓文人印文化──晚名妓女用印鈎沉〉，收入《中極學刊》第七輯（惡之華：明清城市文化專輯）（2008 年 6 月），頁 71～99。

11. 蔡孟宸：〈昔日憑欄撥阮曲，今朝伏案弄金石──論女篆刻家韓約素〉（通過審查），刊登於《美學與藝術管理研究所學刊》（嘉義：南華大學美學與藝術管理研究所，2008 年），頁 45～66。

12. 蔡孟宸：〈從篆刻藝術考察文人交游之面貌〉，收入《第十八屆南區碩博士生論文發表會論文集》。

13. 蔡孟宸：〈從趨吉避凶到安身立命：論先秦「佩帶印」〉（通過審查），刊登於《書畫藝術學刊》第五輯（國立台灣藝術大學書畫學系主編，台北：國立台灣藝術大學，2008 年 12 月），頁 505～525。

14. 蔡孟宸：〈篆刻藝術的美學核心：論「閒章」之「閒」〉，（已確定刊登，尚未出版），刊登於《國立中正大學中國文學研究所研究生論文集刊》第十一期（嘉義縣：國立中正大學中國文學系研究所，2009 年）。

15. 賴錫三：〈論道家的逍遙美學──與羅蘭‧巴特的「懶惰哲學」之對話〉，收入《臺大文史哲學報》第六十九期（2008 年 11 月）。

七、工具書（依編著者姓氏筆劃排序）

1. 上海書畫出版社編：《歷代書法論文選》（上海：上海書畫出版社，1979 年）。

2. 古文字詁林編纂委員會編纂：《古文字詁林》卷九（上海：上海世紀，2001 年）。

3. 高正一註譯：《唐宋名家詩詞欣賞》（台北：雷鼓出版社，1995 年）。

4. 商務印書館編：《現代漢語詞典》（香港：商務印書館，2001 年）。

5. 臺灣中華書局辭海編輯委員會編：《辭海》（台北：臺灣中華，1992 年）。

圖版出處

本文 圖次	印　文	圖　片　出　處		
		書名／網頁	頁　數	圖次
圖 a1-1	金石癖（四方）	二南堂工作室：《二南堂印譜》（台 北：二南堂工作室，1999 年）	頁 187	無圖次
圖 a1-2	曾經滄海（五方）	二南堂工作室：《二南堂印譜》（台 北：二南堂工作室，1999 年）	頁 305 、306	無圖次
圖 a1-3	琴罷倚松玩鶴	二南堂工作室：《二南堂印譜》（台 北：二南堂工作室，1999 年）	頁 311	無圖次
圖 a1-4	七十二峰深處	二南堂工作室：《二南堂印譜》（台 北：二南堂工作室，1999 年）	頁 6	無圖次
圖 a1-5	端操有蹤幽閒有容	上海博物館編：《中國書畫家印鑑 款識》（北京：文物出版社，1992 年）	頁 156	無圖次
圖 a2-1	明月前身（印面）	小林斗盦編：《篆刻全集》第八冊， 《吳昌碩》（東京：二玄社出版， 2001 年）	頁 169	無圖次
圖 a2-2	明月前身（邊款）	小林斗盦編：《篆刻全集》第八冊， 《吳昌碩》（東京：二玄社出版， 2001 年）	頁 169	無圖次
圖 a2-3	明月前身（造像）	小林斗盦編：《篆刻全集》第八冊， 《吳昌碩》（東京：二玄社出版， 2001 年）	頁 169	無圖次
圖 b1-1	試問西湖楊柳， 東風外，幾絲碧	二南堂工作室：《二南堂印譜》（台 北：二南堂工作室，1999 年）	頁 349	無圖次

圖 b1-2	山靜似太古 日常如小年	二南堂工作室:《二南堂印譜》(台北:二南堂工作室,1999 年)	頁 30	無圖次
圖 b1-3	茶熟香溫且自看	二南堂工作室:《二南堂印譜》(台北:二南堂工作室,1999 年)	頁 252	無圖次
圖 b1-4	鮮鮮霜中鞠(菊)	二南堂工作室:《二南堂印譜》(台北:二南堂工作室,1999 年)	頁 425	無圖次
圖 b1-5	書被催成墨未濃	二南堂工作室:《二南堂印譜》(台北:二南堂工作室,1999 年)	頁 239	無圖次
圖 b1-6	閒來寫幅丹青賣 不使人間造孽泉	二南堂工作室:《二南堂印譜》(台北:二南堂工作室,1999 年)	頁 324	無圖次
圖 b1-7	偶因麋鹿自成群	二南堂工作室:《二南堂印譜》(台北:二南堂工作室,1999 年)	頁 260	無圖次
圖 b1-8	明月前身(印面)	小林斗盦編:《篆刻全集》第八冊,《吳昌碩》(東京:二玄社出版,2001 年)	頁 169	無圖次
圖 b1-9	明月前身(邊款)	小林斗盦編:《篆刻全集》第八冊,《吳昌碩》(東京:二玄社出版,2001 年)	頁 169	無圖次
圖 b1-10	明月前身(造像)	小林斗盦編:《篆刻全集》第八冊,《吳昌碩》(東京:二玄社出版,2001 年)	頁 169	無圖次
圖 b1-11	觀海者難爲水	二南堂工作室:《二南堂印譜》(台北:二南堂工作室,1999 年)	頁 456	無圖次
圖 b1-12	如今是雲散雪消 花殘月闕	二南堂工作室:《二南堂印譜》(台北:二南堂工作室,1999 年)	頁 98	無圖次
圖 b1-13	春星帶草堂	二南堂工作室:《二南堂印譜》(台北:二南堂工作室,1999 年)	頁 204	無圖次
圖 b1-14	林花掃更落 徑草踏還生	馮作民譯:《中國印譜》(台北:藝術圖書,1990 年)	頁 111	無圖次
圖 b1-15	收拾煙雲幸有山	二南堂工作室:《二南堂印譜》(台北:二南堂工作室,1999 年)	頁 103	無圖次
圖 b1-16	一身詩酒債 千里水雲情	戴家妙等:《歷代閒章名品鑑賞》(上海:上海世紀出版社,2002 年)	頁 111	無圖次
圖 b1-17	晴窗一日幾回看	二南堂工作室:《二南堂印譜》(台北:二南堂工作室,1999 年)	頁 305	無圖次
圖 b1-18	煙霞鑄瘦容	二南堂工作室:《二南堂印譜》(台北:二南堂工作室,1999 年)	頁 342	無圖次

圖 b1-19	桃花園裏人家 （文彭）	二南堂工作室：《二南堂印譜》（台北：二南堂工作室，1999 年）	頁 241	無圖次
圖 b1-20	桃花園裏人家 （汪泓）	二南堂工作室：《二南堂印譜》（台北：二南堂工作室，1999 年）	頁 241	無圖次
圖 b1-21	家在鶯聲細雨中	二南堂工作室：《二南堂印譜》（台北：二南堂工作室，1999 年）	頁 229	無圖次
圖 b1-22	白雲深處是吾廬	二南堂工作室：《二南堂印譜》（台北：二南堂工作室，1999 年）	頁 84	無圖次
圖 b1-23	可意湖山留我住 斷腸煙水送君歸	二南堂工作室：《二南堂印譜》（台北：二南堂工作室，1999 年）	頁 68	無圖次
圖 b1-24	家住西小橋東 東小橋西	二南堂工作室：《二南堂印譜》（台北：二南堂工作室，1999 年）	頁 230	無圖次
圖 b1-25	從來多古意 可以賦新詩	二南堂工作室：《二南堂印譜》（台北：二南堂工作室，1999 年）	頁 271	無圖次
圖 b1-26	紅藕香殘玉簟秋	二南堂工作室：《二南堂印譜》（台北：二南堂工作室，1999 年）	頁 213	無圖次
圖 b1-27	贏得從容養病軀	戴家妙等：《歷代閒章名品鑑賞》（上海：上海世紀出版社，2002 年）	頁 109	無圖次
圖 b1-28	潦倒親知笑	二南堂工作室：《二南堂印譜》（台北：二南堂工作室，1999 年）	頁 387	無圖次
圖 b1-29	息機非傲世	二南堂工作室：《二南堂印譜》（台北：二南堂工作室，1999 年）	頁 235	無圖次
圖 b1-30	水流心不競 雲在意俱遲	二南堂工作室：《二南堂印譜》（台北：二南堂工作室，1999 年）	頁 56	無圖次
圖 b1-31	園丁	二南堂工作室：《二南堂印譜》（台北：二南堂工作室，1999 年）	頁 334	無圖次
圖 b1-32	處厚	張用博、蔡劍明：《來楚生篆刻述真》（上海：東華大學出版，2004 年）。	頁 79	無圖次
圖 b1-33	逃禪煮石之間	二南堂工作室：《二南堂印譜》（台北：二南堂工作室，1999 年）	頁 254	無圖次
圖 b1-34	錢唐蘇小是鄉親	二南堂工作室：《二南堂印譜》（台北：二南堂工作室，1999 年）	頁 414	無圖次
圖 b2-1	沽酒聽漁歌	馮作民譯：《中國印譜》（台北：藝術圖書，1990 年）	頁 89	無圖次

圖 b2-2	茶熟香溫且自看	二南堂工作室：《二南堂印譜》（台北：二南堂工作室，1999 年）	頁 252	無圖次
圖 b2-3	壹（一）月安東令	二南堂工作室：《二南堂印譜》（台北：二南堂工作室，1999 年）	頁 1、2	無圖次
圖 b2-4	下官賣字自給	二南堂工作室：《二南堂印譜》（台北：二南堂工作室，1999 年）	頁 13	無圖次
圖 b2-5	從心所欲	二南堂工作室：《二南堂印譜》（台北：二南堂工作室，1999 年）	頁 270	無圖次
圖 b2-6	園丁	二南堂工作室：《二南堂印譜》（台北：二南堂工作室，1999 年）	頁 334	無圖次
圖 b2-7	園丁家在竹洞號竹楣	二南堂工作室：《二南堂印譜》（台北：二南堂工作室，1999 年）	頁 334	無圖次
圖 b2-8	園丁生於梅洞長於竹洞	二南堂工作室：《二南堂印譜》（台北：二南堂工作室，1999 年）	頁 334	無圖次
圖 b2-9	園丁所作	二南堂工作室：《二南堂印譜》（台北：二南堂工作室，1999 年）	頁 334	無圖次
圖 b2-10	園丁墨戲	二南堂工作室：《二南堂印譜》（台北：二南堂工作室，1999 年）	頁 334	無圖次
圖 b2-11	子孫非我有委蛻而已矣	二南堂工作室：《二南堂印譜》（台北：二南堂工作室，1999 年）	頁 21	無圖次
圖 b2-12	晴窗一日幾回看	二南堂工作室：《二南堂印譜》（台北：二南堂工作室，1999 年）	頁 305	無圖次
圖 b2-13	七十二峰深處	二南堂工作室：《二南堂印譜》（台北：二南堂工作室，1999 年）	頁 6	無圖次
圖 b2-14	讀書養性積德延年	曾紹杰編輯、出版：《增訂安持精舍印存》（無出版社，1988 年）	頁 57	無圖次
圖 b2-15	當中龢天，偕樂易友，吟自在詩，飲歡喜酒	馮作民譯：《中國印譜》（台北：藝術圖書，1990 年）	頁 107	無圖次
圖 b2-16	延陵季子之後	二南堂工作室：《二南堂印譜》（台北：二南堂工作室，1999 年）	頁 170	無圖次
圖 b2-17	江流有聲斷岸千尺	二南堂工作室：《二南堂印譜》（台北：二南堂工作室，1999 年）	頁 107	無圖次

圖 b2-18	鄧石如篆書軸（局部）	網路資源。		無圖次
圖 b2-19	處厚	張用博、蔡劍明：《來楚生篆刻述真》（上海：東華大學出版，2004年）。	頁 79	無圖次
圖 b2-20	鮮鮮霜中鞠	二南堂工作室：《二南堂印譜》（台北：二南堂工作室，1999 年）	頁 425	無圖次
圖 b3-1	江流有聲 斷岸千尺	二南堂工作室：《二南堂印譜》（台北：二南堂工作室，1999 年）	頁 107	無圖次
圖 b3-2	鮮鮮霜中鞠	二南堂工作室：《二南堂印譜》（台北：二南堂工作室，1999 年）	頁 425	無圖次
圖 b3-3	晴窗一日幾回看	二南堂工作室：《二南堂印譜》（台北：二南堂工作室，1999 年）	頁 305	無圖次
圖 b3-4	下里巴人	二南堂工作室：《二南堂印譜》（台北：二南堂工作室，1999 年）	頁 13	無圖次
圖 b3-5	漢保塞烏桓率眾長	《墨》雜誌四月特別刊：《篆刻の鑑賞と實踐》（東京：藝術新聞社，1995 年）	頁 91	無圖次
圖 b3-6	雷溪舊廬	二南堂工作室：《二南堂印譜》（台北：二南堂工作室，1999 年）	頁 353	無圖次
圖 b3-7	潤花小雨斑斑	馮作民譯：《中國印譜》（台北：藝術圖書，1990 年）	頁 111	無圖次
圖 b3-8	日庚都萃車馬	蕭高洪：《方寸之間——中國篆刻藝術史》（高雄：汶采有限公司，2002）	頁 70	無圖次
圖 b3-9	意與占會	二南堂工作室：《二南堂印譜》（台北：二南堂工作室，1999 年）	頁 336	無圖次
圖 b3-10	處厚	張用博、蔡劍明：《來楚生篆刻述真》（上海：東華大學出版，2004年）。	頁 79	無圖次
圖 b3-11	泰山殘石樓	二南堂工作室：《二南堂印譜》（台北：二南堂工作室，1999 年）	頁 242	無圖次
圖 b3-12	一氣所摶	張用博、蔡劍明：《來楚生篆刻述真》（上海：東華大學出版，2004年）。	頁 56	無圖次
圖 b3-13	換了人間	張用博、蔡劍明：《來楚生篆刻述真》（上海：東華大學出版，2004年）。	頁 83	無圖次

圖 b3-14	平平凡凡	二南堂工作室：《二南堂印譜》（台北：二南堂工作室，1999 年）	頁 72	無圖次
圖 b3-15	煮石	薛元明：《齊白石經典印作技法解析》（重慶：重慶出版社，2006 年）	頁 49	無圖次
圖 c1-1	金石癖（四方）	二南堂工作室：《二南堂印譜》（台北：二南堂工作室，1999 年）	頁 187	無圖次
圖 c1-2	曾經滄海（五方）	二南堂工作室：《二南堂印譜》（台北：二南堂工作室，1999 年）	頁 305、306	無圖次
圖 c1-3	潤花小雨斑斑	馮作民譯：《中國印譜》（台北：藝術圖書，1990 年）	頁 111	無圖次
圖 c1-4	明月前身	小林斗盦編：《篆刻全集》第八冊，《吳昌碩》（東京：二玄社出版，2001 年）	頁 169	無圖次
圖 c1-5	安處	張用博、蔡劍明：《來楚生篆刻述真》（上海：東華大學出版，2004 年）。	頁 83	無圖次
圖 c1-6	町	《墨》雜誌四月特別刊：《篆刻の鑑賞と實踐》（東京：藝術新聞社，1995 年）	頁 78	無圖次
圖 c1-7	田田	張用博、蔡劍明：《來楚生篆刻述真》（上海：東華大學出版，2004 年）。	頁 69	無圖次
圖 c1-8	抱一	《墨》雜誌四月特別刊：《篆刻の鑑賞と實踐》（東京：藝術新聞社，1995 年）	頁 78	無圖次
圖 c2-1	眞水無香	二南堂工作室：《二南堂印譜》（台北：二南堂工作室，1999 年）	頁 245	無圖次
圖 c2-2	丁巳殘人	二南堂工作室：《二南堂印譜》（台北：二南堂工作室，1999 年）	頁 5	無圖次
圖 c2-3	家在齊魯之間	二南堂工作室：《二南堂印譜》（台北：二南堂工作室，1999 年）	頁 229	無圖次
圖 c2-4	雪鴻亭長	二南堂工作室：《二南堂印譜》（台北：二南堂工作室，1999 年）	頁 295	無圖次
圖 c2-5	意與古會	二南堂工作室：《二南堂印譜》（台北：二南堂工作室，1999 年）	頁 336	無圖次
圖 c2-6	筆歌墨舞	二南堂工作室：《二南堂印譜》（台北：二南堂工作室，1999 年）	頁 316	無圖次

圖 c2-7	潤花小雨斑斑	馮作民譯:《中國印譜》(台北:藝術圖書,1990 年)	頁 111	無圖次
圖 c2-8	江流有聲 斷岸千尺	二南堂工作室:《二南堂印譜》(台北:二南堂工作室,1999 年)	頁 107	無圖次
圖 c2-9	處厚	張用博、蔡劍明:《來楚生篆刻述真》(上海:東華大學出版,2004 年)。	頁 79	無圖次
圖 c2-10	泰山殘石樓	二南堂工作室:《二南堂印譜》(台北:二南堂工作室,1999 年)	頁 242	無圖次
圖 c2-11	坐斷十方	《墨》雜誌四月特別刊:《篆刻の鑑賞と實踐》(東京:藝術新聞社,1995 年)	頁 76	無圖次
圖 c3-1	唐代官印(兩方)	王廷洽:《中國古代印章史》(上海:上海人民出版,2006 年)。	頁 127	無圖次
圖 c3-2	宋代官印	王廷洽:《中國古代印章史》(上海:上海人民出版,2006 年)。	頁 131	無圖次
圖 c3-3	元代官印	王廷洽:《中國古代印章史》(上海:上海人民出版,2006 年)。	頁 66	無圖次
圖 c3-4	明月前身(印面)	掃描自小林斗盦編:《篆刻全集》第八冊,《官印・私印/文彭・何震他》(東京:二玄社出版,2001 年)。	頁 169	無圖次
圖 c3-5	明月前身(邊款)	掃描自小林斗盦編:《篆刻全集》第八冊,《官印・私印/文彭・何震他》(東京:二玄社出版,2001 年)。	頁 169	無圖次
圖 c3-6	明月前身(造像)	掃描自小林斗盦編:《篆刻全集》第八冊,《官印・私印/文彭・何震他》(東京:二玄社出版,2001 年)。	頁 169	無圖次
圖 c3-7	吉羊止止(印面/邊款)	二南堂工作室:《二南堂印譜》(台北:二南堂工作室,1999 年)	頁 94	無圖次
圖 c3-8	曾經滄海(印面/邊款)	二南堂工作室:《二南堂印譜》(台北:二南堂工作室,1999 年)。	頁 305、306	無圖次
圖 c3-9	筆歌墨舞(印面)	二南堂工作室:《二南堂印譜》(台北:二南堂工作室,1999 年)。	頁 316	無圖次
圖 c3-10	筆歌墨舞(邊款)	二南堂工作室:《二南堂印譜》(台北:二南堂工作室,1999 年)	頁 316	無圖次

圖 c3-11	王冕用印（兩方）	王廷洽：《中國古代印章史》（上海：上海人民出版，2006 年）。	頁 169	無圖次
圖 c3-12	趙孟頫用印（三方）	王廷洽：《中國古代印章史》（上海：上海人民出版，2006 年）。	頁 164	無圖次
圖 c3-13	九疊篆	王廷洽：《中國古代印章史》（上海：上海人民出版，2006 年）。	頁 131	無圖次
圖 c3-14	元押印（三方）	王廷洽：《中國古代印章史》（上海：上海人民出版，2006 年）。	頁 140	無圖次